Jörg Mangold

Wir
Eltern sind auch nur Menschen!

Jörg Mangold

Wir Eltern sind auch nur Menschen!

Selbstmitgefühl zwischen Säbelzahntiger und Smartphone

Ein Selbsthilfebuch
Von der Neurowissenschaft zur konkreten Anwendung im Familienalltag

Mit einem Vorwort
von Prof. Dr. Fritz Mattejat

arbor
Arbor Verlag
Freiburg im Breisgau

Arbor Verlag GmbH Freiburg

3. Auflage 2024

Druck und Bindung: Gugler GmbH, Melk/Donau, Austria
Hergestellt von mediengenossen.de

Sicher. Kreislauffähig. Klimafreundlich.
C2C Certified® SILBER by gugler* drucksinn.at

klimafreundlich gedruckt

MIX
Papier | Fördert gute Waldnutzung
FSC® C005108

Gedruckt nach der Richtlinie „Druckerzeugnisse" des Österreichischen Umweltzeichens. gugler* print, Melk, UWZ-Nr. 609, www.gugler.at

Dieses Buch wurde nach dem Cradle to Cradle™-Standard gedruckt und ist alterungsbeständig. Cradle to Cradle™ Druckprodukte sind für den biologischen Kreislauf optimiert und zu 100% recyclingfähig. Weitere Informationen finden Sie unter: www.PrintTheCange.com

www.arbor-verlag.de
ISBN 978-3-86781-210-8

Allen Familien gewidmet,
und aus tiefstem Herzen
Andrea, Johannes, Julia, Lea, Leonie

Inhalt

Zum Geleit

Eltern sein ist in der heutigen Zeit vermutlich eine der größten Herausforderungen, denen wir uns gegenüber sehen. Alle Eltern lieben ihre Kinder und wollen das Beste für sie und doch scheinen wir täglich zu scheitern in unseren Bemühungen, den Bedürfnissen unserer Kinder gerecht zu werden. Den meisten Familien und insbesondere Müttern fehlt es an Unterstützung. Es gibt ständig etwas zu tun und gleichzeitig wecken Kinder Emotionen in uns, die wir in dieser Art und in diesem Ausmaß vorher gar nicht kannten. Und wenn wir in Stress geraten, übernehmen Anteile in uns das Ruder, die wir im Leben mit unseren Kindern eigentlich nicht am Ruder haben wollen.

Auf der anderen Seite verfügen alle Eltern über Qualitäten und eine innere Weisheit, die uns dabei helfen können auf Kurs zu bleiben. Unabhängig davon, wie unsere eigene Kindheit verlief, gibt es in unserem Herzen den tiefen Wunsch, unsere Kinder auf einfühlsame Weise ins Leben zu begleiten und die Praxis der Achtsamkeit und Selbstfreundlichkeit sind von unschätzbarem Wert, Qualitäten in unserem Geist und Herzen zu kultivieren, die sowohl unseren Kindern als auch uns selbst ermöglichen aufzublühen und innerlich zu wachsen.

In diesem Zusammenhang ist es mir eine große Freude das Geleit zu diesem überaus wertvollen Buch zu schreiben. Ich kenne Jörg Mangold jetzt schon einige Jahre, wir haben gemeinsam einen Familienretreat mitgestaltet und seine Menschlichkeit und Herzenswärme gepaart mit seinem tiefen Verständnis und Einsichten in das Funktionieren unseres Geistes und Gehirns haben mich immer wieder berührt und bereichert.

Mit diesem Buch ist es ihm auf wunderbare Weise gelungen, die Praxis der Achtsamkeit und der Selbstfreundlichkeit für Eltern zugänglich zu machen. Er macht deutlich, dass unsere Schwierigkeiten weder unser Fehler sind, noch dass unsere Kinder das Problem sind, sondern dass es in der Natur unseres Gehirns liegt, dass wir im Leben mit Kindern immer wieder an unsere Grenzen und darüber hinaus geraten. Und er zeigt praktische Möglichkeiten auf, wie wir gelassener werden und eine Familienatmosphäre schaffen können, die harmonischere Beziehungen und mehr Wohlbefinden mit sich bringen.

So möchte ich dieses Buch allen Eltern und Menschen, die mit Kindern zu tun haben, wärmstens ans Herz legen! Es hat ohne Zweifel das Potenzial, Ihr Leben zu verändern.

LIENHARD VALENTIN

Vorwort

Einmal wird vielleicht aus dieser
Zivilisation eine Kultur entspringen.

LUDWIG WITTGENSTEIN

Wir leben in Deutschland in einer historisch glücklichen Situation mit einem großen materiellen Reichtum, geschützten und geordneten Rahmenbedingungen und mit einer beneidenswerten medizinischen Versorgung. Trotzdem sind wir so unzufrieden wie eh und je und unsere Ängste und Verunsicherungen sind sicherlich nicht weniger geworden. Dies hat mit Veränderungen auf zwei Ebenen zu tun:

Die von uns selbst geschaffenen objektiven Lebensbedingungen sind trotz der vielen objektiven Fortschritte, der sozialen Verbesserungen und der enormen technischen Erleichterungen nicht so, dass wir heute leichter mit ihnen zurechtkommen. Sie haben sich in der Weise verändert, dass sie heute andere und neue Anforderungen an uns (zum Beispiel an unsere Aufmerksamkeit, an unsere Stresstoleranz, an unsere Kommunikationsfähigkeit, an unsere psychische Flexibilität, an unsere Umstellungsfähigkeit im Lebenslauf) stellen. Auf diese Anforderungen sind wir von unserer Ausstattung her – die sich im Verlauf der Evolution entwickelt hat – nicht

„automatisch“ gut eingestellt. Wir treffen auf eine von uns selbst gemachte Umwelt, auf die wir psychobiologisch nicht gerade gut vorbereitet sind.

Wir wissen immer besser darüber Bescheid, was gut und was schädlich für uns ist. Wir haben eine bessere Wahrnehmung und eine höhere Sensibilität für psychische Probleme. Gerade die Sensibilität für die Verletzlichkeit von Kindern ist gestiegen. Eine große Zahl von Untersuchungen hat aufgezeigt, welche schlimmen Folgen zum Beispiel die Misshandlung oder der Missbrauch von Kindern für das ganze weitere Leben haben kann. Die Normen und Bewertungsmaßstäbe im Hinblick auf den Gewaltschutz und das Kindeswohl haben sich in den letzten Jahrzehnten sehr grundlegend verändert. Auch die Erwartungen, die wir heute an die Erziehung und Betreuung von Kindern stellen, sind glücklicherweise andere als noch vor wenigen Jahrzehnten.

Die angesprochenen – durchaus positiven – Veränderungen aber tragen nicht zu einer Beruhigung, Entspannung und Entängstigung bei, sondern im Gegenteil, sie haben auch paradoxe Auswirkungen: Mit den objektiven Fortschritten und den veränderten Maßstäben haben sich auch unsere Erwartungen an uns selbst erhöht, der soziale Vergleich stellt sich verschärft dar: Die Erwartung „normal“ zu funktionieren, die Zeit effektiv zu nutzen, der Druck sich selbst, das eigene Leben, die eigenen Bedingungen immer weiter zu optimieren haben sich erhöht und die Ängste, „abgehängt“ zu werden oder „hinten runter zu fallen“ sind eher größer geworden. Der Therapiebedarf ist sowohl bei Erwachsenen wie bei Kindern rasant angestiegen und wächst weiter.

Der Zeitdruck, der Normalitätsdruck, der Druck zur Optimierung stellt sich in Familien mit Kindern besonders krass dar. Wer will nicht eine gute Mutter/ein guter Vater für sein Kind sein? Wer will nicht das Beste für sein Kind? Die Eltern stehen unter einem Druck, der sich zu einem großen Teil aus den eigenen hohen Erwartungen an sich selbst ergibt. Diese Ansprüche sind zwar gut verständlich, aber häufig unerfüllbar. Empirische Studien zeigen, dass der zeitliche ebenso wie der finanzielle Druck in Familien mit kleinen Kindern zu einem sehr hohen Stresspegel führen kann, der sich nachweisbar schädlich auf die psychische Gesundheit der Kinder auswirkt.

Vor dem Hintergrund dieser Entwicklungen haben seit der Jahrtausendwende neue psychotherapeutische Ansätze eine sehr große Resonanz gefunden, die alte östliche Traditionen und meditative Techniken aufgegriffen und in neue Therapiekonzepte umgesetzt haben. Diese neuen Therapiekonzepte fügen sich nicht mehr in die gewohnten überkommenen Einteilungen nach verschiedenen Therapieschulen, sondern stellen für alle traditionellen Ansätze eine Bereicherung und Weiterentwicklung dar. Jörg Mangold hat sich – nach einer fundierten ärztlichen, psychiatrischen und psychotherapeutischen Ausbildung – sehr intensiv in diese neuen Konzepte eingearbeitet, eingefühlt und eingelebt und diese zu einer eigenen und sehr authentischen therapeutischen Haltung entwickelt, die gekennzeichnet werden kann durch die Begriffe Achtsamkeit, Mitgefühl und Selbstmitgefühl.

Ich habe Jörg Mangold als jungen Arzt kennengelernt, kurz nachdem er sein Medizinstudium abgeschlossen hat und konnte die ersten sehr engagierten Schritte seiner psychotherapeutischen Arbeit begleiten. Später dann habe ich ihn erlebt als Familienvater, als Leiter seiner kinder- und jugendpsychiatrischen Praxis, als Inspirator des großartigen Mangold-Praxisteams und als Motor einer humanitären Arbeit, die er unter dem Titel „Allgemeines Recht auf Gesundheit und Ausbildung“ organisiert hat. Ich bewundere seine große Offenheit für Neues, für Kritik, für Veränderungen, ich kenne seine an Umtriebigkeit grenzende hochdynamische Aktivität, ich schätze sein humanitäres Engagement und seine Lebendigkeit. Und ich bewundere seine große Bereitschaft, ja seinen Mut und seine Unerschrockenheit, sich selbst zur Disposition zu stellen.

In seinem hier vorgelegten Buch werden diese Eigenschaften auch für den deutlich, der ihn noch nicht persönlich kennengelernt hat und es ist sehr schön erkennbar, wie sich seine Achtsamkeitspraxis, seine praktischen Erfahrungen als Arzt und als Psychotherapeut mit seinem ganz privaten und persönlichen Lebensweg, den er gemeinsam mit seiner Familie gegangen ist, verbinden. Ich habe das vorliegende Buch mit großer Begeisterung und einer wirklichen Lernfreude gelesen.

Es handelt sich hier nicht um einen Elternratgeber, denn es werden keine Ratschläge gegeben. Jörg Mangold stützt sich auf aktuelle Erkenntnisse aus der evolutionären Biopsychologie und der Neuropsychologie; er präsentiert auf dieser Grundlage hilfreiche kognitive Koordinaten, mit denen wir uns selbst und auch unsere eigene Schwächen besser verstehen und akzeptieren können; er gibt uns Anregungen wie wir uns als Väter oder Mütter in freundlicher Weise neu kennenlernen können. Das Buch vermittelt keine Techniken im engeren Sinne, sondern gibt uns stattdessen sehr konkrete Vorschläge für die praktische Einübung in eine menschenfreundliche Haltung, sich selbst, den Partnern und den eigenen Kindern gegenüber.

Die Einübung dieser Haltung hat – im Sinne bester psychotherapeutischer Tradition – durchaus subversiven Charakter. Achtsamkeit und Selbstmitgefühl sollten nicht als weitere Selbstoptimierungsstrategien missverstanden werden; sie können und sie werden uns vielmehr dabei helfen, eigenen und fremden Erwartungen gegenüber auf einen gewissen Abstand zu gehen, um im alltäglichen Getümmel sich selbst, die eigene Familie, den eigenen menschlichen Bezirk zu bewahren und zu erweitern. Dies wird für viele Familien sehr hilfreich sein und vielleicht kann dies auch zu einer Kultivierung unserer Zivilisation beitragen.

Marburg, 23. August 2017

PROF. DR. PHIL., DIPL.-PSYCH. FRITZ MATTEJAT

Psychologischer Psychotherapeut, Kinder- und Jugendpsychotherapeut, langjähriger leitender Psychologe der Klinik für Kinder- und Jugendpsychiatrie und -psychotherapie und Vorstand/Ausbildungsleiter des Instituts für Verhaltenstherapie und Verhaltensmedizin an der Philipps-Universität Marburg

Einleitung

Jenseits von richtig und falsch liegt ein Ort.
Dort treffen wir uns.

RUMI, persischer Dichter

Dies ist ein Selbstfürsorgebuch für engagierte Eltern. Sie halten keinen Erziehungsleitfaden, kein neues „*Wie-mache-ich-es-richtig-mit-meinem-Kind*"-Buch in den Händen. Wenn Sie das gesucht haben, ist jetzt ein guter Moment umzukehren und das Buch zurückzubringen.

Vielmehr geht es in diesem Buch um Selbstvertrauen, Selbstfreundlichkeit, Selbstfürsorge und Selbstmitgefühl für uns als Eltern.

Ich hatte vor dem Schreiben eine kleine Umfrage unter Eltern in meinem privaten Umfeld durchgeführt. Jeder sollte zehn Punkte benennen, die bereichernd und beglückend sind am Elternsein und zehn, die schwierig sind oder Sorgen bereiten.

Bei **bereichernd** wurde am häufigsten genannt:

- das Wachsen und Entwickeln der Kinder sehen
- eine Familie sein und Verbundenheit spüren
- das Lachen eines Kindes
- die Welt mit den Augen des Kindes sehen und spielen zu können
- bedingungslose Liebe spüren

Am meisten **Sorgen bereitet:**

- Angst zu haben, dass den Kindern etwas zustößt (schlimme Krankheit, Tod Gewalt); nicht helfen können, wenn das Kind leidet oder in Not ist; Kontrolle abgeben.
- die ungewisse Lage der Welt, der Gesellschaft, der Natur.
- ein ständiges Gehetztsein, beim Versuch, Berufstätigkeit und Familie gleichermaßen gerecht zu werden.
- genügend Zeit zu finden für Partnerschaft, sich selbst und Freunde.
- Schule und das Schulsystem.

Ich finde, wir haben als Eltern durchaus einiges zu tragen und kriegen dann dazu noch oft eins obendrauf. Die einen beklagen die Verunsicherung und Abnahme der Erziehungskompetenz von Eltern heutzutage, die anderen, dass wir nicht mehr genügend Qualitätszeit in Familien pflegen. Und dann kommen noch die Besserwisser und Angstmacher, die vor allen Katastrophen warnen und am liebsten einen Elternführerschein einführen würden. Wir finden die verschiedensten, oft widersprüchlichen Expertenmeinungen zur Erziehung; woraus statt einer persönlichen Art des Elternseins oft ein großer Druck wird, alles möglichst perfekt zu machen.

Genau darum geht es in diesem Buch: Diesen Drang zur Perfektion besser zu verstehen – und ihn loszulassen! Uns selbst mehr zu vertrauen und dabei Mitgefühl mit uns selbst und mit den anderen als Orientierung zu nutzen. Leben, und besonders Leben in Familien mit Kindern, ist bunt, vielfältig, dramatisch und innig, freud- und leidvoll, und es ist vor allem **kein** Optimierungsprozess.

Selten wird betont, dass wir Menschen mit Körper, Gehirn und damit auch Geist aus einem viele Millionen Jahre alten Evolutionsprozess ausgestattet sind.

Ein ganzer Teil der Nöte von uns modernen Eltern scheint zu entstehen, weil wir oft weiterhin mit einem Dinosauriergehirn auf eingebildete Säbelzahntiger im Kinderzimmer reagieren.

Wenn das Lesen und Erproben der Buchinhalte Ihnen ein wenig hilft, sich und Ihr Elterngehirn besser zu verstehen, auf Ihre Herzensgüte, Selbst-Mitgefühl, Mitfreude und eine Portion Gelassenheit zu vertrauen und sich selbst wie einen guten Freund zu behandeln – in guten wie in schwierigen Zeiten –, dann hat es sich gelohnt!

Das Buch ist als Reise aufgebaut mit Stationen, um Wissen aufzutanken, Selbsterforschung zu betreiben und konkrete Werkzeuge zur Anwendung im Elternalltag mitzunehmen.

Sie beginnt mit einer Darstellung der Grundlagen, wie unser Gehirn in Stress gerät und wie wir uns damit in einer dicht getakteten, modernen Lebenswelt zurechtfinden müssen, für die wir von Natur aus nur sehr eingeschränkt vorbereitet sind (Kapitel 1 und 2). Achtsamkeit und Mitgefühl, auch mit uns selbst, sowie Mitfreude und Gelassenheit werden als heilsame Haltungen vorgestellt (Kapitel 3) und konkrete Anwendungsmöglichkeiten in den unterschiedlichsten Lebenslagen erarbeitet, immer wieder auch in Übungen (Kapitel 4).

Abgerundet wird die Reise durch Anregungen zur gezielten Kultivierung des Positiven, von Stärken und Ressourcen (Kapitel 5).

Wer diese Qualitäten vertiefen will, erhält hier (Kapitel 6) auch einen Fahrplan mit konkreten Übungen und Meditationen: *Mindful Compassionate Parenting – MCPAR: Elternschaft mit Achtsamkeit und Selbstmitgefühl.* Ergänzend werden Übungen und Meditationen als MP3 zum freien Download und der Videokurs EMAUS unter www.we-mind.life angeboten. Des Weiteren gibt es im Buch Anleitungen für Achtsamkeitsübungen in der Familie (Kapitel 7). Eine Reihe von mitfühlenden und liebevollen Briefen bietet abschließend Impulse zu speziellen Themen (Kapitel 8).

Die Theorien und Anregungen stammen nicht allein von mir, sondern von verschiedenen klugen Lehrern, Wissenschaftlern und Autoren. Ich persönlich greife auf 54 Jahre Selbsterfahrung als Kind meiner Eltern zurück. Dazu gesellen sich 25 Jahre kinder- und jugendpsychiatrische Begleitung von vielen Familien, zehn Jahre Üben in Achtsamkeit, Meditation und Selbstmitgefühl und die Erfahrung der heilsamen Auswirkung auf mich selbst und auf eine große Zahl von Menschen in meinen Kursen. Nicht zu vergessen: 28 Jahre intensiven Lernens in einer Langzeit-Liebesbeziehung und einer Familie mit Patchwork-Charakter, in der ich sowohl als Stiefvater als auch seit 23 Jahren als „Biovater" gefordert bin. Ich hoffe, dass dies mein Beitrag dazu sein kann, dass wir Eltern uns selbst mehr trauen, uns mit all unserer Menschlichkeit, den Schokoladenseiten und den scheinbaren „Schwächen" annehmen, um uns dann mit Mut, Mitgefühl und Gelassenheit in diese fordernde und wunderbare Begleitung unserer Kinder auf ihrem Lebensweg einbringen zu können.

Ansbach, den 29. August 2017

JÖRG MANGOLD

Kapitel Eins

Unser trickreiches Elternhirn

Und dann braucht man auch noch Zeit, um einfach dazusitzen und vor sich hin zu gucken.

ASTRID LINDGREN

1.1 Warum wir als Eltern so ticken, wie wir ticken – vor allem wenn's schnell gehen muss oder stressig ist

Wir starten diese Selbsterforschungsreise des Elternseins bei unserem Gehirn. Warum? Weil dort das „Zentrum der Macht" sitzt. Jede unserer Wahrnehmungen – alles was wir sehen, hören, riechen, schmecken, tasten – wird dorthin gemeldet. Diese Sinnesreize werden mit Gefühlen und Gedanken verknüpft. Im Gehirn entstehen unsere Ideen und Vorstellungen über die Welt. Hier haben die Impulse für unser Handeln und unsere Reaktionen ihren Ursprung. Bei all dem können wir uns auch noch selbst beobachten. Wir können uns quasi beim Leben zuschauen und über dieses nachdenken. Weil wir wissen, dass wir wissen, haben wir uns Homo sapiens sapiens genannt.

Nicht umsonst gilt unser Gehirn als das komplexeste System, das wir im ganzen Universum kennen. Auf unserem Weg durch die Entwicklungsgeschichte des Gehirns werden wir lernen, warum wir als Eltern auch heute noch uralte Alarmsysteme in uns tragen und sie immer wieder aktivieren: „Achtung – es geht ums Überleben!“ und „Überall lauern Gefahren“. Wir entdecken, dass wir im Kinderzimmer oft fühlen und handeln, als wären wir in der Steinzeit und hätten es mit Säbelzahntigern zu tun. Wir lernen aber auch ein Beruhigungs- und Fürsorgesystem kennen, das wir als Gegenspieler zum Stress stärken können.

1.2 Das Gehirn hat eine Geschichte

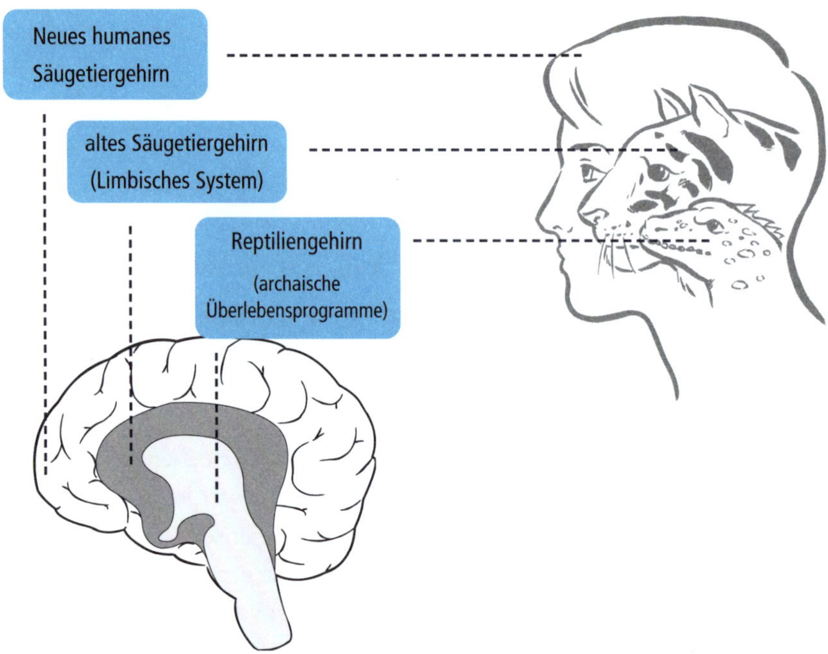

→ **Abb. 1.1 Dreieiniges Gehirn** (engl. „triune brain“). Vgl. McLean, P. et al., *A Triune Concept of the Brain and Behaviour.* Toronto: University of Toronto Press, 1973.

Das Gehirn ist nicht über Nacht in unseren Kopf geraten. Seine Reifung hat auch nicht erst mit unserer Zeugung begonnen. Unsere Eltern haben uns zwar mit ihren Genen den Bauplan vererbt. Aber der Aufbau dieses Organs und grundlegende Schaltkreise haben sich in Millionen von Jahren der Evolution entwickelt.

Es lohnt sich also zu schauen, wo wir herkommen. Denn die Art und Weise, wie wir heute uns selbst, unsere Kinder und die Welt wahrnehmen, basiert ganz entscheidend darauf, wie sich dieses Organ im langen Lauf der Zeiten an seine Aufgaben angepasst hat.

Alte und neue Hirnanteile

Noch heute kann man die Entwicklungsstufen im Gehirn erkennen. Grundlegende Systeme bestehen schon seit der Zeit der Dinosaurier. Diese Hirnstrukturen sind bei uns und zum Beispiel Eidechsen noch immer ziemlich ähnlich aufgebaut. Nennen wir diese Anteile das *„Dinosaurier-Gehirn“*. Es regelt überlebensnotwendige Funktionen wie Atmung, Schlaf, Durst, Hunger und Körpertemperatur, aber auch grundlegende Reaktionen auf angenehme und unangenehme Reize, auf Bedrohung und zudem die Sexualität. Hier können wir heute noch ticken wie ein Dino.

Eine große Veränderung durchlief das Gehirn, als Tiere anfingen, ihren Nachwuchs zu säugen. Das verlängerte die Brutpflege erheblich und bedurfte einer engen, fürsorglichen Bindung an den Nachwuchs. Bindung braucht Emotionen. Deshalb entwickelten sich besondere Strukturen im Gehirn. Sie ermöglichten es, Gefühle mit Erfahrungen zu verknüpfen und die neuen Eigenschaften zu speichern. In späteren Entwicklungsstufen der Säugetiere waren diese Areale auch beim Lernen sowie für Beziehungen und Gruppenbildung wichtig. Nennen wir sie zusammenfassend das *„alte Säugetiergehirn“*. Wir haben zur Evolution ja meist martialische Begriffe wie Kampf und Auslese im Kopf. Es ist doch eine nette Randnotiz, dass Nähe, Versorgung und Fürsorge die Basis für diese so erfolgreiche Weiterentwicklung der Säugetiere und ihrer Gehirne bildeten.

Zuletzt kamen die Errungenschaften hinzu, die uns als *Homo sapiens* so einzigartig machen. Direkt hinter der Stirn sitzt die Kommandozentrale für die Denkfertigkeiten, die uns als Menschen besonders auszeichnen. Dort ist die Hirnmasse in der Menschwerdung am meisten gewachsen. Deswegen haben wir diese hohe aufrechte Stirn und nicht mehr die flachere Stirnform unserer Vorfahren, der Neandertaler.

→ **Abb. 1.2 Menschwerdung**

Mit Blick auf die Erdentstehung erscheint die gesamte Geschichte des Homo sapiens nur wie ein Blinzeln. Noch einmal dramatisch an Fahrt aufgenommen hat die Entwicklung seit der industriellen Revolution vor 200 Jahren. Und in den letzten 30 Jahren der digitalen Revolution wurde unsere Lebensart mit Computern, Internet und Smartphones noch einmal rasant umgekrempelt. Unsere Kinder können sich ein Leben ohne digitale Technik im Wohnzimmer und das Smartphone in der Hosentasche – mit Verbindung zur ganzen Welt – gar nicht mehr vorstellen.

Wenn ich erzähle, dass meine Familie bis ich 10 Jahre alt war noch nicht einmal ein Telefon besaß, komme ich völlig antik daher. Unser Schwarz-Weiß-Fernseher empfing nur drei Programme und spätestens um Mitternacht gab es nur noch das Testbild zu sehen. (Ich erinnere mich gut an den Streit „Daktari versus Sportschau", den mein Vater immer gewann.)

Wir haben als Menschen ein ganz neues Zeitalter geschaffen, in dem wir uns mit unseren alten und neuen Gehirnanteilen zu behaupten haben. So schnell konnte dieses Organ gar nicht „hinterherkommen" und auch als Individuum fällt es uns nicht immer leicht.

Später kommen wir noch ausführlicher darauf zu sprechen, dass es auch eine Kehrseite der Medaille dieser neuen Hirnwindungen und menschlichen Denkfunktionen gibt, und welche „unerwünschten Nebenwirkungen" sich daraus für unsere Psyche ergeben können.

Eine Urwelt voller Gefahren steckt uns noch heute im Kopf

Viele Urbewohner der Erde haben es nicht geschafft, zu überleben und sind im Verlauf der Zeit ausgestorben. Aber das menschliche Gehirn hat sich in einer Art und Weise entwickelt und verändert, die hilfreich war für das Überleben. Anders als in unserer jetzigen Lebenswelt ging es dabei die meiste Zeit um Leben und Tod.

Die Hauptregel war:

»To have lunch or to be lunch!«
also
»Hast du was zu essen oder wirst du gefressen?«

Das hatte Auswirkungen auf das Gehirn. Es hat gelernt, negative Ereignisse stärker zu gewichten. Die Wissenschaftler bezeichnen das als „negativity bias".

Vielleicht wird uns als Mutter oder Vater am Ende des Tages klar, dass wir einen wirklich blöden Fehler gemacht haben. Daneben könnten uns noch 35 Dinge in den Sinn kommen, die an diesem Tag wirklich gut gelaufen sind. Wenn wir trotzdem grübelnd bei dieser einen Geschichte hängen bleiben, hat das genau damit etwas zu tun.

In der Urzeit war es eben wichtiger, sich die kritischen Lebensereignisse zu merken, etwa zu wissen, wo der Säbelzahntiger kreuzt, als zu speichern, wo die größten Pilze wachsen. Das heißt nicht, dass es nicht prima war, wenn sich einer aus dem Stamm gemerkt hatte, wo die besten Pilze wachsen und dafür auch gelobt wurde. Aber all diejenigen, die sich Gefahren nicht merken konnten, wurden zur Mahlzeit. Unterm Strich führte das zu einer Auslese zugunsten der Menschen mit Angst-, Gefahr- und Krisenspeicher-Gehirnen, die diese Gene für ein starkes Alarmsystem weitergeben konnten. Es haben also die nervösen Angsthasen überlebt, die ständig in Hab-Acht-Stellung waren und überall Unheil lauern sahen.

Kommt uns das irgendwie bekannt vor als Eltern?

Und jetzt wissen wir: Dafür können wir gar nichts! Denn wir haben ein Gehirn im Kopf, das sich evolutionsbedingt an die kritischen Ereignisse besonders gut erinnert.

Dazu kommt noch, dass wir aus uraltem Antrieb unsere Kinder schützen wollen. Es geht ja biologisch auch darum, die eigenen Gene weiterzugeben. Säuger, das wissen wir nun, versuchen dies über intensive Brutpflege zu ermöglichen. Wir Menschen haben das ja zu einem Extrem getrieben: Ab welchem Alter würde unser Kind eine Woche überleben, wenn es im Wald auf sich gestellt ist? Gut, manche Mütter würden sagen nie und manche Väter wären vielleicht mutiger. Aber im Vergleich zu anderen Säugern braucht unser Nachwuchs doch extrem lange, bis er ansatzweise selbstständig ist.

Kritik wiegt schwerer als Lob

Vom reinen Überlebensvorteil bei Gefahr hat sich der evolutionäre „negativity bias“ auch in die Spielregeln des Zusammenlebens unserer Vorfahren eingeschlichen. Heute erleben wir das hautnah, zum Beispiel bei Kritik und negativen Rückmeldungen.

An wie viele Komplimente oder Lob können Sie sich aus dem Stehgreif erinnern? Und wie präsent sind Ihnen dagegen vielleicht viel länger zurückliegende Momente einer beißenden Kritik oder Peinlichkeit?

Darauf, wie wir Kritik wahrnehmen, haben sich auch hunderttausend Jahre Leben in kleinen überschaubaren Stammesgruppen ausgewirkt. Verbannung wäre damals der sichere Tod gewesen und damit wurden kritische Rückmeldungen aus der Gruppe viel überlebenswichtiger als besondere Ehrenpreise. Daher hinterlässt Kritik heute noch so viel stärkere seelische Spuren als Lob.

Ein persönliches Beispiel: Ich unterrichte angehende Psychotherapeuten. Nach einem Wochenendseminar füllen die Teilnehmer Feedback-Bögen aus. Darin bewerten sie mit Schulnoten von eins bis sechs den Dozenten, seine Wissensvermittlung, seine Art vorzutragen und so weiter. In einem der Institute musste ich die Bögen immer selbst einsammeln. Dabei konnte ich der Versuchung natürlich nicht widerstehen und schaute sofort, welche Noten ich bekommen hatte. Damit war das Wochenende regelmäßig ruiniert. Meist waren mindestens 13 von 15 Bewertungen recht gut, aber immer wieder vergaben auch ein bis zwei Teilnehmer eine drei oder vier. Diese wenigen kritischen Bewertungen machten mich fertig und gingen mir auf der ganzen Heimfahrt nicht mehr aus dem Kopf. Wenn später die Gesamtauswertung des Instituts zu dem Seminar kam, war der „Notendurchschnitt“ gut. Irgendwann wurde mir dieses Wechselbad der Gefühle richtig klar und von da an faltete ich die Bögen sofort zusammen, gab sie ohne hineinzuschauen ab und wartete auf die Gesamtauswertung.

Heute, nach einiger Praxis in Selbstmitgefühl, kann ich auch wieder gleich auf die Bögen schauen und mir sagen: „Ach, irgendjemand ist immer unzufrieden, du kannst nicht alle erreichen. Dafür sind die Menschen zu unterschiedlich. Wenn die Mehrheit zufrieden ist, dann bin ich das auch.“ Ich weiß also aus eigener Erfahrung, dass Kritik manchmal schwerer wiegt als Lob.

Rick Hanson, ein US-amerikanischer Neuropsychologe, meint, dass Kritik fünfmal stärker wahrgenommen wird als Lob. Bei mir war das sicher eher im Verhältnis 10:1. Aber herauszufinden, dass die historische Ausrichtung meines Gehirns da mitspielt und ich nicht besonders überempfindlich bin, hat mir geholfen. Es ist auch gut zu wissen, dass ich selbst etwas dafür tun kann, um dieser Negativ-Tendenz entgegenzusteuern oder sie gar auszugleichen. Ich kann mit einem selbstfreundlichen Geist meinem Gehirn neue Pfade beibringen und diese festigen.

Was hat das alles mit dem Elternsein zu tun?

Greifen wir das Verhältnis „Kritik zu Lob" auf. Eine kleine Mathe-Aufgabe für Eltern:

Gehen wir davon aus, dass uns Kritik und Lob im Verhältnis 5:1 berühren. Jetzt rechnen wir mal hoch, wie oft wir im Alltag unser Kind kritisieren beziehungsweise korrigieren und wie oft wir es loben. Diese Rechnung ist wichtig, weil ja auch Kinder im Sinne des „negativity bias" kritische Anmerkungen viel stärker wahrnehmen.* Die Negativtendenz ist ein Sinnbild dafür, dass wir bei so vielem – was wir denken, fühlen und wie wir reagieren – von einem Gehirn gesteuert werden, das sich über Millionen von Jahren zum Überleben in einer völlig anderen Welt ausgebildet hat. Je mehr wir im Alltagsleben gestresst oder unter Druck sind, desto eher geraten wir in den „Dinosaurier-Modus". Wir schalten automatisch und vorbewusst auf diese uralten Hirnanteile und ihre Not- und Überlebensprogramme zurück.

Starke Anforderung, Stress und Bedrohung passen nun durchaus gut zur Stellenbeschreibung dieses härtesten (und freudigsten) Jobs der Welt, dem Elternsein.

---

* Es geht mir an dieser Stelle nicht um die oft in Ratgebern diskutierte Frage, ob zu viel und inflationär gelobt wird oder viel zu wenig. Mir geht es um die Empfangsbereitschaft unseres Gehirns. Statt Lob könnte ich auch „positive Rückmeldung" sagen. Gemeint ist die Resonanz aus unserem Elternherzen im Sinne einer persönlichen Freude und Mitfreude unsererseits und in welchem Verhältnis unsere Kinder diese im Vergleich zu Kritik wahrnehmen. Es ist ein anderes Thema, dass Lob auch als ein „manipulatives" Instrument eingesetzt werden kann, zum Beispiel mit der Absicht, dass unsere Kinder mehr Energie oder Leistung abrufen oder etwas Bestimmtes machen.

Das Bild des Dinosaurier-Modus kann uns helfen, so manche unserer Reaktionsweisen als Vater oder Mutter besser zu verstehen. Vor allem wenn wir nach einem Streit, nach einem Hineinrauschen in Genervtsein, Schimpfen und Strafen-Verhängen hinterher manchmal selbst verblüfft sind, was uns da geritten hat.

Und es gibt noch eine weitere wichtige Erkenntnis: Das Gehirn, dieses Oberzentrum, ist auch nur ein Organ unseres Körpers. Es regelt wichtige Funktionen und generiert die ganze Zeit Gedanken, so wie unsere Speicheldrüse uns das Wasser im Mund zusammenlaufen lässt oder unser Magen Magensaft produziert, wenn wir eine leckere Speise essen.

Oft ist uns gar nicht bewusst, dass hier unentwegt „geistige Spucke" läuft. Zudem vergessen wir manchmal, dass das nur Gedanken sind und nicht die Wirklichkeit.

Jeder von uns kennt Situationen, in denen wir vollständig von unseren Gedanken überzeugt sind, uns aber Momente, Stunden oder Tage später wundern, was wir uns da eigentlich zusammengereimt haben. Wenn wir Pech haben, sind uns die Gedanken schon aus dem Mund gelaufen, und wir würden uns sehr wünschen, sie wieder zurückholen zu können.

Es ist beinahe eine Entzauberung dieses Organs: „Hey ja, dauernd sind da Gedanken, aber eigentlich sind es nur Gedanken, sonst nichts."

Gedanken sind nur Gedanken, sind nur Gedanken.
Glaube nicht alles, was du denkst!

Versuchen Sie mal 3 Minuten ruhig zu sitzen oder zu stehen und einfach zu atmen. Achten Sie nur auf die Bewegungen des Atmens in Ihrem Körper. Sie werden merken, dass Sie ganz schnell auch Gedanken wahrnehmen, vielleicht sogar einen ganzen Fluss an Gedanken. Wenn Sie aufgeregt sind, dann fließt er noch schneller.

In Übungen zur Achtsamkeit versuchen wir uns selbst und auch unser Denken wahrzunehmen. Bemerken, wie viele Gedanken da sind, wie sie ständig kommen und gehen. Wir versuchen uns dabei ein wenig neben den Fluss der Gedanken zu stellen, statt mittendrin zu sein.

Gerade wir Eltern sind ständig in Aktion und denken quasi doppelt, für uns und für die Kinder. Vor allem wenn wir im Stress sind und über viele Sorgen oder Befürchtungen nachdenken, kann es helfen, sich neben den Gedankenfluss zu stellen und zu beobachten, um nicht mit dem Gedankenfluss fortgespült zu werden.

Wir werden das in Kapitel 3 aufgreifen und Übungen dazu ausprobieren.

Kurz und knapp:

- Unser Gehirn ist älter als wir denken. Es hat sich über Millionen von Jahren entwickelt, angepasst, um zu überleben.
- Die Menschen mit den empfindlichsten Alarmanlagen im Gehirn haben überlebt und ihre Gene weitergegeben.
- Aus diesem Grund speichern wir heute noch kritische Ereignisse intensiver ab als positive. Das nennt man die Negativ-Tendenz des Gehirns. Deshalb berührt uns Kritik auch viel stärker als Lob.
- Wir haben fantastische Denkfunktionen entwickelt in unserem „neuen Hirn“ und verändern damit die Welt. Aber je stressiger es wird, desto mehr greifen wir auf unser „altes Hirn“ zurück und führen im Autopilot evolutionäre Überlebensprogramme gegen „Säbelzahntiger“ aus.

1.3 Der Chef sitzt oben, der Dino geht unten rum – Der obere und der untere Reaktionsweg des Gehirns

Nun wollen wir uns die uralten und die neuen Regulationsmechanismen unseres Gehirns noch etwas genauer anschauen.

Wenn wir ruhig und gelassen sind, können wir mit allen jüngeren Hirnabteilungen arbeiten, reif und überlegt handeln. Das Kommando wird dann im Gehirn **von oben nach unten** weitergegeben. Eine Vielzahl neurobiologischer Befunde zeigt aber, dass wir unter Druck oder Stress mit dem alten Dinosaurier-Gehirn arbeiten, sozusagen eine Abkürzung nehmen.

Das bezeichnet Daniel Siegel, US-amerikanischer Psychiater und Neurowissenschaftler, der sich auch mit Achtsamkeit und Erziehung beschäftigt hat, als den **unteren Weg.** Wir führen dann unbewusst und blitzschnell vor Urzeiten angelegte Notreaktionen aus.

Oben beim Chef

Wesentlich für den oberen Weg sind die Gehirnareale hinter der Stirn, vor allem die Regionen, die Neurowissenschaftler als *Präfrontaler Cortex* und *Anteriorer Cingulärer Cortex* bezeichnen. Wenn diese zwei Bereiche mitspielen dürfen, sitzt der reife Erwachsene als Chef am Steuer.

Wir haben dann eine Chance, uns vorher zu überlegen, was wir tun oder sagen wollen. Wir können unsere Gefühle und Emotionen regulieren. Der obere Weg hat also eine Bremse eingebaut, die es uns erlaubt, unsere Impulse noch einmal zu überprüfen.

Sich bewusst zu steuern, ist eine wichtige menschliche Eigenschaft, die während der Entwicklung eines Kindes zum Erwachsenen immer besser ausgebildet wird. Sie wird neurowissenschaftlich *Exekutivfunktion* genannt. Dabei hemmen die jüngeren Hirnareale den Überschuss der anderen, von oben nach unten.

Übrigens haben Kinder und Erwachsene mit einer Aufmerksamkeitsdefizit-/ Hyperaktivitätsstörung (ADHS) genau mit diesen Exekutivfunktionen Probleme. Bei ADHS sind die Mitarbeiter des Chefs in Gehirnabteilungen weiter hinten und unten quasi schwerhörig. Sie reagieren oft nicht auf die Anweisungen ihres Chefs. Die Konsequenz ist, dass Reize, innere Ideen und Impulse nicht so gut gefiltert und gehemmt werden.

Ein Ausspruch einer Erwachsenen mit ADHS verdeutlicht das: *„Ich möchte endlich das sagen können, was ich wirklich meine, und nicht dauernd das aussprechen, was mir zuerst einfällt!"*

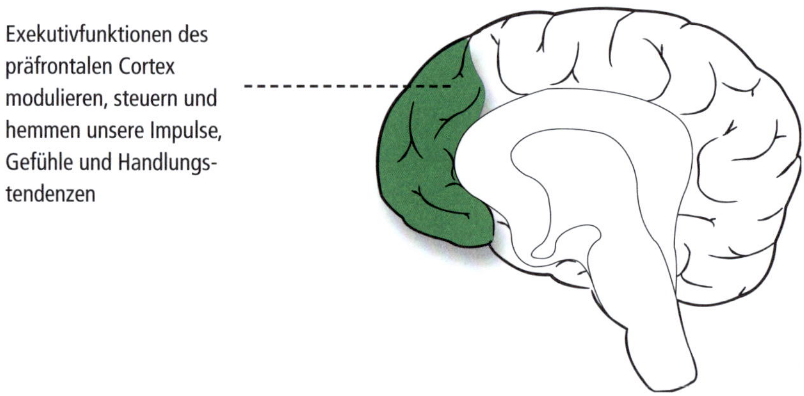

→ **Abb. 1.3 Der obere Weg.** Vgl. Siegel, Daniel, *The Developing Mind: How Relationships and the Brain Interact to Shape Who We Are.* New York: Guilford Press, 2001.

Unsere Handlungen werden nicht nur von oben geplant, sondern auch vom Chef mit dem abgeglichen, was sich bislang für uns bewährt hat. Wir sind in der Lage, die Folgen unseres Tuns durchzuspielen und dementsprechend abzuwägen.

Wenn der Chef im Stirnhirn mitredet, ist das für uns als Eltern der entscheidende Heimvorteil in der Aktion mit unseren Kindern.

Wir haben schon einiges erlebt und Erfahrungen gesammelt. Wir können weiter voraus und um die Ecke schauen. Unser Chef im Hirn hält dann auch die ganzen schnellen und akuten Emotionen von unten aus

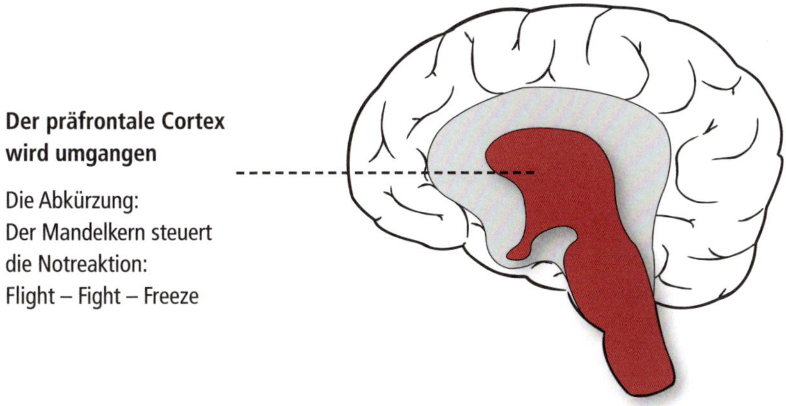

→ **Abb. 1.4 Der untere Weg.** Vgl. Siegel, Daniel, *The Developing Mind: How Relationships and the Brain Interact to Shape Who We Are.* New York: Guilford Press, 2001.

dem alten Säugetier-Hirnanteil *(Limbisches System)* im Zaum. Er weiß, dass sich direktes Handeln aus Ärger, Wut oder Panik oft nicht wirklich lohnt. Er kann vorher beurteilen, was es kostet, aus dem ersten Affekt zu reagieren und was es kostet, nicht zu handeln. Es wäre schön, wenn unsere Kinder das alles auch schon könnten. Viele Alltagssituationen wären dann viel leichter miteinander zu bewältigen. Aber sie müssen diese Steuerung erst lernen und üben.

Wir merken allerdings, dass uns selbst als Erwachsene der Chef immer mal wieder abhanden kommt. Das sind meist Situationen, in denen wir ganz anders reagieren und handeln, als wir das mit etwas Abstand und Ruhe tun würden.

Gerade für uns Eltern gibt es im Hin und Her mit unseren Kindern immer wieder viele Gelegenheiten, die uns aufregen und in Stress bringen. Dann laufen wir Gefahr, dass falscher Alarm ausgelöst wird und wir auf den unteren Weg geraten.

Unten rum geht's schneller

Dieser untere schnelle Weg ist in keiner Weise schlecht. Im Gegenteil: Wenn wirklich Gefahr droht, erlaubt er uns, schnell und sofort zu handeln und unser Kind zu retten oder zu schützen.

Wenn wir beispielsweise an einer viel befahrenen Straße stehen, unseren Kleinen der Ball herunterfällt und auf die Straße rollt und sie den ersten Schritt machen, um hinterherzulaufen. Dann greifen wir sie unvermittelt beim Arm, ohne vorher durchgerechnet zu haben, woher die Autos kommen, und ob es gut gehen könnte.

Oder ein anderes Beispiel: Sehen wir im Augenwinkel, dass von rechts etwas großes zotteliges Schwarzes auf uns zuspringt, sortieren wir nicht erst geistig durch, ob das Tante Helgas lieber Neufundländer ist oder ein anderer Hund; und schon gar nicht, um welche Rasse es sich handelt. Wir sind sofort auf Alarmstufe rot, bereit zu Flucht oder Verteidigung.

Die eigentliche Aufgabe des unteren Wegs im Gehirn ist die akute Notreaktion. Er ist wesentlich, wenn es schnell gehen muss und keine Zeit ist, alle Entscheidungen dem Chef da oben im Kopf vorzulegen.

Teil des unteren Wegs ist der sogenannte Mandelkern (*Amygdala*), eine ständig aktive Alarmanlage. Der Mandelkern scannt alle unsere Wahrnehmungen auf Gefahren da draußen, bevor uns das oben überhaupt bewusst wird.

Schrillen die Sirenen – *„Raumschiff Enterprise auf Alarmstufe rot und alle auf Gefechtsstation!“* –, werden prinzipiell drei archaische Reaktionsmuster ausgelöst: Kampf oder Flucht; im schlimmsten Fall, wenn beides erfolglos scheint, Totstellen beziehungsweise Erstarren.

Im Körper wird das Stresssystem (*Sympathikus*) zum Kämpfen oder Fliehen hochgefahren, Stresshormone werden ausgeschüttet. Das Herz schlägt schneller, der Blutdruck steigt, um alle Muskeln mit mehr Blut zu versorgen. Die Bronchien werden weit, die Atemfrequenz wird erhöht, um möglichst viel Sauerstoff in den Organismus zu pumpen. Wir sehen scharf. Und beginnen zu schwitzen, um schon mal zu kühlen, bevor die

Aktion losgeht. Jetzt sind wir bereit gegen alle Säbelzahntiger der Welt zu kämpfen, unser Kind bis zum Äußersten zu verteidigen. Oder vielleicht zu fliehen, wenn wir alleine sind.

Gerade als Eltern erleben wir aber oft den falschen Alarm. So können wir im Kinderzimmer oder am Esstisch immer weiter den Streit mit unserem Kind eskalieren, um dann wilde Maßnahmen auszusprechen. Oder wir haben unseren geliebten Sohn schon fünfmal gerufen, weil wir eigentlich schon zu spät dran sind, und unser Stresssystem steigert die Erregung immer mehr. Und warum?

Sobald wir unter Stress geraten, rauschen wir auf den unteren Weg, weil uns unsere Kinder so wichtig sind. Vielleicht wurde in uns auch ein besonders wunder Punkt berührt, der den Alarm auslöst. Jedenfalls hat uns etwas so stark und heiß am Wickel, dass innerlich der Feueralarmknopf gedrückt wird, obwohl gar kein Feuer ausgebrochen ist. Und schon läuft das volle Notfallprogramm ab: Die Sirenen schrillen los, die Sprinkler gehen an, mit quietschenden Reifen fahren die Einsatzfahrzeuge vor.

Nicht selten stehen wir dann später pudelnass inmitten hektischer Feuerwehrleute und fragen uns, wie wir bloß wieder in diesen Schlamassel hineingeraten sind. Wir sind mit Vollkaracho über den unteren Weg geeilt, ohne dass der reife Erwachsene in uns als Chef mitsprechen konnte.

Wir können uns also gerade als Eltern selbst in eine gefühlte Bedrohung manövrieren. Dies ist auch ein Grund dafür, warum es besonders oft mit unseren liebsten Kleinen kracht, wenn wir einen ganz genauen Plan im Kopf haben wie die Dinge laufen sollen. Nur unsere Hübschen verfolgen ja oft ganz andere Pläne!

Unser Stresssystem fährt hoch, die Alarmanlage wird immer sensibler und meldet irgendwann Bedrohung (auch wenn es nur für die Pläne ist). Und schon sind wir auf der Abkürzung unten rum. Diese „Falle“ im Umgang mit unseren Kindern funktioniert umso besser, je kleiner sie sind, je mehr sie sind, je energiegeladener und selbstbewusster sie sind.

Sind dann auch noch andere beteiligt, können die Wege vollends durcheinandergeraten. Sehr wahrscheinlich sind wir sehr schnell auf dem unteren Weg, wenn der Nachbar wutentbrannt auf unseren Sohn zugestürmt kommt, weil der gerade die schönen Rosen dort drüben geköpft hat. Dann stellen wir uns als Löweneltern dazwischen, besetzen alle Gefechtsstationen auf höchster Alarmstufe und sind bereit, für unser Kind zu kämpfen. Das kann zu sehr spannenden Ergebnissen führen, wenn der Nachbar ebenfalls gerade auf dem unteren Weg rast, um seine geliebten Rosen zu verteidigen oder zu rächen.

WIR KÖNNEN NICHTS FÜR DIESES TRICKREICHE GEHIRN

Das ist die große Botschaft aus den bisherigen Betrachtungen, wie unser Hirn gebaut ist und für was es sich entwickelt hat.

Wir haben unser Gehirn nicht ausgesucht, wir hatten kein Mitspracherecht beim Bauplan. Über Millionen von Jahren entwickelt zum Überleben, ist es uns so zugeschustert worden. Ergänzend wurden noch ein paar Besonderheiten unseres persönlichen Temperamentes über die Gene unserer Eltern eingebaut. Auch die haben wir nicht aussuchen können. Und so versuchen wir nun unser Bestes als Vater oder Mutter, um mit diesem trickreichen Organ bei allen Aufgaben unserer Brutpflege einen Weg zwischen oben und unten zu finden.

Es ist Zeit für Selbstmitgefühl und nicht für Selbstvorwürfe, wenn wir feststellen, dass wir mal wieder ungeplant unter falschem Alarm in die Abkürzungsfallen geraten sind.

Die gute Botschaft ist: Wenn wir erkennen und verstehen, wie wir mit den alten und den jüngeren neuen Anteilen im Gehirn reagieren, können wir lernen, das Zusammenspiel selbst mehr zu beeinflussen. Wir können Wege üben, den Chef zu stärken und ihm Zeit für Mitsprache zu geben.

Bemerkenswert ist, dass wir das ganze Phänomen des oberen und unteren Weges oft recht gut erkennen können, wenn wir anderen dabei zuschauen. Wir wundern uns vielleicht sogar ein bisschen, wenn unsere Bekannten oder Freunde mit ihren Kids in das Schattenboxen mit den vermeintlichen Säbelzahntigern einsteigen: „Warum machen die jetzt so ein Drama?“ Wir haben emotional mehr Abstand und versuchen unsere Freunde aus ihrer Erregung wieder herunterzubringen.

Wir haben also das Zeug dazu!

In den Kapiteln 3 und 4 wollen wir deshalb genauer erforschen,

- wie wir uns selbst gute Freunde sein können,
- wie wir den achtsamen Beobachter in uns auf den Plan rufen können, um zu prüfen, wie viele Säbelzahntiger wirklich da draußen lauern,
- wie wir uns selbst wieder auf den oberen Weg bringen können,
- wie wir achtsamer merken, wann wir unter Stress geraten und unsere Alarmanlage immer sensibler wird,
- wie wir Positives kultivieren, um der Negativ-Tendenz des Gehirns entgegenzuwirken.

Kurz und Knapp

- Mit den „neuen“ Hirnanteilen im Stirnhirn können wir uns steuern und ruhig und überlegt handeln: der obere Weg.
- Bei Gefahr nutzen wir den schnellen unteren Weg und handeln automatisch.
- Als Eltern erleben wir immer wieder falschen Alarm.

1.4 Bin ich im roten, blauen oder grünen Bereich?

Nachdem wir die Alarmfunktion und ihre zugrunde liegende Verschaltung kennengelernt haben, schauen wir jetzt noch genauer darauf, wie unsere Emotionen und unsere Motivationen im Gehirn geregelt werden. Wir werden dabei außer einer Gefahr noch anderen Auslösern für Stress begegnen. Gleichzeitig lernen wir aber auch einen wichtigen Gegenspieler kennen.

Welche Farbe hat der Stress?

Um unsere Emotionen zu regeln, greift das Gehirn auf drei Systeme zurück: Alarm, Antrieb und Fürsorge. Sie sind für unsere Motivation verantwortlich, bestimmen, was wir wollen und warum. Es ist wichtig zu verstehen, wie diese Systeme zusammenspielen und welche Reaktionen sie auf der Ebene von Körper und Geist auslösen.

Wie in der Abbildung zu sehen ist, sind die Systeme Alarm und Antrieb dem Stress zugeordnet. In beiden Funktionen werden Gehirn und Körper (Sympathikus) aktiviert. Wir sind hellwach und angespannt.

Warum das so ist und was dabei passiert, haben wir schon beim „unteren Weg“ kennengelernt. Wenn unser Alarmsystem (rot) aktiv ist, wird alles auf den Plan gerufen, was wir zum Kämpfen oder zum Fliehen benötigen: schnellerer Herzschlag, höherer Blutdruck, Muskelanspannung, schnelleres Atmen, Schwitzen.

Neu ist, dass wir uns in einen ähnlich erregten Zustand auch ohne Bedrohung bringen können. Das rührt zum einen von unserem Urantrieb her, Nahrung zu beschaffen. Es leuchtet ein, beim Jagen den Körper ganz ähnlich bereit zu machen, sowohl für die Anstrengung beim Laufen und Klettern als auch zum Kämpfen oder bei Misserfolg zum Fliehen. Dasselbe gilt für einen weiteren Urantrieb, die Fortpflanzung. Wir können also wach, voller Energie und maximal aktiviert sein, wenn wir ein Ziel verfolgen, etwas unbedingt erreichen wollen oder Sex haben.

Im Körper vermittelt das beide Male der gleiche Schenkel des sogenannten vegetativen Nervensystems, der Sympathikus. Über dessen

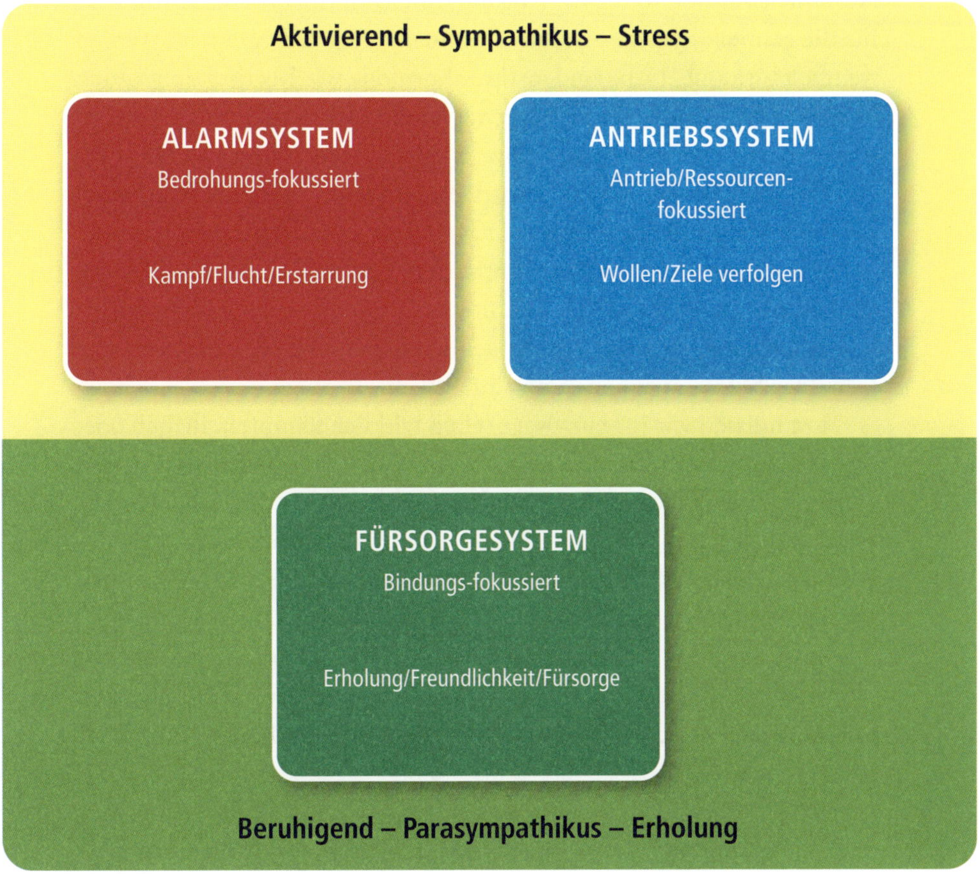

→ **Abb. 1.5 Stressregulierende Systeme im Körper,** Vgl. Van den Brink, E. und Koster F., *Mitfühlend leben: Mit Selbst-Mitgefühl und Achtsamkeit die seelische Gesundheit stärken: Mindfulness-Based Compassionate Living – MBCL.* München: Kösel-Verlag, 2013, sowie: Gilbert, Paul, *Wie wir Mitgefühl nutzen können, um Glück und Selbstakzeptanz zu entwickeln und es uns wohl sein zu lassen.* Freiburg: Arbor Verlag, 2011.

Nervenleitungen und die Botenstoffe Adrenalin und Noradrenalin wird für die schnelle, wache Aktion alles hochgeregelt. Begleitend werden weitere Hormone, insbesondere Stresshormone wie Kortisol, freigesetzt. Diese steuern dann eine zweite, etwas länger andauernde Welle an Körperreaktionen, die für Kampf, Flucht oder Jagd benötigt werden. Eine Folge ist etwa ein geringeres Schmerzempfinden. Zusätzlich verschwendet unser Körper keine Energie für Heilungs- oder Reparaturprozesse.

Generell wird unser Körper durch den Sympathikus bis in die letzte Faser aktiviert. Er fährt alles herunter, was wir uns gerade nicht leisten können, etwa die Verdauung. Schließlich macht es keinen Sinn, auf der Jagd oder Flucht anzuhalten und zu pinkeln.

Nun müssen wir ja heutzutage selten wirklich kämpfen, fliehen oder unsere Nahrung jagen. Wir haben zu großen Teilen einen zivilisierten Umgang miteinander gefunden und kraftsparendere Wege, um an unsere Nahrung zu kommen. Dennoch greifen wir bei stressigen Anforderungen in der Arbeit oder innerhalb der Familie auf die gleichen alten Regelsysteme zurück.

Angst aktiviert das **rote Alarmsystem,** Ärger und Wut ebenfalls. Ursprünglich ging es ums Überleben. Heute reichen schon Befürchtungen oder Grübeln darüber, was Schlimmes passieren könnte. Der Zielzustand ist Sicherheit.

Etwas unbedingt haben zu wollen, Ziele erreichen zu wollen oder zu müssen, aktiviert unser **blaues Antriebssystem.** Ursprünglich ging es um Wasser, Nahrung und Fortpflanzung. In unserer Ist-Welt fällt heute darunter auch Leistung, Streben nach Besitz, Konsum, Erfolg, Wachstum, Weiterentwicklung, Neugier und Erforschen. Der Zielzustand ist die Sättigung.

Dass beide Systeme das Stressprogramm des gesamten Körpers anknipsen, können wir wahrnehmen. Unser Körper eignet sich deshalb bestens als Frühwarnsystem. Eines, das uns anzeigt, wie hoch wir denn gerade schon drehen oder welche Betriebstemperatur bereits erreicht ist. Das ist der Grund, warum achtsamkeitsbasierte Methoden so viel Wert auf Übungen zur Körperwahrnehmung legen.

Sind wir im Stress, verbrauchen wir ständig Energie. Auf Dauer muss dieser Zustand wieder beendet werden, sonst gehen wir ein. Fanden unsere Vorfahren keinen Ausweg aus dem roten beziehungsweise blauen Bereich, wurden sie gefressen oder verhungerten. Heute kennen wir zum Teil die Mechanismen dahinter. Wir verstehen, dass für chronische Stressreaktionen bis hin zum „Burn-out“ ein ständig aktiviertes Alarm- und Antriebssystem verantwortlich ist.

Stress kann also rot, blau oder beides sein.

Welche Farbe hat die Erholung?

Die beiden Aktivierungssysteme Rot und Blau brauchen einen Gegenspieler: das Fürsorgesystem. Das ist in der Abbildung im unteren Feld **grün** dargestellt. Es steht für Erholung, wirkt sich beruhigend auf den Körper aus und wird durch den *Parasympathikus* beeinflusst.

Im **grünen Fürsorgesystem** sorgt dieser andere Schenkel des vegetativen Nervensystems dafür, dass Atmung und Herzschlag langsamer werden, die Muskeln sich entspannen. Die Durchblutung wird mehr auf die inneren Organe ausgerichtet, Nahrungsaufnahme und Verdauung werden angeregt. Unsere Energiespeicher, die wir für eine Aktion geleert haben, können nun wieder aufgefüllt werden.

Interessanterweise ist dieses System eher WIR-zentriert. Es geht weniger um MEIN Überleben, MEINE Sättigung oder MEINE Erholung. Im Laufe unserer stammesgeschichtlichen Entwicklung als Säugetiere hat sich Beruhigung durch Nähe und Fürsorge von anderen als nützlich erwiesen. Das erleben wir schon im Bauch der Mutter und fortwährend ab der Geburt. Läuft unser Gehirn im grünen System sind wir voll auf Beziehung und Bindung mit anderen ausgerichtet. Wir empfinden Verbundenheit und Wohlgefühl.

Egal, welches Regulationssystem wir betrachten, keines ist besser oder schlechter als das andere. Wir benutzen sie alle drei und brauchen sie alle drei zum Überleben. Vielmehr geht es um das Gleichgewicht innerhalb des jeweiligen Systems und das ausbalancierte Zusammenspiel der

Systeme untereinander. Wir können sehr gut in den Aktivierungsmodus der drei Systeme schalten. Die jüngsten menschlichen Anteile in unserem Gehirn spielen uns aber oft einen Trick.

Wie läuft das bei den anderen Säugetieren? Unsere Katze liegt beispielsweise häufig genüsslich in der Sonne; mit Haut und Haaren im grünen System. Ihr Ohrenspiel zeigt aber, dass die anderen Systeme nicht ganz abgeschaltet sind. Landet ein Vogel in der Nähe, fährt sie ruckzuck in Blau hoch und geht auf Pirsch. Wenn ein Hund vorbeikommt, schaltet sie ruckzuck auf Rot um, faucht und bringt sich in Sicherheit. Was sie allerdings viel besser kann als wir Menschen, ist wieder zurück ins grüne System zu gelangen, sobald Vogel oder Hund aus ihrem Umkreis verschwunden sind.

Das ist beneidenswert. Daran könnten wir uns ein Beispiel nehmen. Öfter mal den Katze-liegt-in-der-Sonne-Modus anknipsen, wenn es eben geht – und nach Stress schneller wieder raus aus Rot und Blau. Das ist leichter gesagt als getan, weil wir noch eine weitere andere Hirnregion in uns tragen, die uns manchmal einen Streich spielt: das sogenannte Ruhezustandsnetzwerk („default-mode-network").

Das Ruhezustandsnetzwerk liegt recht zentral im Gehirn, in einem noch „jüngeren" Areal. Untersuchungen zeigen hier eine hohe Aktivität, insbesondere, wenn wir in Ruhe sind und unseren Geist wandern lassen. Wissenschaftler vermuten, dass wir in diesem Netzwerk die Idee von uns selbst als Person entwickeln. Dabei können wir uns in die Vergangenheit und in die Zukunft „beamen" und alle erlebten kritischen Situationen noch einmal analysieren beziehungsweise mögliche kritische Situationen durchspielen. Das bringt uns aus friedlichem Grün in Rot und Blau.

Wir haben also tatsächlich eine Hirnabteilung, die Probleme erfindet, um sie als eine Art geistige Aufgabe zu lösen, wenn wir in Ruhe sind. Nun scheint sich dieser Prozess in der Evolution bewährt zu haben. Gleichzeitig verdeutlicht er aber, dass bei der Entstehung des Gehirns ganz klar das Überleben des Menschen im Vordergrund stand und nicht etwa das Glücklichsein. Zur Ehrenrettung des Ruhezustandsnetzwerks muss ich allerdings anfügen, dass es eben auch für die genialen Geistesblitze zuständig ist, die uns zum Beispiel auf dem Klo ereilen und scheinbar aus dem Nichts in den Kopf fallen und etwas lösen, an dem wir schon lange geknobelt haben.

In Studien konnten Wissenschaftler belegen, dass die Achtsamkeitsmeditation einen integrierenden und beruhigenden Einfluss auf das Ruhezustandsnetzwerk hat. Diese Übung kann uns helfen, es den Katzen gleich zu tun, also schneller wieder in den friedlichen grünen Bereich zu kommen. Auf jeden Fall müssten wir dann weniger fiktive Probleme wälzen.

Nach den Emotionen nehmen wir nun gemeinsam die Motivation in den Blick. Wir entdecken, warum wir etwas tun wollen. Als Eltern betreten wir an dieser Stelle den Hauptschauplatz unseres Freuds und Leids.

Welche Farbe hat Lernen in der Schule?

Die Schule als Ort des Lernens wirft ständig die Frage nach Motivation auf. Motivation ist quasi der Treibstoff für Leistung. Welche Schüler sind gering oder hoch motiviert, dem Unterricht zu folgen? Wie motiviert ist der Lehrer, den Stoff zu vermitteln? Und wie beeinflussen die schulischen Leistungen unserer Kinder unsere Motivation als Eltern?

Um unsere Kinder in der Schule zum Lernen zu bewegen, werden Rot, Blau und Grün in unterschiedlicher Weise angesprochen. Jedes der drei Systeme ist durch einen eigenen Motivator getrieben.

Im roten System ist **Angst** der Motivator. Kinder lernen, um etwas Schlimmes zu vermeiden, zum Beispiel einer Strafe zu entgehen, negativ aufzufallen oder schlechte Noten zu erhalten.

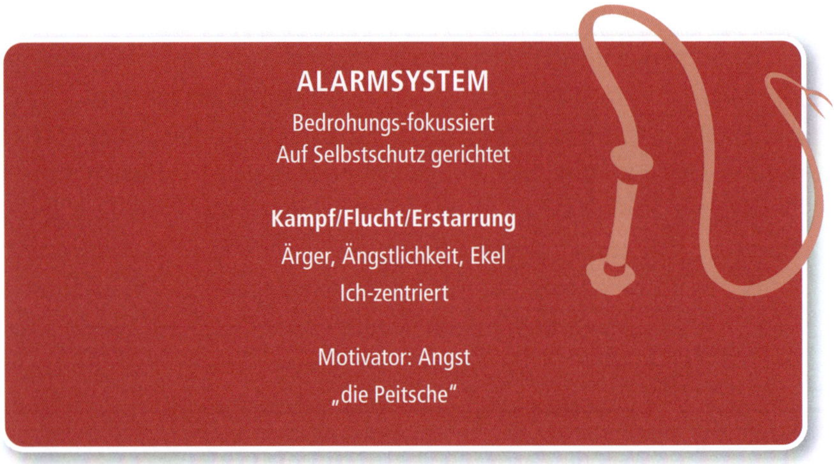

→ **Abb. 1.6 Rotes System**

Im blauen System ist das **Erreichen eines Ziels** der Motivator. Schule spricht das blaue System an, wenn Belohnungen in Aussicht gestellt werden, etwa gute Noten, Medaillen und Preise.

→ **Abb. 1.7 Blaues System**

Lernen in der Schule funktioniert auch über das grüne System. Aber wie oft wird das tatsächlich genutzt? Das hieße Kinder über Beziehung und Bindung ansprechen und Lernen durch **Verbundenheit** und Freundlichkeit in einem Klima der Fürsorge zu ermöglichen.

→ **Abb. 1.8 Grünes System**

In welcher Farbe motivieren wir uns selbst und als Eltern?

Was Kinder beim Lernen in der Schule antreibt, ist auch bei Erwachsenen beziehungsweise Eltern nicht anders.

Wenn wir uns mit dem roten System selbst motivieren, dann „mit der Peitsche“. Wir treiben uns an, damit nichts Schlimmes passiert – aus Angst vor Kritik und Tadel oder negativen Konsequenzen und Sanktionen. Furcht oder Angst sind ständig präsent.

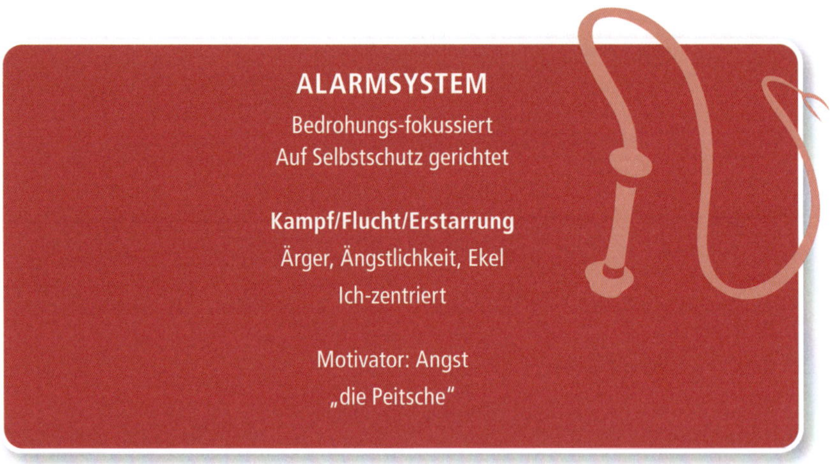

→ **Abb. 1.9 Rotes System**

Wenn wir uns selbst im blauen System antreiben, dann „mit der Karotte vor der Nase“. Wir haben ständig das nächste Ziel vor Augen und wollen uns permanent erfolgreich fühlen. Oft suchen wir uns dann „nach der Medaille“ schnell den nächsten Wettkampf, das nächste Ziel, das es zu erreichen gilt. Höher, weiter, besser. Erfahrungsgemäß währt die Freude der Medaillenfeier nur kurz. Es folgen lange, unzufriedene Phasen, die mit dem Streben hin zum nächsten Ziel gefüllt werden.

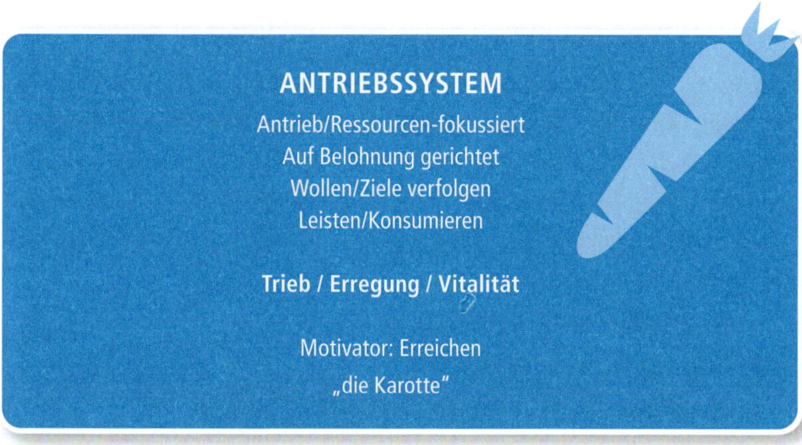

→ **Abb. 1.10 Blaues System**

Im grünen System können wir uns Selbstfreundlichkeit, Selbstmitgefühl und Selbstfürsorge schenken. Wir tun Dinge und schaffen uns Raum, weil wir es wirklich gut mit uns meinen. Der Motivator ist dabei die Verbundenheit – mit uns selbst, mit den anderen und der Welt.

→ **Abb. 1.11 Grünes System**

Glück oder langfristiges Wohlbefinden ist grün

Im grünen System könnten wir also das längerfristige Glück oder Wohlbefinden entdecken. Die wesentlichen Anlagen sind vorhanden. Trotzdem suchen wir eher die kurzfristigen „Belohnungs-Highs" im blauen System. Der Psychologe Martin Seligmann definiert Wohlbefinden als die Erweiterung des Glücksbegriffes, in seinem Konzept der „Positiven Psychologie" anhand von fünf Säulen:

- positive Emotionen spüren
- sich für etwas engagieren
- Sinn erleben, als etwas das größer ist als unser ICH
- Erfolg, etwas bewegen zu können, Zielerreichung
- positive Beziehungen und Verbundenheit.

Deklinieren wir das Ganze einmal durch. Eine wesentliche Voraussetzung zum Wohlbefinden ist, dass der rote Bereich relativ in Ruhe ist, wir sicher sind. Das ist sozusagen der Boden, auf dem die Säulen stehen. Säule 1 ist eine Folge davon. In den Säulen 2 und 4 steckt das blaue System. Sich zu engagieren und Ziele zu erreichen, benötigt Energie und wir erwarten eine Belohnung dafür.

Betrachten wir das Modell aber genauer, fußen die Säulen größtenteils auf Faktoren, die wir im grünen System finden. Auch Engagement beinhaltet meist das Grün der Fürsorge. Säule 3, das Sinn erleben für etwas, das größer als man selbst ist, ist eindeutig Grün. Und positive Beziehungen und Verbundenheit, Säule 5, sind ja der Kern des grünen Systems.

Zusammengefasst ist Wohlbefinden also im Wesentlichen Grün. Gerade für uns als Eltern und unsere Familien ist das sehr wichtig. Unser aller Wohlbefinden hängt nicht nur von kurzfristiger Zielerreichung und dem Tun ab. Es gibt darüber hinaus weitere wichtige Elemente der Säulen des Wohlbefindens, die auf Fürsorge und dem SEIN basieren:

- Freude über das am Leben sein und mit der Familie im Fluss des Lebens sein
- Freude über die Bindungen mit den Kindern, dem Partner, der erweiterten Familie
- Freude über Verbundenheit in den verschiedenen Gruppen und „Clubs", deren Mitglied wir sind und am besten mit der Menschheitsfamilie als Ganzes.

Darf's ein bisschen mehr Grün sein?

Wir können als Eltern auf vielen verschiedenen Ebenen etwas lernen, wenn wir diese Systeme bei uns betrachten.

Wir können uns im aktuellen Moment fragen: *„Wie takte ich denn gerade? Rot? Blau? Grün?"* Wenn wir eine Anspannung im Nacken haben, kurzatmig werden, der Puls hochgeht oder eine andere unangenehme Empfindung spüren, können wir uns fragen: *„Stehe ich gerade unter Stress?"*

Genau an diesem Punkt lohnt es sich, weiter zu forschen, was mir Stress verursacht.

> *Bin ich im roten System, getrieben von Befürchtungen/Angst? Welche Qualität haben diese Befürchtungen, hat diese Angst? Ist das hilfreich, reagiere ich übertrieben oder ist es gar falscher Alarm?*

Ein anderes Beispiel:

> *Bin ich im blauen System, im Streben? Fühle ich mich angestrengt, weil ich etwas unbedingt erreichen will, oder weil die Dinge unbedingt so laufen sollen, wie ich es mir wünsche? Stehe ich unter Druck, weil ich einen genauen Plan verfolge und Erwartungen habe, aber meine Kinder gerade nach etwas ganz anderem streben?*

Oft lohnt die Frage, wie oft ich denn heute überhaupt schon im grünen System war.

Manchmal feuern sich die Systeme auch gegenseitig an. So können wir angestrengt im blauen System streben, weil wir unbedingt diese Leistung oder jenes Ziel erreichen wollen. Beim näheren Erforschen entdecken wir dann, dass uns eigentlich das rote System dahinter antreibt. Wir strengen uns so sehr an, weil wir befürchten, getadelt zu werden oder dass andere unzufrieden mit uns sind. Manchmal steckt auch die Angst dahinter, nichts wert zu sein, wenn wir nicht genügend geleistet haben.

Obwohl wir Eltern ja ständig die Verantwortung für unsere Kinder tragen, können wir nicht andauernd im aktivierten Zustand unseres Alarm- und Antriebssystems durch das Leben gehen. Auch wir brauchen dringend Ruhe- und Erholungsphasen. Das ist kein Luxus und schon gar keine Faulheit, das ist ÜBERLEBENSNOTWENDIG!

Permanente Alarmbereitschaft lässt uns Eltern heiß laufen und führt auf Dauer zu Schäden. Wir können zwar im Alltag immer wieder kurzfristig aus Angst oder durch Willenskraft Höchstleistungen abrufen, aber die Anspannung muss auch wieder abklingen. Wir müssen zur Ruhe kommen, sonst erschöpfen wir uns.

Überanstrengte, heiß gelaufene Eltern sind weder besonders leistungsfähig und belastbar, noch sind sie locker und freundlich. Sie stellen sogar, das belegen Studien, einen Risikofaktor für die gesunde, psychische Entwicklung ihrer Kinder dar. Das heißt, ausreichende Pflege des eigenen grünen Systems ist das Beste, was wir Eltern auch für unsere Kinder und deren Wohlbefinden tun können. Wir pflegen dann gewissermaßen gleich das grüne System unserer Kinder mit und können mehr Mitgefühl und Fürsorge an sie weitergeben.

Wenn wir genau hinschauen, wollen uns unsere Kinder oft einladen, mit ihnen im grünen System zu verweilen. Ihnen gelingt es oft viel leichter, im Hier und Jetzt zu sein. Ob im Spiel oder woanders, sie sind häufig tiefenentspannt, fühlen sich wohl, sind ganz im grünen System. Wir sollten mehr dieser Einladungen annehmen und uns mit ihnen im „GRÜNEN“ treffen. Das ist wunderbar für die Verbundenheit und stärkt unsere eigene psychische Widerstandskraft (*Resilienz*) und die unserer Kinder.

Wo bin ich besonders geübt: Rot, Blau oder Grün?

Wir müssen das Verhältnis unserer drei Systeme zueinander auch über den Moment hinaus und übergeordnet betrachten.

Nehmen wir uns doch ein paar Minuten Zeit, lassen uns von jeder der folgenden Fragen eine Weile bewegen und sammeln die Antworten:

Wie sind denn meine drei Systeme verteilt?
Sind sie untereinander gleich stark entwickelt und oft in Balance?
Bin ich jemand, der stark und oft im roten System lebt?
Sind es Angst und viele Befürchtungen, die mich antreiben?
Bin ich ein Workaholic, ständig in blauer Aktion, ständig am Tun?
Bin ich ein ehrgeiziger Leistungserbringer, der sich selbst die Latte zu hoch legt, und beim Erreichen gleich noch höher auflegt?
Bin ich gesegnet mit einem starken grünen System als Fundament oder habe ich nur ein eher schwach entwickeltes grünes System?

Wo komme ich her?

Die drei Systeme erlauben ebenfalls aufschlussreiche Rückblicke auf unsere eigene Biografie:

Welches System wurde bei mir als Kind besonders gefördert?
Welches System habe ich gebraucht, um in meiner Welt damals klarzukommen?

Als Therapeut begegnen mir in meiner Praxis als Patienten oft Menschen mit stark entwickelten und „durchtrainierten" roten Systemen.

Wenn ein Kind zum Beispiel mit einem alkoholkranken Elternteil aufwachsen musste, dann hat es wahrscheinlich ein stark ausgeprägtes und sensibles rotes System entwickelt. Dieses Kind ist hervorragend darin trainiert einzuschätzen, in welcher Stimmung und mit welchem Promillegehalt die Mutter oder der Vater nach Hause gekommen ist.

Aus Angst hat es gelernt, sein Verhalten anzupassen, um Schläge zu vermeiden. Im Erwachsenenalter hat dieses Kind möglicherweise eine hohe Sensibilität für die Stimmungen anderer Menschen und will es ihnen recht machen.

Es könnte aber auch das erfahrene Leid als starke Wut im roten System abgelegt haben. Wenn dieser Mensch sich beeinträchtigt fühlt, kocht er schnell hoch.

Wächst ein Kind mit einem sehr ängstlichen Elternteil auf, übernimmt es die Sicht, dass die Welt voller Gefahren ist. Die Folge ist eine sehr empfindlich eingestellte Alarmanlage im roten System, die übermäßig schnell ausgelöst wird und andauernd Gefahr meldet. Als Elternteil gibt dieser Mensch seine supersensitive Einstellung des roten Systems an seine Kinder weiter. Auch Menschen mit stark ausgeprägtem blauen System kommen in meine Praxis.

Diese Menschen sind als Kinder engagierter, sehr ehrgeiziger, rationaler und leistungsorientierter Eltern aufgewachsen und gehen mit einem intensiv trainierten blauen System durch ihr Leben. Sie haben erlebt, dass vor allem ihre sehr guten Noten zählen und sie belohnt werden, wenn sie alle Erwartungen erfüllen. Darüber hinaus haben die Eltern diese Kinder spüren lassen, wenn sie einen Fehler begangen haben und eben nicht alles perfekt war. Ihr spielerisches Kind-Ich wurde nicht gewürdigt oder sogar als lästig empfunden – *„Der Ernst des Lebens …“*, *„Du bist nur was wert, wenn du was schaffst …“*.

Weil sich diese Menschen von klein auf angestrengt haben, immer brav zu sein und die geforderte Leistung zu bringen, lehnen sie aus Angst im Erwachsenenalter kaum Aufgaben ab. Sie befürchten, ansonsten nicht mehr gemocht zu werden. War der Leistungsgedanke in der Kindheit nicht so stark, sind diese Menschen oftmals gern gesehene und sehr leistungsfähige Mitarbeiter. Es besteht allerdings die Gefahr, dass sie sich „in den Burn-out schaffen“. Wohin ein übertrieben stark ausgeprägter Leistungsgedanke schlimmstenfalls führt, sehe ich zum Beispiel bei den meisten meiner Patientinnen mit Magersucht.

Die Menschen dagegen, die viel Bindung erleben und ein starkes grünes System entwickeln konnten, die sehe ich nicht als Patienten. Die brauchen keine Psychotherapie.

Schaue ich in meine eigene Biographie, kann ich die Ausprägung der drei Systeme und ihre Verknüpfung klar erkennen.

Ich selbst habe ein intensives Training des blauen Systems erfahren, – durch den Druck, den mein Vater bezüglich Schule und Leistung aufgebaut hat. Ich kenne auch die Auflehnung und Rebellion dagegen. Das zog ein Pendeln zwischen „Leistungsaufträge müssen unbedingt und möglichst gut erfüllt werden" und einem massiven Widerwillen gegen die Aufträge nach sich. Sie nicht zu erfüllen, verursachte wiederum Angst im roten System und infolge dessen den Vorsatz, es doch lieber sehr gut zu machen und die Erwartungen zu erfüllen. Bis der Widerstand wuchs und das Pendeln weiterging.

Mein hoch entwickeltes blaues System und mein Druck, alles stets besonders gut zu machen, haben offensichtlich mit einem verborgenen Auftrag meines Vaters zu tun: Sein Sohn sollte nicht denselben Fehler machen wie er und mit der Schule aufhören. Mein Vater wollte wiederum nicht die Fehler wiederholen, die er zeitlebens seinem Vater vorgeworfen hat: nicht genügend motiviert und sich nicht genügend gekümmert zu haben. Das hat er dann übertrieben.

Dass hinter meinem intensiven Training des blauen Systems eine tief im roten System verwurzelte Angst steckt, habe ich aber erst mit Ende 40 erkannt. Sie entstand aus dem Vorsatz, den ich als kleiner Junge gefasst hatte: „Nie will ich einmal so enttäuscht und unzufrieden mit mir selbst sein wie mein Vater es mit sich ist!" Über lange Jahre habe ich dann gestrampelt, um alles sehr gut und zur Zufriedenheit anderer zu machen, mir selbst vorauszueilen und immer alles abzusichern. Nur, damit ich mir ja niemals Vorwürfe machen muss.

Nach diesem Muster verfahre ich natürlich nicht immer, vor allem dann nicht, wenn ich mit aller Energie eine Herzensangelegenheit verfolge. Aber für viele andere Anforderungen, die an mich gestellt werden, war diese Erkenntnis wirklich hilfreich. Sie erleichtert es mir jetzt, meine

Kräfte nach eigenem Willen einzuteilen. Ich neige weniger dazu mich zu verausgaben, aus Angst, nicht zu genügen.

Vielleicht erklärt diese Geschichte meiner Systeme, warum mich das Thema Selbstmitgefühl so stark anspricht und warum ich es gerade auch an Eltern weiter vermitteln möchte.

Die Erkenntnis, wie Antrieb und Motivation in Rot-Blau-Grün zusammenhängen, war für mich Augen öffnend. Es macht einen großen Unterschied zu wissen, wie mein Gehirn und mein Geist zusammenspielen. Ich spüre schneller, wenn ich mich in alten Mustern verfange. Vor allem aber kann ich selbst bestimmen, welches System ich füttern, trainieren oder wachsen lassen will.

Dennoch hilft die Erkenntnis nicht automatisch, die bestehenden Muster aufzulösen. Es bedarf kontinuierlicher Arbeit und wiederholten Übens. Angst zum Beispiel ist ein mächtiger Gegner und kommt bei mir schnell auf, wenn ich meine, etwas sei nicht gut genug gelungen oder wenn ich mich einfach „doof" fühle. Und ich bin sicherlich der Letzte, der es ablehnt, noch mehr in Grün zu sein.

Wir haben gesehen, wie die Systeme Rot, Blau und Grün unser Fühlen und Handeln als Kinder und später als Eltern beeinflussen. Zudem haben wir erfahren, wie diese drei Systeme die Schullaufbahn und vor allem das Wohlbefinden unserer Kinder steuern können. Wie diese Systeme von der Gesellschaft beeinflusst werden, wollen wir in Kapitel 2 genauer erkunden.

Kurz und knapp:

- Wir haben drei bewährte Systeme zur Regulation von Emotionen und Motivation: Alarm – Antrieb – Bindung/Fürsorge.
- Jedes der Systeme ist hilfreich und sinnvoll. Aber wie sind sie in Balance?
- Im Eltern-Stress ist es hilfreich, sich zu fragen: Bin ich gerade in Rot, getrieben von Befürchtungen? Bin ich in Blau, getrieben vom Streben und meinen Erwartungen? Und muss das jeweils sein?
- Wie oft sind wir überhaupt, wann waren wir zuletzt im grünen System? Das grüne System ist überlebensnotwendig als Ausgleich zu den Aktivitäten in Rot und Blau.
- Wir können uns selbst anschauen: Welches System überwiegt? Welches System wurde in meiner Biographie besonders trainiert? Welches will ich in Zukunft besonders fördern?

Kapitel Zwei

Mit dem Dino-Gehirn unterwegs in unserer modernen Welt voller Optimierungsfallen

Innere Stärke

Wenn du den Tag ohne Koffein oder Aufputschmittel beginnen kannst,

wenn du gelassen Schmerzen und Sorgen ignorieren kannst,

wenn du andere Menschen nicht mit deinen Problemen belastest und langweilst,

jeden Tag das Gleiche essen kannst und dafür noch dankbar bist,

wenn du Verständnis dafür zeigst, dass geliebte Menschen zu beschäftigt sind,
um Zeit mit dir zu verbringen.

Wenn es dir nichts ausmacht, dass andere ihren Frust an dir auslassen,

wenn du Kritik und Anschuldigungen ohne Groll wegstecken
und der Welt ohne List und Lüge begegnen kannst,

wenn du Verspannungen ohne medizinische Hilfe lösen kannst,

wenn du ohne Likör entspannen und ohne Schlafmittel schlafen kannst,

wenn du all das kannst, dann bist du wahrscheinlich der Familienhund.

QUELLE UNBEKANNT

Obwohl ich Kinder- und Jugendpsychiater bin, sollen jetzt nicht die Dinge im Fokus stehen, die in Familien teilweise völlig schief laufen. Es geht nicht um die psychischen Störungen, die im Kinder- und Jugendalter ohne Zweifel auftauchen. Mir geht es um die Familien, bei denen es im Großen und Ganzen eigentlich irgendwie funktioniert. Ich möchte mich hier auf das Alltägliche konzentrieren; auf die Kleinigkeiten und Mini-Dramen im Alltagsleben. Dabei soll es auch um klassische Muster und Fallen gehen, in die wir alle trotz bester Absichten – vielleicht gerade wenn wir uns besonders bemühen – immer wieder hineintappen. Wir Eltern haben's schwer, sind aber besser als unser Ruf

Viele Erziehungsratgeber arbeiten mit der **Angst der Eltern**. Das funktioniert, weil wir als Eltern hoch motiviert sind und alle möglichen Befürchtungen hegen. Was wird wohl alles schief laufen, wenn wir bei der Erziehung unserer Kinder nicht genau das Richtige zum richtigen Zeitpunkt tun? Wann müssen wir unsere Kinder besonders fördern, weil sich sonst das Entwicklungsfenster „für immer" schließt? Wir sorgen uns, dass unser Kind sich zu spät entwickelt, schlecht in der Schule wird, unmusikalisch bleibt … Und das womöglich durch unsere Schuld, weil wir als Eltern nicht im passenden Moment das Richtige angeboten haben. Dauernd werden uns die potenziellen Folgen unseres falschen Handelns aufgezeigt. Das ist für viele Eltern sehr belastend.

Unsere größten Feinde sind diese Angst, etwas falsch zu machen, Unsicherheit, ein schlechtes Gewissen, Schuldgefühle und die daraus folgende Selbstverurteilung.

Sicher machen auch Eltern nicht alles perfekt. Die meisten sind aber bemüht, gute Eltern zu sein. Diese gute Absicht ist sehr viel wert und unser Leitfaden. Nun geht es darum, die Alltagsphänomene etwas genauer verstehen zu lernen, in denen wir uns als Eltern gerne verheddern. Wir können dann leichter daran arbeiten, angemessen zu reagieren und unsere Stärken zu fördern.

Wir haben schon entdeckt, dass wir durch unsere evolutionäre Vorgeschichte dazu neigen, schreckhaft zu sein und ständig auf der Hut vor möglichen Katastrophen. Zudem sind wir mit einem Gehirn ausgestattet, das emotional negativ besetzte Ereignisse viel stärker berücksichtigt.

Wir wollen nun erforschen, wie das mit den Spielregeln unserer modernen neuen Welt zusammenpasst, die auf unser Eltern-Gehirn einprasseln. Sie bestimmen zum großen Teil die Erwartungen an uns selbst und an das, was wir von unseren Kindern erwarten. Allerdings können sie auch zum Auslöser von Verunsicherung, Angst und Stress werden.

2.1 Der Angstmacher

Schon wieder schrillt der Alarm: **Die psychischen Störungen bei Kindern nehmen seit Jahren ständig zu.** Bei solchen oder ähnlichen Schlagzeilen zucken wir Eltern direkt schuldbewusst zusammen. Und fragen uns, woran soll es denn liegen, wenn nicht an uns?

Es stimmt, jedes Jahr werden bei Kindern mehr Diagnosen von psychischen Störungen gestellt. Um diese Zahlen genau zu verstehen, müssen wir uns aber folgende Frage stellen: Steigt allein die Zahl der gestellten Diagnosen oder wird in Bezug auf alle Kinder auch wirklich ein größerer Prozentsatz auffällig? Die zunehmenden Diagnosen könnten ja auch mit dem „Knöllchen-Effekt“ zusammenhängen: Wenn ich morgen in einer Stadt zehn neue Politessen losschicke, dann wird die Zahl der ruhenden Verkehrsdelikte sprunghaft steigen, weil mehr Knöllchen verteilt werden. Damit ist aber noch nicht belegt, dass wirklich mehr Menschen falsch parken.

Betrachtet man Daten aus Studien, in denen repräsentativ Kinder aus Deutschland untersucht wurden, haben die psychischen Störungen bis zum Jahr 2000 tatsächlich zugenommen. Seitdem ist der Prozentsatz der auffälligen Kinder in Bezug auf alle Kinder aber konstant. Trotzdem gibt es immer mehr Patienten. Denn es werden zunehmend Störungen bei Kindern diagnostiziert und behandelt.

Diese Fakten kann man unterschiedlich interpretieren:

1. Das Gesundheitssystem hat mehr Ressourcen für psychische Störungen bei Kindern bereitgestellt, daher können mehr Kinder untersucht und behandelt werden.
2. Viele Kinder mit klaren Auffälligkeiten wurden vorher einfach nicht behandelt, jetzt endlich finden sie Hilfe.
3. Wir als Fachleute sind sensibilisiert und sehen bestimmte Verhaltensweisen problematischer als früher. Zudem haben wir die Definitionen ausgeweitet, was bei Kindern als auffällig gilt. Deshalb steigt die Zahl der Versorgten an.
4. Vielleicht hat die Zunahme zum Teil auch mit folgendem Phänomen zu tun: Wir sind als Eltern viel unsicherer geworden, lassen unsere Kinder deshalb viel öfter von Fachkräften untersuchen und „die finden immer etwas“. Das heißt, es werden mehr Kinder als behandlungsbedürftig eingestuft als früher.

Wichtig ist in diesem Zusammenhang, dass sich bei Erwachsenen dieselbe Entwicklung zeigt. Psychische Erkrankungen sind mittlerweile tatsächlich der zweithäufigste Grund für Arbeitsunfähigkeit! Bleibt also festzuhalten: In unserer modernen Welt scheinen alle immer psychisch kränker zu werden, nicht nur unsere Kinder. Es ist gut, dass Menschen Hilfe bekommen, die es aufgrund einer psychischen Störung oder Besonderheit schwerer haben. Gleichzeitig wird dadurch aber der Bereich immer größer, den die Fachwelt als pathologisch definiert.

Meine persönliche Sorge ist, dass wir einen Weg eingeschlagen haben, der dazu führt, dass die „Normalen“ bald in der Minderzahl sein werden. Dass Kinder beim Ergotherapeuten das Schönschreiben lernen, beim Logopäden das Sprechen und beim Kinder- und Jugendpsychiater, wie sie sich verhalten sollen. Es ist für Kinder viel schwerer geworden, keine Auffälligkeiten zu haben. Das verunsichert uns Eltern natürlich.

Kurz und knapp:

- Psychische Erkrankungen werden bei Kindern und Erwachsenen häufiger diagnostiziert.
- Fachleute bewerten immer mehr Verhaltensweisen als auffällig.
- Für Eltern ist es schwerer geworden zu wissen, was noch als „normal" gilt.

2.2. Welche Farbe treibt uns an in der Lebenswelt 3.0?

Wir haben es nicht leicht als moderne, bemühte Eltern! Unser Elternhirn ist wohl geübt darin, Probleme zu entwerfen, um geistig schon mal Lösungen zu durchdenken. Wir sind umgeben von Beratern, die Angst machen, und Fachleuten, die überall mehr Störungen sehen. Dazu kommt unsere archaische Übermotivation zur Brutpflege. Wir wollen es so gut wie irgendwie möglich machen, am liebsten perfekt.

Oft sind wir dabei relativ auf uns allein gestellt. Nicht umsonst hieß es früher: „Es braucht ein Dorf, um ein Kind aufzuziehen." Meist haben wir aber nicht einmal mehr die Großfamilie in der Nähe, sondern nur uns als Paar – wenn wir Glück haben – oder müssen ganz allein die Erziehung meistern. Also lesen wir Bücher zum Thema, bereiten uns vor und werden dabei immer stärker verunsichert. Unsicher geworden, treffen wir auf Experten, die immer irgendetwas finden und eine, wie ich finde, Wahrnehmungsverzerrung hin zu auffälligem Verhalten haben.

Aber wir leben ja glücklicherweise in einer modernen Welt und in einer „Wohlfahrtsgesellschaft". Wohlfahrtsstaat klingt doch schon ganz wie grünes System, eine Gesellschaft der Fürsorge, oder? Aus meiner Sicht sind die Motivations- und Emotionsregelsysteme in unseren modernen Industriestaaten wie folgt verteilt:

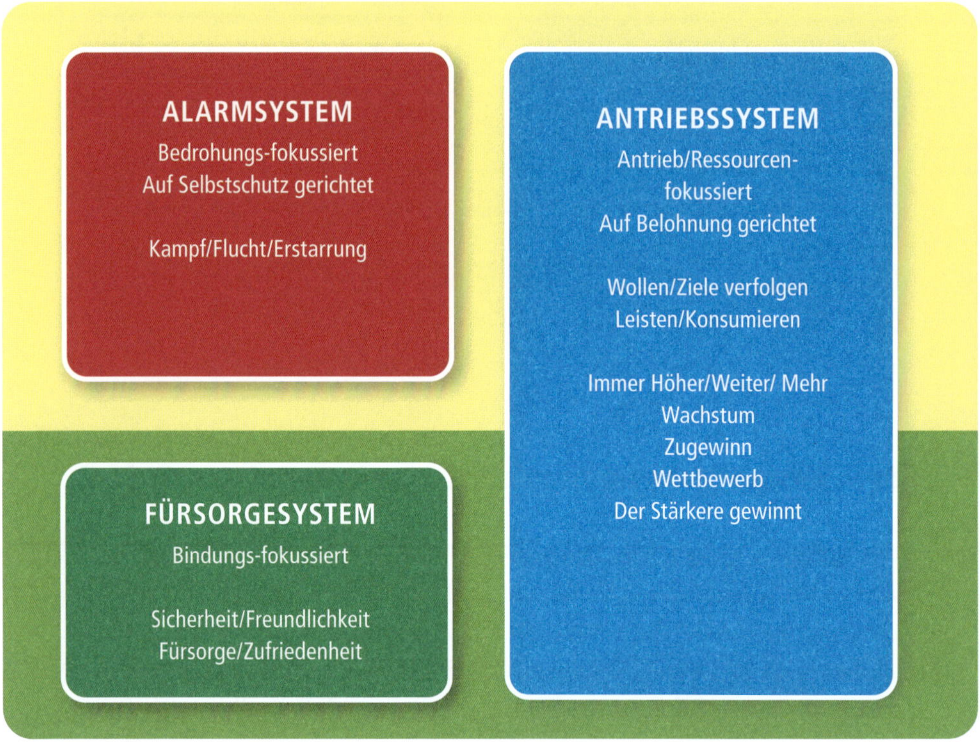

→ **Abb. 2.1 Die Motivations- und Emotionsregelsysteme von Mitgliedern moderner Industriegesellschaften**

Sicher schätzen wir alle den Wert des grünen Systems. Wir wünschen und pflegen es vor allem im Nahbereich, in der Paarbeziehung, der Familie und mit Freunden. Fortschritt, Wachstum und Wettbewerb sind aus meiner Sicht aber unbestritten die treibenden Kräfte in unserer Gesellschaft. Wir haben gelernt, uns über Leistung zu definieren, müssen „immer weiter, immer höher hinaus". Die Wirtschaft muss „immer mehr" wachsen. Wettbewerb ist zum Grundwert geworden. Wir wollen immer mehr „haben", steigender Konsum ist der Motor. Daraus entsteht die Illusion, dass das Leben einer ständig ansteigenden Linie entsprechen muss.

In jungen Jahren fällt es uns leicht, sich dieser Illusion hinzugeben, weil wir nicht krank sind und keine besonderen Einschränkungen spüren. Es geht ja darum, Wissen anzureichern, Fähigkeiten zu erlangen, uns beruflich weiterzuentwickeln, Nestbau zu betreiben und eine Familie zu gründen. Dabei besteht die Gefahr, dass wir dieses Immer-weiter-nach-oben direkt auf unsere Kinder übertragen.

Erwiesenermaßen folgen Lebensprozesse aber eher dem Prinzip eines Kreislaufs. Vergänglichkeit ist ein Teil davon – auf Phasen des Wachstums folgen Phasen des Vergehens. Diesen Aspekten widmen wir uns aber meist nicht so gerne. Unser blaues System ist offensichtlich schon so aufgeblasen, dass es aus dem Ruder läuft und wir es gar nicht wahrhaben wollen – trotz Erderwärmung, massivem Ressourcenverbrauchs und der Frage nach Verteilungsgerechtigkeit in der Welt.

Wachstum, Wachstum, Wachstum –
höher, weiter, schneller, mehr!

Wir stehen permanent im **Wettbewerb,** unter dem Druck, besser zu sein als andere. Nach dem Motto: Nur noch überdurchschnittliche bis herausragende Leistungen bitte!

Ursprünglich strebten wir danach, trocken, warm und satt zu sein. Mit unseren immer intelligenteren Gehirnen ist das eskaliert und jetzt übertreiben wir: Wir essen so viel, dass wir krank werden. Wir sind so bequem, dass wir krank werden. Wir konsumieren und werfen so viel weg, dass der Planet krank wird.

Dieses extrem vergrößerte blaue System nehmen unsere Kleinen quasi mit der Muttermilch auf.

Der Smartphone-Wettkampf

Meine Generation hat die Nachkriegsnöte ihrer Elterngeneration mit der Muttermilch aufgesogen. Da ging es auch um Mehr-haben-wollen und Wachstum, aber ausgehend von einem Land in Trümmern und Leid, infolge des Zweiten Weltkriegs. Heute geht es um die richtigen Klamotten, ohne die das Kind nicht das Haus verlassen kann. Oder nehmen wir das Konkurrieren unserer Kinder um das neueste Smartphone: *„Mit dem alten Ding kann ich mich unmöglich bei den Freunden blicken lassen!" „Moment, geht es nicht ums Telefonieren und SMS schreiben, Whats appen, Facebook und Surfen?"*, entschlüpft es unserem Elternmund. Nein, denn eigentlich geht es darum, dass unsere Kinder meinen, sie seien nur so viel wert wie ihr Handy. Die Hackordnung auf dem Pausenhof wird von Marke und Modelljahr bestimmt. Ich bin kein Smartphone-Feind, eher ein Viel-User. Das Ding ist für mich ein unverzichtbares Mini-Büro geworden. Sie werden bei mir also keinen Oldtimer finden. Aber ich erinnere mich gut an die tränenerfüllten Augen meiner Tochter, während sie heftig protestierte, wie es sein könne, dass sie ein altes Handy hat und der Sohn einer Bekannten, die gar nicht viel Geld haben, das neueste …-phone? Einige Zeit später gab es tatsächlich einmal ein neues Modell aus meiner Vertragsverlängerung als Geschenk und sie war die Königin. Drei Wochen später hat sie es im Bus liegen lassen und weg war's. Natürlich war sie untröstlich, aber danach hat sie gelernt auch für längere Zeit mit alten verbeulten Smartphones zu überleben und die als cool definiert.

Familien konkurrieren untereinander um die besten Gaming-Konsolen, die neuesten Computerspiele und darum, wer die größte Bildschirmdiagonale des Flachbildfernsehers sein Eigen nennt. „Mein Haus, mein Boot, mein Auto!", hieß es in der Werbung einer Bank. Vor allem das Auto ist im Land des Heilig's Blechle ein wichtiger Faktor in der Hackordnung der Erwachsenen. Leider wird dieses Konkurrenzdenken zu früh in die Kinderzimmer verlegt. Plötzlich steht dort ein Berg elektronischen Krimskrams, der jeden Tag wächst. Hinzu kommt, dass unser inneres blaues System bei vielen Gelegenheiten gefüttert wird, mit Werbung zum Beispiel. So werden neue Bedürfnisse geweckt, von denen wir und unsere Kinder gestern noch nicht wussten, dass wir sie überhaupt haben.

Meine Kinder mussten durch eine Phase hindurch, die sie teilweise als sehr ungerecht empfanden: Fernseher und Computer gab es nur in Gemeinschaftsräumen. Bis zu ihrem 16. Lebensjahr durften sie beides nicht in ihrem eigenen Zimmer haben. Danach hätten sie einen eigenen Fernseher selber zahlen müssen, der Laptop für die Schule war etwas anderes.

Auch wenn wir es gar nicht merken: Beim Navigieren durch dieses private Wettbewerbsfeld kann ziemlich viel Stress aufkommen. Zudem kostet es viel Geld, hip zu sein, und wiederum viel Zeit, dieses Geld zu verdienen.

Wie frei ist die Freizeit?

Freizeit, der Begriff klingt doch toll. Die gehört doch bestimmt ins grüne System.

In den vergangenen 200 Jahren ist der Anteil an freier Zeit in unserem Leben massiv gestiegen. Noch im 19. Jahrhundert arbeiteten die Menschen in der Regel 10 bis 16 Stunden am Tag an sechs Tagen pro Woche. Damals war die verbleibende freie Zeit überlebensnotwendig, um sich für den nächsten Arbeitstag zu regenerieren.

Eine klare Trennung von Arbeit nach Stundentakt und Feierabend hat erst die Industrialisierung hervorgebracht. Zu Hochzeiten waren 16 Stunden Arbeit am Tag an sechs Tagen die Woche normal. Es kam sogar die Sorge auf, dass Männer aufgrund der körperlichen Folgen nicht mehr als Soldaten eingesetzt werden könnten. Um 1900 wurde es als großer Fortschritt betrachtet, dass die Arbeitszeit auf zehn Stunden am Tag an sechs Tagen die Woche begrenzt wurde. Nach 1919 wurde schließlich der Acht-Stunden-Tag eingeführt. Kinder ab dem sechsten Lebensjahr mussten übrigens oft ähnlich lange Fabrikarbeit leisten, nicht selten elf bis 14 Stunden am Tag. Gerade im Bergbau und zur Bedienung von Maschinen wurden sie aufgrund ihrer Größe eingesetzt. Zunächst in England und 1839 auch in Preußen wurde die Arbeit von Kindern, die jünger als neun Jahre alt waren, verboten. Darüber hinaus durften 9- bis 16-jährige höchstens noch zehn Stunden am Tag arbeiten.

Quelle: Bundeszentrale für politische Bildung; www.bpb.de

Die Frage lautet: Haben wir heute so viel mehr freie Zeit zur Verfügung, wie wir sie rein rechnerisch haben müssten?

Die Antwort hängt stark vom Einkommen ab. Denn die Zahl der Menschen in prekären Arbeitsverhältnissen steigt. Um über die Runden zu kommen, müssen sie häufig Zweit- und Drittjobs annehmen. Sie müssen arbeiten anstatt frei zu haben. Davon einmal abgesehen, haben wir heute neben der Erholung eine ganze Menge Ansprüche an unsere Freizeit entwickelt. Prinzipiell ist es ja gut, dass das Leben nicht mehr nur aus Arbeit und Erholung besteht, die dazu dient, uns wieder arbeitsfähig zu machen.

Aber wir kennen sie alle, die To-Do-Liste: Auf sie schreiben wir alles, was wir tun wollen, wenn endlich mal Zeit dafür ist. Und dazu gehören oft auch notwendige Erledigungen wie die Steuererklärung, die Autoinspektion, Arbeiten an Haus oder Garten und so weiter. Darüber hinaus wollen wir teilhaben an Kultur, Sport, wollen gesellig mit Freunden sein, etwas erleben, reisen, Hobbies pflegen. Die Liste ließe sich endlos fortführen. Das heißt, für unsere Freizeit brauchen wir einen Terminkalender. Und der ist leider schnell voll. Zu allem Überfluss meldet sich auch noch das blaue System: „Wie werde ich dieses Jahr im Ferien- und

Freizeit-Battle abschneiden? War ich schon an den neuesten In-Urlaubsorten? Schon Bungee-Jumping, Kite-Surfen oder Heli-Skiing ausprobiert? Irgendetwas Herausragendes gemacht?“

Unsere freie Zeit findet weniger im grünen System statt. Sie tanzt sehr oft nach der Pfeife des blauen Systems. Sie tanzt im Zeichen des „Höher, Schneller, Weiter“. Freizeit als Superlativ.

Die Lust auf das Maximum, auf das Besondere wird angestachelt, und in diesen Sog geraten wir auch schnell mit der ganzen Familie. „Die Müllers waren schon in diesem Erlebnispark, Meiers bei jenem tollen Event, warum gehen wir nie irgendwo hin, wo es BESONDERS ist?“ Bei uns Eltern entsteht der Druck, immer etwas Neues bieten zu müssen. Dabei schwingt auch der Vergleich mit anderen Familien mit.

All dies hat den Begriff „Freizeitstress“ hervorgebracht, der darauf hinweist, dass wir vollends im blauen System rotieren. Ein gewisser Aktionismus ist uns inzwischen in Fleisch und Blut übergegangen.

Mit Kindern und deren Sport-, Kunst- oder Musikaktivitäten vervielfacht sich der „Freizeitstress“ entsprechend. Freizeit besteht dann für uns aus Elterntaxi fahren und am Rande des Fußballplatzes stehen oder bei Aufführung XY anwesend sein.

Dabei laufen wir Gefahr, dass Muße und Erholung auf der Strecke bleiben. Einfach SEIN geben wir vor lauter Freizeitoptimierung auf für ein TUN. Mittlerweile gibt es Vereine, die Slow-Food und Müßiggang kultivieren, um dem etwas entgegenzusetzen. Wie wäre es mit einem Verein zur Kultivierung der Eltern-Muße?

Arbeitet, als würdet ihr kein Geld brauchen,
liebt, als hätte euch noch nie jemand verletzt,
tanzt, als würde keiner hinschauen,
singt, als würde keiner zuhören,
lebt, als wäre das Paradies auf der Erde.

Buddhistische Weisheit

Der Optimierungswahn

Was wir neben dem Konkurrenzdruck in unserer Wettbewerbsgesellschaft gerne übersehen, sind die direkten Folgen. Eine davon ist der Wahn zur Optimierung, der uns in die Hirne gekrochen ist. Ständig sind wir bestrebt Äußeres, Leistungen und Status zu verbessern.

Ganze Herden von berufsmäßigen Optimierern ziehen landauf, landab durch die Firmen. Sie schrauben an Performance, Produktivität, Output, Gewinn, optimieren Prozesse und Mitarbeiter. Das mag ein nützliches Werkzeug sein. Allerdings wird beim Optimieren konsequent darauf geschaut, was dem Unternehmen fehlt, wo der Mitarbeiter noch Luft nach oben hat. Und unabhängig davon, ob es das Controlling nach zwei Jahren Einsatz geschafft hat, die Prozesse von 95 auf 97,5 Prozent zu verbessern, wird stets weiter optimiert.

Wir trainieren damit unseren Geist, ständig den Mangel zu sehen. Die Folge ist: Wir sind so lange unzufrieden, bis das nächste Optimierungsziel erreicht ist. Danach kommt dann das nächste, und ist das erreicht, wiederum das nächste. Wir können also trotz 99 Prozent Zielerreichung (egal, was das Ziel ist) unzufrieden sein, weil wir uns auf das fehlende eine Prozent konzentrieren. Dazu kommen alte Sätze im Hinterkopf wie: „Du musst dich anstrengen, um etwas wert zu sein!“, „Ohne Fleiß kein Preis“. Und wir optimieren noch munterer weiter. Zu Risiken und Nebenwirkungen fragen Sie Ihren Arzt und Autor.

Kommt Ihnen dieses Gefühl des „**Nicht-gut-genug**“ irgendwie bekannt vor, gerade als Eltern? Immer gibt es etwas, das noch besser laufen könnte; eine Variante, wie wir es hätten noch besser machen können. Wie unsere Kinder es hätten noch besser machen können.

Dieses „Nicht-gut-genug“ haben wir verinnerlicht. Von außen betrachtet oder aus Sicht des Arbeitgebers gilt diese Haltung als wichtig für das persönliche Vorankommen. **Aber das ganze Leben wird so zu einem Optimierungsprozess!** Das große Risiko dabei ist: Erziehung droht damit unbewusst ebenfalls ein Optimierungsprozess zu werden, in mehrfacher Hinsicht.

Kurz und knapp:

- Wir Menschen haben uns eine Leistungsgesellschaft geschaffen, die Fortschritt als Wachstum, als „immer höher, weiter und mehr" definiert.
- Das blaue Antriebssystem ist dabei die bestimmende Kraft. Ursprünglich nur aktiv, um die Grundversorgung zu garantieren, ist es zum Selbstzweck geworden und gefährdet jetzt sogar den Planeten.
- Auch Freizeit kann eher Stress als Erholung bedeuten.
- In unserem Wirtschaftssystem ist Wettbewerb der Motor und bringt ständigen Optimierungsdruck mit sich. Das hat zu einer Haltung geführt, die uns ständig nur den Mangel anschauen lässt.
- Wir Eltern laufen Gefahr, Leben und Erziehung zu einem Optimierungsprozess werden zu lassen.

2.3 Die dreifache Optimierungsfalle

Wir leben in einer Gesellschaft, die sich wirtschaftliches Wachstum, Weiterentwicklung, Fortschritt und Optimierung in allen Lebensbereichen als höchste Werte auf die Fahnen geschrieben hat.

Das Streben nach immer mehr und immer besser ist in unsere Gehirne eingesickert, ob wir es nun von unseren Eltern beigebracht bekommen haben oder von den Kollegen oder unserem Chef abgeschaut. Dasselbe Verhalten führen wir auch im Familienleben nahtlos fort. Wir wollen unsere Elternschaft optimieren – und das meist aus besten Absichten. Unser geübtes Optimierungsmuster dockt nämlich direkt an das seit jeher in uns angelegte Versorgungsstreben als Eltern an! Wir möchten das Allerbeste für unsere Kinder; dass sie es möglichst gut haben. Damit sind wir eigentlich schon genug beschäftigt.

Aber nun wollen wir auch noch unsere Kinder optimieren. Als Eltern verspüren wir den Druck, unsere Kinder fit zu machen für die Ellenbogen-Gesellschaft da draußen. Damit sie im Wettbewerb um die begehrten Bildungs- und Ausbildungsplätze bestehen können. Sie sollen das perfekte Rüstzeug bekommen, um sich im Job durchzusetzen, um „etwas zu werden". Es kann zum Risiko werden, wenn wir Eltern bei unseren Kindern vor allem auf die Defizite schauen, auf das, was aus unserer Sicht nicht passt, was noch fehlt. Auf diese Weise geht dann oft der Blick verloren für das, was sie schon mitbringen, und das, was sie schon alles entwickelt haben.

Vielmehr noch laufen wir als Eltern Gefahr, ständig unzufrieden zu sein. „Das könnte noch besser sein." Natürlich geht es immer noch eine weitere Stufe nach oben auf der Leistungsskala. Und wir kriegen sie dann ja auch vor die Nase gesetzt, diese Superkids, die zum Ballett und Hip-Hop gehen, Querflöte und E-Gitarre spielen und sich Donnerstagabend noch um die armen Tiere im Tierheim kümmern. Aber als unzufriedene Optimierer schaffen wir uns unzufriedene Kinder. Sie spüren, dass sie nicht genügen, dass sie nicht den Erwartungen entsprechen.

Dieses Gefühl – „Egal-wie-ich-es-mache-irgendwas-passt-immer-nicht" – kann zwei Reaktionen auslösen:

1. **„Dann stimmt mit mir wohl etwas nicht!"**

Das ist die Richtung zu Selbstwertminderung und Depression.

2. **„Wenn ich es denen eh nie Recht machen kann, dann mache ich ab jetzt alles nur noch wie ich es will!"**

Das geht in Richtung potenzieller Sozialstörung.

In der Erziehung tendieren wir sowieso schon dazu, besonders auf die Fehler zu schauen – *„Ist unser Kind richtig angezogen? Spricht es richtig? Verhält es sich richtig?"* – und auf das, was noch entwickelt werden muss – *„Kann es sich ausreichend regulieren? Könnte es noch besser sein?"*

Mein Wunsch für uns als Eltern ist, dass wir Optimierungsfallen vermeiden. Es geht also um die folgenden Kernfragen:

1. **„Wann bin ich zufrieden mit meinem Kind? Und warum?"**
2. **„Wann bin ich zufrieden mit mir selbst? Und warum?"**
3. **„Was brauche ich, um im Herzen zufrieden zu sein?"**

Ich kann den Satz förmlich durch die Luft fliegen sehen: *„Wenn ich zu früh zufrieden bin, werde ich träge und es gibt keinen Fortschritt mehr"*. Hier spricht die große Wahrnehmungsverzerrung im blauen System aus uns; Weiter und Mehr als solches sind zu einem Wert geworden. Die bloße Anstrengung mit dem Ziel der Zufriedenheit und Sättigung als Eingangstür zum Wohlbefinden zählt nicht mehr. So landen wir schnurstracks im blauen Hamsterrad statt im grünen „Katze-genießt-die-Sonne"-Modus.

Die Schule als blaue Optimierungswerkstatt

Nicht nur wir Eltern tappen in die Falle, unsere Kinder optimieren zu wollen. Betrachten wir, wie Werte und Systeme in der Schule verteilt sind. Auch hier gibt es einen Unterschied, wie Persönlichkeit im alltäglichen Unterricht im Vergleich zu messbaren Leistungen im Zeugnis gewichtet werden.

Ich erinnere mich gut an viele Elternabende in der Realschule, bei denen von meiner jüngsten Tochter geschwärmt wurde: Sie sei wichtig für das Klassenklima, habe eine sehr ausgleichende Art, kümmere sich tröstend und mitfühlend um andere. Beim Blick auf das Zeugnis am Jahresende dachte ich mir: *„Darauf ist offensichtlich gepfiffen"*. Vielleicht gibt es eine kleine Notiz „Sozialverhalten war lobenswert", ansonsten dreht sich alles um die Arbeitshaltung, welche Lerndefizite noch vorliegen und Noten, Noten, Noten. Im Zeugnis geht es nur um Blau.

Wenn wir schon bei Schule und blauen Exzessen sind. Als Kinder- und Jugendpsychiater in Bayern, einem Bundesland mit sehr strenger Übertrittsregelung für die höheren Schulen, denke ich bei mehr als der Hälfte meiner Patienten aus der 4. Klasse: *„Eigentlich müsste ich diese Krankenbehandlung der Gemeindeunfallversicherung in Rechnung stellen. Denn diese Kinder leiden an einem systematischen Schulunfall!"* Es wird ein riesiger Druck aufgebaut, in der Form, dass ein „befriedigend", also die Note 3, als dramatisch schlecht gilt und nicht für den Übertritt reicht. Ich sehe reihenweise Kinder mit psychischen Belastungsreaktionen, die eindeutig durch diese unsinnig frühe Auswahl bedingt werden. Infolge dieser strengen Auswahl drohen zudem alle, die in der dritten und vierten Klasse im Übertrittsrennen nicht vorne dabei sind, in der Förderung hinten runterzufallen.

Die Elternmitbestimmung ist dabei deutlich eingeschränkt. Seit 2009 können sie einen dreitägigen Probeunterricht mit Prüfungscharakter an der höheren Schule fordern, wenn der geforderte Notenschnitt nicht erreicht ist – Höchststress für die Kinder. Ich kenne die Klagen von Lehrerinnen und deren Angst vor dem nächsten Elternsprechtag und dem Druck, den „übertrittsgestresste" Eltern aufbauen. Ich kenne auch die Nöte von eben diesen Eltern aus der Beratung, die das Beste für ihr Kind wollen, aber nicht selber entscheiden dürfen. So kämpfen sie mit ihren Kindern gegen jede 3.

Das Schulsystem hat sich ganz dem blauen System von Auswahl und Wettbewerb verschrieben. Ohne „häusliche Zweitschule" durch engagierte gebildete Eltern ist das kaum zu schaffen. Es wird sogar international kritisiert, dass diese Auswahl so unsinnig früh getroffen wird. Die meisten Studien geben Deutschland, und Bayern ganz besonders, schlechte Noten bezüglich der Chance von Kindern aus bildungsfernen Haushalten, es trotz guter Begabung auf eine entsprechend höhere Schule zu schaffen. Es scheint wohl einfach nicht wichtig genug oder erstrebenswert. Lieber blaue Rekorde bei den Abi-Noten als grüne Fürsorge für die, die keine „Eltern-Zweitschule" haben oder sich schon in der Grundschule viel Nachhilfe leisten können.

Hinterher werden dann alle möglichen Auffangsysteme für Schulabbrecher, Nachreifelehrgänge zum Schulabschluss oder zur Berufsreife angeboten. Je nach Bundesland sind es zwischen 4 und 10 Prozent der Schüler, die ohne Abschluss von der Schule gehen.* So wird sich dann hinterher wieder um all diejenigen bemüht, die vorher aussortiert wurden.

www.faz.net, 9.4.2008

Kritik am deutschen Schulsystem

Im OECD-Wirtschaftsbericht wird abermals das dreigliedrige Schulsystem kritisiert. In keiner anderen vergleichbaren Industrienation sei der Bildungserfolg eines Kindes so abhängig von seiner sozialen Herkunft wie in Deutschland.(...)
Die im weltweiten Vergleich nur noch in Deutschland und Österreich übliche frühe Aufteilung zehnjähriger Kinder auf verschiedene Schulformen wie Gymnasium oder Hauptschule sei wesentlicher Grund für die fehlende Chancengleichheit in der deutschen Bildung, heißt es in dem Bericht unter Berufung auf mehrere neue Studien.

www.spiegel.de, 15.9.2016

„Keine Schule, keine Lehre, kein Job"

Wie schon in den Jahren zuvor kritisiert die OECD wieder, dass Deutschland, gemessen an seinem Bruttoinlandsprodukt, weniger Geld in sein Bildungssystem investiert als andere Staaten: 4,2 Prozent des BIP fließen in die Bildung, im OECD-Durchschnitt sind es mit 4,8 Prozent deutlich mehr.

* Regionaldatenbank Deutschland: www.regionalstatistik.de

www.t-online.de – Quelle: Werner Herpell, dpa, 6.12.2016

Pisa-Chef Andreas Schleicher:
„Das Bildungssystem in Deutschland ist altmodisch."

Die Unterstützungssysteme, auch die Position des Lehrers als Einzelkämpfer im Klassenzimmer, die Kreativität im Unterricht – all das blieb unverändert, weil das Bildungssystem weiterhin sehr altmodisch ist. Das Ergebnis: Wo Deutschland sich einbildet, gut zu sein, sind große Lücken.

Oh Schreck, mein Kind ist durchschnittlich

Stellen wir uns vor, Sie sind beim Elternsprechtag und die Lehrerin sagt Ihnen: „Ihr Kind ist ganz durchschnittlich." Sie fragen noch mal nach in welchen Bereichen. Und sie meint: „Ach, eigentlich überall, einfach ein ganz durchschnittliches Kind." Wie fühlt sich das an für Sie? Was regt sich in Ihnen? Sind Sie froh oder enttäuscht? Ich denke, viele von uns hören da einen negativen Unterton, es klingt in unseren Ohren fast schon ein bisschen abschätzig.

Das Prädikat „durchschnittlich" nehmen wir heute in vielen Bereichen vor dem Hintergrund unseres Strebens nach besonderen Leistungen, besonderen Erlebnissen schon fast als Beleidigung wahr. „Ach, der Urlaub war durchschnittlich.", „Die Arbeitsleistung ist durchschnittlich.", „Die Versorgung im Krankenhaus war durchschnittlich." Ich weiß nicht, ob es Ihnen so geht wie mir, aber für mich klingt das alles nicht gut, gar nicht gut. Durchschnittlich wird gleichgesetzt mit „Es war nichts Besonderes."

Betrachten wir „durchschnittlich" einmal mathematisch, genauer die sogenannte Normalverteilung nach Carl Friedrich Gauß. Sie wissen schon, diese Glockenkurve (siehe Kasten). Vereinfacht sagt die Normalverteilung, dass die meisten Ergebnisse einer Messung gleichmäßig um eine Mitte herum liegen und an den Rändern seltener auftreten. Ein Beispiel: Es gibt nur wenige sehr große Menschen und nur wenige sehr kleine Menschen, die meisten Menschen sind mittelgroß. Als Durchschnitt haben Mathematiker irgendwann einmal den Bereich definiert – um im Bild der Körpergrößenmessung zu bleiben –, in dem 68 von 100 Menschen zusammengefasst werden können. Das heißt mehr als zwei Drittel der Menschen sind durchschnittlich. **Und das wiederum heißt, durchschnittlich zu sein, ist ganz normal.**

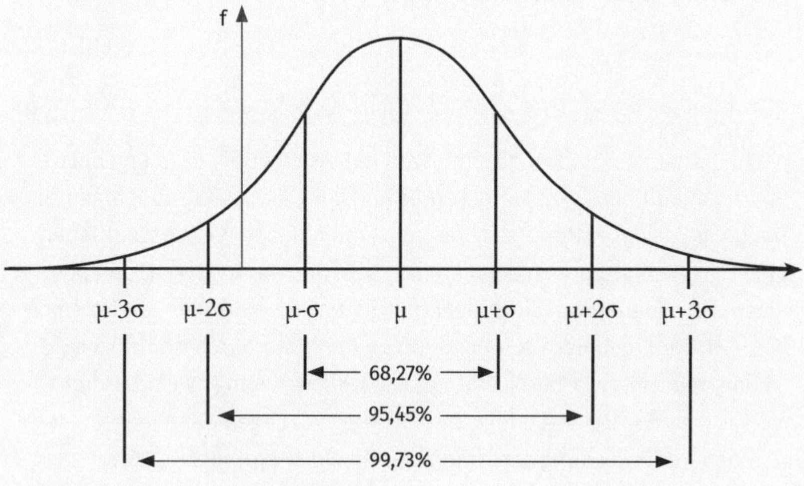

→ **Abb. 2.2 Gaußsche Glockenkurve**

Viele Messungen und Beobachtungen haben ergeben, dass Ergebnisse meist gehäuft um einen Mittelwert liegen und gleichmäßig abnehmen, je weiter sie davon entfernt sind. Als Konvention haben Wissenschaftler einen Durchschnittbereich definiert, der zwischen der negativen und positiven 1. Standardabweichung liegt (μ-σ und μ+σ). In diesem Bereich sind 68,27 % der Ergebnisse zu finden. Über- und unterdurchschnittliche Ergebnisse liegen zwischen 1. und 2. Standardabweichung. Weit überdurchschnittliche Ergebnisse und auch das Gegenteil liegen dann jenseits der 2. Standardabweichung. Das sind auf jeder Seite nur noch 2,275 %.

Die Normalverteilung spielt bei der Charakterisierung von biologischen Prozessen und in der Technik eine wichtige Rolle. Auch bei der Bewertung der Intelligenz wird die Methode verwendet. Wenn Ihr Kind durchschnittlich intelligent ist, dann gehört es also zur Zwei-Drittel-Gruppe der ganz „Normalen“. Ihr Kind hat dann einen Intelligenzquotienten (IQ) zwischen 85 und 114 um einen Mittelwert von 100. Nur 16 % der getesteten Menschen können überdurchschnittlich begabt sein (IQ zwischen 115 und 129), 2 % gelten als hochbegabt (IQ 130 und mehr). Auf der anderen Seite der Verteilung sind diese 2 % Menschen mit einer geistigen Behinderung.

Viele Messungen und Beobachtungen haben ergeben, dass Ergebnisse meist gehäuft um einen Mittelwert liegen und gleichmäßig abnehmen, je weiter sie davon entfernt sind. Als Konvention haben Wissenschaftler einen Durchschnittbereich definiert, der zwischen der negativen und positiven 1. Standardabweichung liegt ($\mu-\sigma$ und $\mu+\sigma$). In diesem Bereich sind 68,27 % der Ergebnisse zu finden. Über- und unterdurchschnittliche Ergebnisse liegen zwischen 1. und 2. Standardabweichung. Weit überdurchschnittliche Ergebnisse und auch das Gegenteil liegen dann jenseits der 2. Standardabweichung. Das sind auf jeder Seite nur noch 2,275 %.

Als Ehrenrettung für uns: Wahrscheinlich haben wir im Alltag eher ein Konzept im Kopf, das „überdurchschnittlich sein“ damit gleich setzt, bei der „besseren“ Hälfte dabei zu sein, also beispielsweise bei der Intelligenz auf der rechten Seite der Mittellinie. Doch selbst wenn wir diese gefühlsmäßige statt der mathematischen Definition nehmen, leiden wir meistens an einer totalen Wahrnehmungsverzerrung. Dieses Phänomen ist in der Wissenschaft als **Dunning-Kruger-Effekt** bekannt.

Die beiden Psychologen David Dunning und Justin Kruger haben im Jahr 1999 mithilfe einer Reihe von Tests festgestellt, dass sich, zur Selbstbeurteilung ihrer Ergebnisse aufgefordert, Teilnehmer fast immer als überdurchschnittlich einschätzten. Ein weiteres Ergebnis der Psychologen: Je weniger kompetent ein Teilnehmer/eine Teilnehmerin war, desto größer war seine/ihre Überzeugung, überdurchschnittlich gut zu sein.

Aber nicht nur wir Eltern leiden am Dunning-Kruger-Effekt. Wie Wissenschaftler in den USA 1981 und später auch in Kanada herausgefunden haben, sind 93 % der Autofahrer überzeugt, besser zu fahren als der Durchschnitt.* Eine andere Studie kam zu dem Ergebnis, dass 94 % der US-amerikanischen Professoren meinen, sie sind überdurchschnittlich gut.** In einer weiteren Erhebung wurden High-School-Schüler gebeten, ihre Führungskompetenz einzuschätzen. 70 % hielten sich für überdurchschnittlich geeignet.*** Unsere persönliche Normalverteilung sieht also nicht wie bei Gauß aus, sondern eher so.

→ **Abb. 2.3 Subjektiv verzerrte Verteilung**

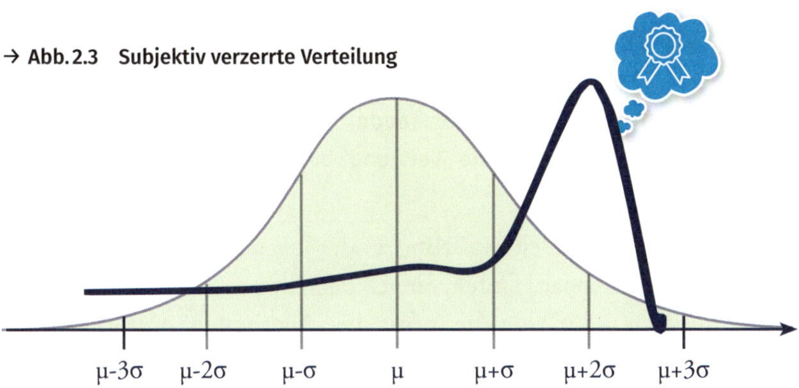

* Svenson, O., *Are we less risky and more skilful than our fellow drivers?* In: Acta Psychol. 1981 (47), S. 143–148.

** Cross, K., *Not can, but will college teaching be improved?* In: New Dir High Educ., 1977 (17), S. 1–15.

*** College Board, *Student descriptive questionnaire.* Princeton: Educational Testing Service; 1976–1977.

Ich denke, dass wir in Sachen Eigenwahrnehmung und unserem alltäglichen Sprachgebrauch wieder einmal den Verlockungen des blauen Systems aufgesessen sind. *Was ist denn schon durchschnittlich wert? Das war dann ja nicht besonders. Es war nicht herausragend oder überdurchschnittlich.* In unserem Höher-Weiter-Mehr-Selbstkonzept zählt nur die Goldmedaille. Silber und Bronze akzeptieren wir gerade noch. Der vierte Platz, Holz genannt, ist dann schon ein Grund zum Ärgern. Auf einen Leistungssportler gemünzt: Selbst wenn er oder sie zu den besten 10 in seiner/ihrer Disziplin bei Olympia zählt, gilt das quasi gar nichts, wenn nicht Gold, Silber oder Bronze geholt werden.

Es lohnt sich wirklich einmal innezuhalten und zu beobachten, wie sehr dieser „blaue" Virus schon in unser Elternhirn eingezogen ist, und auch im Umgang mit den Leistungen unserer Kinder immer wieder von Neuem ausbricht:

1. **„Was heißt durchschnittlich für uns persönlich?"**
2. **„Muss eine Leistung immer herausragend sein?"**
3. **Was sind überhaupt die Kriterien dafür, dass wir uns über die „Produkte" oder „Leistungen" unseres Kindes freuen?**
4. **Und wie oft zeigen wir unsere Freude, ohne dass sich das auf eine „Leistung" bezieht?**

Die Tatsache, dass zu allem was Kinder oder Jugendliche gerne machen – Dirtbike oder Skateboard fahren, Singen oder Tanzen, Schachspielen oder Programmieren – auf Youtube sofort die „Allerbesten" mit ihren Extremleistungen zu finden sind, füttert zusätzlich das blaue System unserer Kinder. Wie schwer ist es doch geworden, ein „Held" zu sein, und wie viel schwerer, ganz normal zu sein?

Kurz und knapp:

- Die dreifache Optimierungsfalle: Optimierungsdruck von außen trifft auf unseren innersten Wunsch, unsere Kinder so gut wie nur irgendwie möglich zu erziehen, sie optimal für die Welt da draußen vorzubereiten.
- Schule hat sich beinahe komplett der Optimierung verschrieben.
- Eine häufige Wahrnehmungsverzerrung ist: Sind unsere Kinder durchschnittlich, bedeutet das für uns als Eltern eine Herabsetzung, etwas Schlechtes.

Deine Kinder sind nicht deine Kinder.
Sie sind die Söhne und Töchter der Sehnsucht
des Lebens nach sich selbst.
Sie kommen durch dich, aber nicht von dir.
Und obwohl sie bei dir sind, gehören sie dir nicht.

aus „Der Prophet" von **KAHLIL GIBRAN,** libanesisch-amerikanischer Dichter

2.4 Wir nehmen uns zu wichtig als Eltern und leiden darunter

Elterlicher Größenwahn

Eltern und Größenwahn, das klingt jetzt böse. Wir werden aber spüren, wie groß die Erleichterung ist, wenn wir aus dieser Falle entkommen. Unterschwellig handeln wir nämlich oft so, als ob die gesamte Entwicklung unseres Kindes, alles, was es auf den Weg bringt und anstellt, ausschließlich von uns und unserer Erziehung abhängt. Wir beziehen viel zu viele Dinge, die geschehen, auf unser Handeln und unsere Haltung als Eltern. Kurz gesagt: Wir nehmen uns zu wichtig.

Wie als Beweis für den geringen Einfluss erlebe ich meine zwei Töchter. Die eine ist 15 Monate älter als die andere. Beide sind also im selben Nest und mit der gleichen Erziehungshaltung aufgewachsen. Trotzdem sind sie völlig unterschiedliche Charaktere und haben recht gegensätzliche Pfade der Persönlichkeitsentwicklung eingeschlagen. Eine meiner Töchter setzt energisch ihre Interessen durch, die andere ist ganz auf Harmonie aus. Eine kleidete sich mit Glitzer und goldenen Accessoires, machte verschiedenste Modetrends mit, und konnte über den Hip-Hop-Style ihrer Schwester nur müde lächeln. Eine trinkt gerne Alkohol und raucht, der anderen schmeckt Alkohol gar nicht und sie trinkt noch nicht mal Kaffee. Eine legte eine Mega-Pubertät hin mit viel Krach und bei der anderen waren wir froh, wenn sich mal ein bisschen was von Ich-Durchsetzung gezeigt hat oder sie sich mal getraut hat, zu zeigen, dass sie sauer war.

Gut, ich gebe zu, einen gewissen Geschwister-Verteilungseffekt muss man mit berücksichtigen. Wenn eine Nische besetzt ist, sucht sich die Zweite eine andere. Aber auch das relativiert ja den ausschließlichen Einfluss unserer Erziehung. Von außen würden viele sagen, diese zwei jungen Frauen können nicht aus dem gleichen Stall kommen. Es zeigt sich also, dass es offensichtlich noch viele andere Faktoren gibt, die unsere Kinder in ihrem persönlichen Entwicklungsstil beeinflussen. Unsere Erziehungsaufgabe bleibt wichtig, keine Frage. Nichtsdestotrotz kann es helfen, etwas von diesem Größenwahn abzulegen, dass wir Eltern und unsere Erziehung der alles bestimmende Faktor sind.

Das gilt auch dann, wenn Kinder Fehlverhalten zeigen oder nach außen etwas Unschönes getan haben. Wir neigen dazu, dass sofort auf unsere Kappe zu nehmen, schreiben es quasi auf unser Eltern-Schulden-Register. Ich weiß, von was ich rede.

Wenn morgens in der Zeitung steht, dass durch eine Graffiti-Aktion ein Stadtteil verunstaltet wurde, und man im Laufe des Folgetages plötzlich denkt: „Das war doch die Nacht, in der Sohnemann seine Fete gefeiert hat." Und sich dann bei bohrendem Nachfragen herausstellt, dass tatsächlich Sohnemann und ein Freund die Sprühfinken waren, dann rutscht einem schon das Herz in die Hose. In meinem Kopf ertönte damals eine Stimme: *„Ja klasse, der Kinder- und Jugendpsychiater und seine Kinder, der hat's ja voll drauf!"*

Ich weiß, wie ich mit ihm gelitten habe, im langen Büßer-Gang; ein großes Entschuldigen bei allen Betroffenen und das Anbieten der Wiedergutmachung, der Reinigung oder des Kostenersatzes. Es war eine wichtige gemeinsame Erfahrung für ihn und mich. Herzerfrischend und in meiner Erinnerung eine kleine innere Ehrenrettung war Monate später eine Mutter, die zum Erstgespräch in der Praxis erschien und sagte: *„Ach, wir sind bewusst zu Ihnen gekommen, weil ich gehört habe, dass Ihre Kinder auch schon Scheiß gebaut haben und nicht so oberperfekt sind wie die Kinder der Kollegin, deren Praxis viel näher ist."*

Mein Kind als mein Werkstück

Die Kinder als „unser Produkt" zu sehen ist eine weitere Falle, die eng verwandt ist mit unserem elterlichen Größenwahn. Anders formuliert: Mein persönlicher Wert als Elternteil hängt davon ab, wie mein Kind ist und sich entwickelt.

Auf eine Art ist das verständlich, weil es uns so am Herzen liegt, dass sich unsere Kinder besonders gut entwickeln. Evolutionsgeschichtlich wird das ebenfalls begünstigt. Schließlich ist es die elementare Aufgabe des Menschen, seine eigenen Gene weiterzugeben. Ein gewisser Vaterstolz und Mutterstolz ist ja auch schön und herzerwärmend, wenn die Entwicklung der Kinder in der vorgezeichneten Bahn verläuft. Schwieriger ist es schon, wenn sie es wagen einen Entwicklungsweg zu wählen, den wir uns so nicht gewünscht haben. Wenn die Tochter vom Professoren-Ehepaar eben nicht Medizinerin werden will oder schlimmer noch nicht einmal studieren will, und sie völlig andere Pläne schmiedet, um sich zu verwirklichen.

TAUSENDE JAHRE KLAGE ÜBER DIE JUGEND

Vielleicht entlastet uns ein Blick in die Geschichte. Unzufriedenheit mit den eigenen Erziehungserfolgen und der Jugend scheint ein zeitloses Phänomen:

Unsere Jugend ist heruntergekommen und zuchtlos.
Die jungen Leute hören nicht mehr auf ihre Eltern.
Das Ende der Welt ist nah.

KEILSCHRIFTTEXT, CHALDÄA, UM 2000 V. CHR.

Die heutige Jugend ist von Grund auf verdorben, sie ist böse, gottlos und faul. Sie wird niemals so sein wie die Jugend vorher, und es wird ihr niemals gelingen, unsere Kultur zu erhalten.

BABYLONISCHE TONTAFEL, CA. 1000 V. CHR.

Die Kinder von heute sind Tyrannen. Sie widersprechen ihren Eltern,
kleckern mit dem Essen und ärgern ihre Lehrer.

SOKRATES, CA. 470 BIS 399 V. CHR.

Die Welt macht schlimme Zeiten durch. Die jungen Leute von heute denken an nichts anderes als an sich selbst. (…) Sie sind ungeduldig und unbeherrscht. Sie reden so, als wüssten sie alles, und was wir für weise halten, empfinden sie als Torheit.

MÖNCH PETER, 1274

Der grenzenlose Mutwille der Jugend ist ein Zeichen,
dass der Weltuntergang nah bevorsteht.

NACH MELANCHTHON, UM 1530

Das Sittenverderben unserer heutigen Jugend ist so groß,
dass ich es unmöglich länger bei derselben aushalten kann.

EIN SCHULMEISTER, 18. JH.

Google-Suche; Suchwort „1.000 Jahre Klagen über die Jugend";
Hauptquelle: www.autenrieths.de

Oft äußert sich das ganz harmlos, bei den kleinen Dingen: zum Beispiel den besonderen Leistungen des Kindes im Sport, in der Schule. Wie viel davon verbuche ich auf mein Konto, wie stark sind es meine besonderen Leistungen? „Wir haben so viel gelernt und wir haben dann die gute Note im Diktat bekommen." Besonders gefährdet scheinen hier Vollzeit-Elternteile zu sein, weil es ja nun mal ihre Jobbeschreibung ist, das Kind zu erziehen. Sie neigen besonders dazu, gegenüber sich selbst ein „Ergebnis" präsentieren zu müssen, und koppeln die guten Leistungen eng an ihren Selbstwert. Die Leistung ihres Kindes, ihres Produkts, droht ihre eigene Qualität als Eltern und schließlich als Person zu bestimmen.

Das klingt jetzt vielleicht in manchen Ohren zu krass. Aber denken Sie einmal nach. Kennen Sie diese Fragen:

Ja was macht denn deiner? Zu welcher Schule geht er oder was studiert er?
Welche Ausbildung oder welchen Job hat sie denn? In einer „guten" Firma?
War deiner schon in Australien oder Neuseeland zu „work and travel"?

Wie fühlen sich Ihre Antworten an?

Ich möchte Sie einladen, bei all dem Engagement noch einmal genau hinzuschauen:

„Wann nehme ich mein Kind als eine Art Werkstück wahr, das unter meiner Bearbeitung entsteht?" (Damit laufe ich Gefahr, mich mit dem „Ergebnis" zu identifizieren. Alles, was mein Kind tut, wird mit meiner eigenen Leistung gleichgesetzt oder definiert gar meinen Wert als Person.)

1. **Wie weit geht dieser Elternstolz? Ist es noch die Mit-Freude? Und gibt es die Freude auch unabhängig vom „Ergebnis"?**

2. **Darf ich mich freuen, einfach weil mein Kind da ist und lebt und in seiner Art und Weise wächst?**

3. **Kann ich mein Kind wertschätzen, auch wenn es Wege geht, die von meinem Idealbild abweichen?**

Wenn wir uns in den betrachteten Optimierungsfallen verfangen und versuchen den Stolpersteinen auszuweichen, verkrampfen wir als Eltern. Wir bemühen uns stärker, bringen uns noch mehr ein, wollen noch bessere Eltern werden. Aber die Mischung aus Machbarkeitsfantasie, Eigenoptimierung und gefühlter Verantwortung für alles kann verdammt anstrengend sein. Loslassen ist der erste wichtige Schritt, mit dem Vieles leichter wird.

Schaffen wir es nicht den Fallen Optimierungsdruck, Größenwahn, Werkstück zu entgehen, kann das in einer andauernden Hyperoptimierung des Kindes enden. Die zugehörigen Mütter und Väter kennen wir als sogenannte „Helikoptereltern". Um die geht es in diesem Buch zwar nicht, trotzdem sollten wir uns die Fragen stellen:

1. **Wo bin ich selbst auch ein wenig am „Helikoptern"
und vor allem warum?**

2. **Ist mein Einsatz vertretbar und tue ich die Dinge noch zum Wohl
des Kindes oder überschreite ich schon eine Grenze?**

3. **Was würde mir helfen, lockerer zu lassen?
Welche innere Erlaubnis brauche ich?**

Kurz und knapp

- Die elementare Aufgabe der Brutpflege und der eigene Elternstolz können aus dem Ruder laufen.
- Es besteht das Risiko, zu glauben, die gesamte Kindesentwicklung hängt von uns Eltern und unserer Erziehung ab. Dieses Gefühl kann eine große Last sein.
- Wir Eltern laufen Gefahr, dass wir unseren persönlichen Wert davon abhängig machen, wie sich unsere Kinder entwickeln.
- Das schränkt die Freiheit der Kinder ein, sich ganz anders zu entwickeln, als wir vielleicht wollen.

Kapitel Drei

Der Wert des Selbstmitgefühls und der Achtsamkeit für uns Eltern und unsere Kinder

Habe Geduld gegen alles Ungelöste
in deinem Herzen und versuche,
die Fragen selbst lieb zu haben
wie verschlossene Stuben und wie Bücher,
die in einer fremden Sprache geschrieben sind.

Forsche jetzt nicht nach Antworten,
die dir nicht gegeben werden können,
weil du sie nicht leben kannst,
und es handelt sich darum,
alles zu leben.

– Lebe jetzt deine Fragen –
Vielleicht lebst du dann allmählich,
ohne es zu merken
eines fremden Tages
in die Antwort hinein.

RAINER MARIA RILKE

Mit diesem urzeitlichen Gehirn werden wir nun als Eltern auf unsere Kinder losgelassen und müssen inmitten all der Herausforderungen und Fallen navigieren.

Als Eltern gehen wir ständig an unsere Grenzen, sind überfordert und erleben, dass die Dinge nicht so laufen wie wir sie uns vorstellen. Wir sind gewohnt, uns dann noch härter anzutreiben und noch mehr anzustrengen, um unsere Ziele zu erreichen. Und wie gut kennen wir als Eltern das Gefühl, „hinten dran zu sein", immer zwei bis drei Nasenlängen hinter dem, was alles noch zu tun ist.

Wir folgen dabei oft einem Muster, welches wir in unserer Kindheit bestens verinnerlicht haben. Für Fehler wurden wir angemahnt oder bestraft. Fehler sollten und durften nicht sein. Die Maßgabe lautete: „Du musst dich anstrengen, damit du keine Fehler machst." Wenn du etwas falsch gemacht hattest, dann standest du da, die Schultern eingezogen, hast dich entschuldigt und dich schlecht gefühlt.

Aber unsere Kinder kommen natürlich dauernd in die Verlegenheit, sogenannte Fehler zu machen. Kinder sind keine kleinen Erwachsenen. Kinder sind in der Entwicklung, wollen Dinge erforschen und probieren aus, um zu lernen. Sie leben damit, dass die Dinge nicht immer funktionieren.

Was kann hilfreich sein in diesem Schlamassel?

- Wie finden wir die Fehlerfreundlichkeit in der Erziehung?
- Wie finden wir zur Freundlichkeit uns selbst gegenüber?
- Wie können wir weniger Angst vor dem eigenen Scheitern oder dem unserer Kinder entwickeln?
- Wie finden wir als Eltern mehr Selbst-Vertrauen und Gelassenheit?

In diesem Kapitel erforschen wir, wie Achtsamkeit und Selbstmitgefühl uns dabei eine große Hilfe sein können.

Der videogestützte 8-Wochen-Online-Kurs zum Buch: EMAUS – Elternsein Mit Achtsamkeit Und Selbstmitgefühl

Wir werden in diesem Kapitel einige Selbsterkundungsübungen und kleine Meditationen durchführen. Natürlich ist so etwas mit einem Buch in den Händen nicht einfach. Erst Lesen und sich danach selber anleiten. Vor diesem Hintergrund gibt es zusätzlich zum Buch einen videogestützten 8-Wochen-Online-Kurs unter www.we-mind.life zu erwerben. Daneben gibt es Audio-Anleitungen zum freien Download.

Der videogestützte Kurs bietet Eltern eine Möglichkeit, die Praxis von Achtsamkeit und Selbstmitgefühl zu vertiefen und sie ganz nach den eigenen Bedürfnissen dann wahrnehmen zu können, wenn etwas Ruhe eingekehrt ist. Ob das abends ist, wenn die Kinder schlafen oder vormittags, wenn sie aus dem Haus sind. Als Elternpaar ist es toll, den Kurs zusammen durchzuführen. Denkbar ist aber auch, dass sich jeder Elternteil in der Woche den ihm passenden Zeitraum sucht und die Erfahrungen zu einem späteren Zeitpunkt miteinander ausgetauscht werden.

Im Online-Kurs stehen neben den im Buch markierten noch weitere Übungen zur Selbsterkundung, angeleitete Meditationen sowie kurze Impulsvorträge zu Themen aus dem Elternalltag als Download zur Verfügung. Der Kurs hat eine aufeinander aufbauende Struktur für 8 Wochen, die Sie aber auch auf 16 Wochen verlängern können.

3.1 Was ist Selbstmitgefühl?

Lassen Sie uns ein kleines Experiment machen!

ÜBUNG

Wie gehe ich mit einem Freund/einer Freundin um?

(adaptiert für Eltern aus MSC)

Nehmen Sie sich 5 bis 10 Minuten Zeit für eine kleine Selbsterfahrungsübung!

Setzen Sie sich in eine aufrechte, angenehme Position und spüren Sie in sich hinein. Nehmen Sie Ihren Körper als Ganzes wahr; wie Sie hier sitzen, in diesem Moment. Atmen Sie tief und ruhig ein und aus. Sie können beim Ausatmen bewusst alles loslassen, was auch immer in diesem Moment losgelassen werden will.

Jetzt rufen Sie sich eine Situation in Erinnerung, in der Sie ganz unzufrieden waren mit sich als Vater oder Mutter, unglücklich über Ihre eigene Rolle, Ihre Haltung oder Ihr Verhalten. Wo haben Sie das Gefühl, etwas falsch gemacht zu haben oder gar mit Ihrem elterlichen Bemühen gescheitert zu sein? Schauen Sie einfach, was auftaucht. Bei dieser Einladung gibt es keine richtige oder falsche Situation.

Rufen Sie sich die Situation noch einmal klar vor Ihr inneres Auge mit allem was dazugehört: Wer war beteiligt? Was wurde gesagt? Was haben Sie selbst getan? Versuchen Sie nun ein Stück weit, die Gefühle und Emotionen von damals aufzurufen.

Horchen Sie in sich hinein, wie hören Sie sich an, sich selbst gegenüber? Wie kommentieren Sie ihr Verhalten oder ihre Gefühle? Wie klingt Ihre Unzufriedenheit? Gibt es konkrete Worte oder Sätze, die Sie sich selbst entgegenbringen? In welchem Ton machen Sie das?

Und jetzt wechseln Sie leicht die Perspektive: Spüren Sie in sich selbst als den Angesprochenen hinein. Wie fühlt sich das an, in dieser Art und Weise und in diesem Ton angesprochen zu werden?

Dann lassen Sie die Situation wieder in den Hintergrund treten. Fühlen Sie bewusst noch einmal in Ihren Körper. Wie fühlen sich die Punkte an, an denen Sie das Gewicht an die Sitzunterlage oder den Boden abgeben?

Nehmen Sie noch einmal drei lange tiefe Atemzüge, die Sie ganz bewusst vom allerersten Einatmen über die Pause bis zum allerletzten Ausatmen mit Ihrer ganzen Aufmerksamkeit begleiten.

Und nun zu einem weiteren Gedankenspiel:

Denken Sie an eine gute Freundin oder einen guten Freund, jemanden, der auch Kinder hat, und stellen Sie sich vor wie Ihnen diese Person genau so eine Geschichte erzählt: Wie etwas schief gelaufen ist, sie sich unzufrieden fühlt und sich Vorwürfe macht, weil sie in der Erziehung Dinge falsch gemacht hat. Es könnte um etwas ganz Ähnliches gehen wie in Ihrer eigenen Situation.

Und jetzt schauen Sie als gute Freundin oder guter Freund, wie Sie sich ihr gegenüber verhalten: Welche Haltung nehmen Sie ein? Was werden Sie ihr sagen? In welchem Ton sprechen Sie? Was ist Ihre Absicht und welche Beweggründe haben Sie, wenn Sie in dieser Weise mit ihr oder ihm sprechen?

Und lassen Sie dann auch diese Situation wieder verblassen.

Gibt es einen Unterschied zwischen den beiden Haltungen? Gibt es einen anderen Tonfall? Gibt es eine andere Motivation, vielleicht Trost und Ermunterung versus Vorwurf oder Verurteilung? Die meisten von uns werden einen deutlichen Unterschied spüren. Dabei geht es um die gleiche schwierige Sache.

Warum behandeln wir uns also selbst anders als die Freundin oder den Freund? Warum gestatten wir uns nicht das gleiche Recht auf Anerkennung der eigenen Schwierigkeiten, fliehen vor Trost und Aufmunterung und verweigern uns jedem liebevollen und mitfühlenden Umgangston, wenn wir Dinge verbockt haben, Dinge nicht gelungen sind oder wir mit etwas gescheitert sind?

Wir können uns das gleiche Recht schenken! Und zwar mit Selbstmitgefühl.

„Lernen sich selber gegenüber wie ein guter Freund zu sein in schwierigen oder schweren Zeiten." Das ist die Definition von Kristin Neff, einer US-amerikanischen Psychologie-Professorin, und Pionierin der Forschung zum Thema „Selbstmitgefühl".

Wieso funktioniert diese barsche, anklagende Stimme in unserem Gehirn eigentlich so gut? Schauen wir uns noch einmal unser perfekt trainiertes System im Umgang mit Bedrohung an: Die Zahl der Säbelzahntiger in Deutschland ist stark gesunken. Die meisten Bedrohungen erleben wir heutzutage als psychologische Bedrohungen. Trotzdem reagieren wir meist mit genau denselben Überlebensprogrammen: Kampf = Ärger, Flucht = Rückzug oder Totstellen = Erstarren.

→ **Abb. 3.1 Die Bedrohung.** Vgl. Van den Brink, E. und Koster, F., *Lehrer-Handout MBCL-Lehrertraining*. o.O.: 2014.

Mit unserem jüngeren Säugetiergehirn haben wir aber noch weitere Möglichkeiten. Wir brauchen gar keine psychologische Bedrohung von außen. Wir machen das selbst! Dank Negativ-Bias, dem übermäßigen Wichtignehmen kritischer Ereignisse, mit Reflexion und Bewertung sind wir in der Lage, unser Selbst durch Selbstkritik zu bedrohen. Aus einem Kampf gegen das Außen wird ein Kampf gegen uns selbst: die Selbstverurteilung. Aus dem Reflex zum Fliehen wird Flucht in die innere Isolation: „Ich bin der Einzige, dem so etwas passiert.“ Aus Erstarren wird ein „Nur noch ins tiefe Loch des Problems starren“, kurz die Überidentifikation mit dem Leiden. Wir sehen nur noch schwarz.

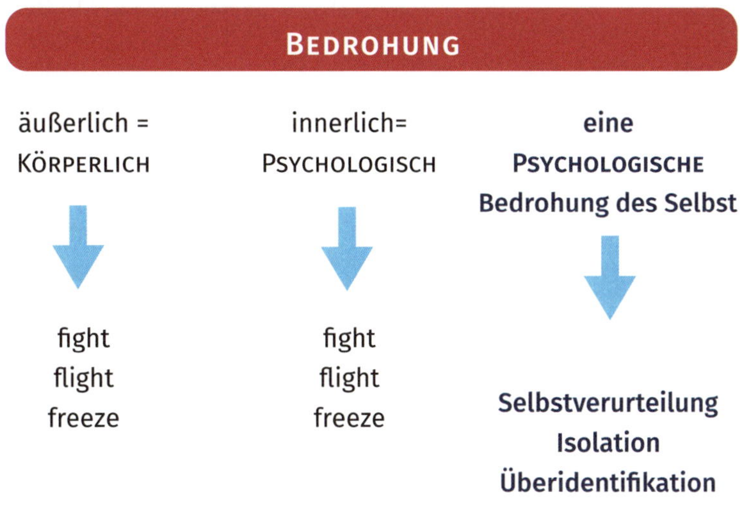

→ **Abb. 3.2 Folgen einer gefühlten Bedrohung des Selbst**

Selbstmitgefühl ist ein Mittel gegen diese innere Selbstanklage, gegen diese barsche Selbstverurteilung. Es ist ein ganz wunderbares Geschenk, wenn wir Selbstmitgefühl als Erwachsene lernen dürfen, und auch ein Geschenk zum Weitergeben, wenn auch unsere Kinder es durch unser Vorbild und Vorleben lernen dürfen. Wir geben ihnen damit eine wichtige Ressource mit auf den Lebensweg, um in guten wie in schlechten Zeiten klarzukommen.

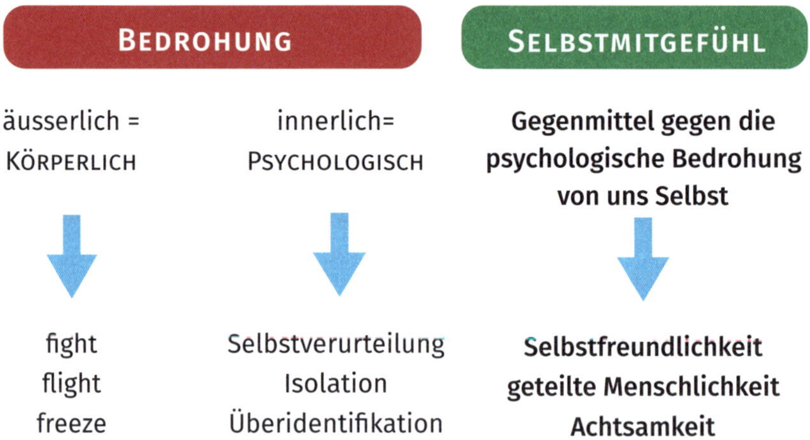

→ **Abb. 3.3 Die Bedrohung, Das Selbstmitgefühl**

Aber Achtung! Falls Sie jetzt ganz motiviert sind, das alles ihren Kindern beizubringen, überspringen Sie nicht sich selbst. Ähnlich wie bei einem Notfall im Flugzeug lautet die Devise: „Bitte setzen Sie die Sauerstoffmaske erst selbst auf, bevor Sie Ihren Kindern helfen, sie anzulegen!" Und im Alltag ist das noch wichtiger als im Flugzeug. Denn, wenn wir als Eltern kein Selbstmitgefühl praktizieren und es verinnerlichen, bleiben es nur Worte. Unsere Kinder wissen sehr genau zu unterscheiden, ob wir nur texten oder auch leben, was wir sagen.

Selbstmitgefühl aufzubauen ist ein lohnender Weg, der insbesondere den Umgang mit Schwierigkeiten, mit Fehlern, mit Unzulänglichkeit und dem „Nicht-Perfekten" völlig verändern kann. Selbstmitgefühl zu entwickeln, geht laut Kristin Neff in drei Schritten:

1. **Die Stufe der Achtsamkeit:** Wahrnehmen, was wirklich ist, auch wenn es schwer fällt oder weh tut.
2. **Die Stufe der geteilten Menschlichkeit:** Der größere Blickwinkel oder „Ich bin nicht der Einzige, der Probleme hat, Fehler macht oder einfach nur menschlich ist."
3. **Die Stufe der Selbstfreundlichkeit:** Was brauche ich jetzt, wo es mir nicht gut geht, wirklich? Was tut mir gut?

3.2 Alte Weisheit in neuen Büchern

Dieser Weg ist im Grunde nicht wirklich neu. Die Menschheit kultiviert schon seit mehreren tausend Jahren Weisheitstraditionen, in denen Mitgefühl eine zentrale Rolle spielt.

Die Verknüpfung von Mitgefühl und Selbstmitgefühl ist ein kultur- und religionsübergreifender Wert.

Als Goldene Regel (lateinisch *regula aurea;* englisch *golden rule)* bezeichnet man einen alten und verbreiteten Grundsatz der praktischen Ethik: „Behandle andere so, wie du von ihnen behandelt werden willst." Die negative Fassung ist als gereimtes Sprichwort bekannt: „Was du nicht willst, das man dir tu, das füg' auch keinem andern zu."

Der chinesische Philosoph **Konfuzius** (551–479 v. Chr.) antwortete laut seinen um 200 n. Chr. aufgeschriebenen Analekten einem Schüler auf die Frage nach einer Richtschnur des Handelns für das ganze Leben: „Das ist ‚gegenseitige Rücksichtnahme' *(shu).* Was man mir nicht antun soll, will ich auch nicht anderen Menschen zufügen."

Eine Grundlagenschrift des **Hinduismus und Brahmanismus** *(Mahabharata,* entstanden zwischen 400 v. und 400 n. Chr.) enthält als zentrales Prinzip: „Man soll niemals einem Anderen antun, was man für das eigene Selbst als verletzend betrachtet. Dies, im Kern, ist die Regel aller Rechtschaffenheit *(Dharma).*"

Im **Buddhismus** heißt es: „Was für mich eine unliebe und unangenehme Sache ist, das ist auch für den anderen eine unliebe und unangenehme Sache. Was da für mich eine unliebe und unangenehme Sache ist, wie könnte ich das einem anderen aufladen?" *(Karuna;* aktives Mitgefühl: Einsetzen um das Leiden aller fühlenden Wesen zu reduzieren.)

Und eine **altorientalische Weisheit** aus dem Jahr 700 v. Chr. besagt: „Sohn, was dir übel erscheint, tue deinem Mitmenschen nicht an. Was immer du willst, dass dir es die Menschen tun, das tue du allen."

In der **mittelpersischen Schrift** *(Shâyast lâ-shâyast,* „Angemessenes und Unangemessenes", entstanden 650 bis 690 n. Chr.) steht geschrieben: „ [...] eins ist somit, anderen alles das nicht anzutun, was einem selbst nicht wohl tut; das zweite ist, voll zu verstehen, was wohlgetan und was nicht wohlgetan ist ..."

Im **Islam** ist das Prinzip so formuliert: „Keiner von euch ist gläubig, solange er nicht für seinen Bruder wünscht, was er für sich selbst wünscht."

Im **Christentum**: „Du sollst deinen Nächsten lieben wie dich selbst", aus dem 3. Buch Mose Kapitel 19, Vers 18.

Das **zweite Weltparlament der Religionen** nahm die Regel 1993 in seine „Erklärung zum Weltethos" auf und formulierte sie als längst bekannte, aber noch nicht verwirklichte Selbstverpflichtung jedes Individuums: „Wir müssen andere behandeln, wie wir von anderen behandelt werden wollen."

Immanuel Kants kategorischer Imperativ: „Der kategorische Imperativ ist also nur ein einziger und zwar dieser: Handle nur nach derjenigen Maxime, durch die du zugleich wollen kannst, dass sie ein allgemeines Gesetz werde."

Hans-Ulrich Hoche (deutscher Philosoph): „Behandle jedermann so, wie du selbst an seiner Stelle wünschtest behandelt zu werden."

Hans Jonas (deutscher Philosoph): „Handle so, dass die Wirkungen deiner Handlung verträglich sind mit der Permanenz echten menschlichen Lebens auf Erden."

In einer ganz weltlichen Weise sind Achtsamkeit, Mitgefühl und Selbstmitgefühl inzwischen in der Neuzeit angekommen, haben Einzug gehalten in die Psychologie, zur Stressreduktion oder in die Vorbeugung und Behandlung psychischer Störungen. Autoren von Büchern und Anleitungen haben sie losgelöst von den jeweiligen spirituellen und religiösen Hintergründen. Sie sind damit als Werte und Haltungen offen für jedermann, unabhängig von Kultur oder Religion. Übernommen wurde aber die Erfahrung, dass sich diese Haltungen üben und damit stärken lassen. Ich möchte hier als Überblick vier altbekannte Geisteshaltungen vorstellen, die besonders hilfreich sind für die Entwicklung guter Beziehungen zu anderen und damit auch bedeutsam für uns als Eltern im Umgang mit unseren Kindern.

Frits Koster und Erik van den Brink nennen die Eigenschaften in ihrem Buch „Mitfühlend Leben" die „vier Lebensfreunde". In der alten östlichen Weisheitslehre des Buddhismus werden sie die *Brahmaviharas* oder die „vier himmlischen Verweilzustände" oder „die vier Grenzenlosen" genannt. Besonders daran ist, dass diese Haltungen über uns selbst hinausreichen und alle anderen einschließen. Die erforderliche Grundlage ist allerdings, dass wir sie auch auf uns selbst anwenden. (Die Namen in Klammern sind die Bezeichnungen in Pali):

- **Liebevolle Güte** *(Metta):* setzt eine wohlwollende Anerkennung und Wertschätzung der eigenen Person voraus.
- **Mitgefühl** *(Karunā):* setzt Selbstmitgefühl als Basis voraus.
- **Mitfreude** *(Muditā):* das neidlose Anteilnehmen an der Freude der anderen, setzt eine eigene Lebensfreude voraus.
- **Gelassenheit oder Gleichmut** *(Upekkhā):* ein Anteilnehmen mit Loslassen können und ohne Besitz zu ergreifen, das aber nicht mit Gleichgültigkeit zu verwechseln ist. Setzt eine Akzeptanz voraus, dass es nicht immer so läuft im Leben wie wir es uns wünschen.

Wenn wir diese vier Geisteszustände anschauen, dann scheinen auf den ersten Blick drei von ihnen ganz instinktiv in der Elternrolle verankert: die liebevolle Güte, das Mitgefühl und die Mitfreude.

Liebevolle Güte kann man als den tiefen Herzenswunsch verstehen, dass es unseren Kindern wohlergehen soll. Wir wollen ihnen alle Schätze auf ihrem Lebensweg mitgeben, die wir dazu hilfreich finden. Mitgefühl bezieht sich auf unser Elternherz, welches das Leiden unserer Kinder spürt. Wir haben dann sofort den starken Drang, etwas zu tun, damit die Kinder nicht mehr leiden. Mitfreude erfüllt uns, wenn unsere Kinder voller Lebensenergie stecken, sich an kleinsten Dingen erfreuen und einfach Spaß haben.

Um zu diesen drei Zuständen zu gelangen, brauchen wir als Eltern offensichtlich keine umfassenden zusätzlichen Übungen. Seit dem Auftreten der Säugetiere auf dem Planeten vor 200 Millionen Jahren sind Netzwerke im Gehirn entstanden und gereift, die Bindung an unsere Kinder, Brutpflege und Fürsorge sicherstellen.

Der vierte Geisteszustand, Gelassenheit oder Gleichmut, ist dagegen nicht evolutionär in uns verankert. Wir haben ja bereits erfahren, wie die Evolution unser Gehirn als Stress-, Befürchtungs-, und Krisenkünstler geformt hat. Gelassenheit müssen wir als Eltern also ein Stück weit entgegen unserer angelegten Verschaltungen im Gehirn entwickeln.

Aber wie sieht es bei uns selbst eigentlich mit den genannten Voraussetzungen zu liebevoller Güte und Mitgefühl aus? Eine wohlwollende Anerkennung und Wertschätzung sich selbst gegenüber haben sicher nicht alle von uns entwickeln können. Manche Kinder wachsen leider auf, ohne dass ihnen sehr viel liebevolle Güte oder Mitgefühl zuteil wird. Das ist traurig und hat später eine große Auswirkung auf die psychische Entwicklung. Im schlimmsten Fall können Betroffene eventuell nur wenig liebevolle Güte und Mitgefühl für andere Menschen entwickeln, einschließlich den eigenen Kindern. Allerdings ist gerade unser archaisches Eltern-Herz noch am ehesten in der Lage, diese Qualitäten in sich zu finden und unseren Kindern zu schenken.

Es gibt diesen alten Spruch:
Du kannst die Wellen des Lebens nicht aufhalten,
aber du kannst lernen, auf ihnen zu surfen.

Ich möchte ihn in einer sanften Weise erweitern:
Du kannst die Wellen des Lebens nicht aufhalten,
aber du kannst lernen, dich auf den Wellen tragen
und wiegen zu lassen oder gar auf ihnen zu surfen.

Es muss nicht immer gleich zum Surfen reichen und es gibt ja auch unterschiedliche Formen von Wellen in unserem alltäglichen Leben mit Kindern.

Aber uns selbst gegenüber sind wir oft hart und erbarmungslos. Was den allerwenigsten von uns Eltern mitgegeben wurde, ist eine Anleitung, Selbstmitgefühl zu entwickeln. Der Begriff ist im Deutschen noch gar nicht so lange gebräuchlich.

„Du kannst auch freundlich und tröstlich mit dir umgehen, wenn du gescheitert bist oder etwas schief gelaufen ist." Wem wurde das in seiner Jugend vermittelt? Haben unsere eigenen Eltern uns diese Qualitäten vorgelebt? Eher selten.

Als Eltern betreten wir also wirklich Neuland, wollen wir Selbstmitgefühl für uns und im Umgang mit unseren Kindern kultivieren. Für alle, die früher wenig liebevolle Güte und Mitgefühl erfahren haben, ist die gute Nachricht: Wir können lernen, uns selbst Freundlichkeit und Mitgefühl zu schenken! Wir müssen nicht darauf warten, es von außen zu bekommen. Sicherlich werden sich nicht alle Probleme der Elternschaft auflösen lassen durch eine Haltung der Achtsamkeit und die „vier Lebensfreunde". Aber ich bin überzeugt, dass jede Sekunde im Alltag, in der wir Liebevolle Güte, Mitgefühl und Selbstmitgefühl, Mitfreude und Gelassenheit praktizieren, in einem tieferen Sinn für uns selbst und für unsere Kinder hilfreich ist, mit den alltäglichen Anforderungen des Lebens klarzukommen.

Diesen Weg wollen wir im Weiteren beschreiten und so den Wert des Mitgefühls und des Selbstmitgefühls in verschiedenen Bereichen des Elternseins entdecken. Dazu sollten wir aber zuerst noch einige der Begriffe genauer klären.

3.3 Das Mitgefühl

Der Begriff „Mitgefühl" ist je nach Kultur, Sprache oder Fachgebiet ein sehr vielschichtiger Begriff, der unterschiedlich definiert wird und sich nicht eindeutig fassen lässt. Damit aber klar ist, wie ich Mitgefühl in diesem Buch verwende, folgen nun einige Hinweise und Abgrenzungen. Im Deutschen gebrauchen wir die Wörter Mitgefühl, Mitleid und Empathie.

Mitleid ist aus meiner Sicht eine Reaktion, die uns erhöht und irgendwie von oben herabschauen lässt auf diejenigen, mit denen wir Mitleid haben. Selbstmitleid dagegen lässt uns im eigenen Leiden schwelgen und dieses als etwas zelebrieren, das uns scheinbar aufwertet.

Empathie bezeichnet vor allem die Gabe, sich in jemand anderen und seine Empfindungen, Gedanken, Gefühle hineinzuversetzen. Sie beruht auf der Resonanz unserer Spiegelneuronen. Das sind Strukturen im Gehirn, die uns innerlich nachempfinden lassen, was wir bei anderen wahrnehmen. Sehen wir zum Beispiel wie sich unser Kind in den Finger schneidet, zucken wir innerlich zusammen, weil ähnliche Neurone aktiv werden wie wenn wir uns selbst schneiden und den Schmerz spüren.

Empathie ist zwar eine wesentliche Grundlage des Mitgefühls, hat aber nicht notwendigerweise eine wohlwollende Komponente. Sie ist quasi neutral. Mit Empathie in dieser Definition könnten wir uns auch kompetent in den anderen und seine Bedürfnisse hineinversetzen, um ihn dann zu seinem Schaden zu manipulieren oder ihm genau die Dinge zu verkaufen, nach denen er sich sehnt.

Eine bekannte Definition des Mitgefühls stammt vom Dalai Lama: *„Die Empfindsamkeit gegenüber dem eigenen Leiden und dem anderer Wesen, mit einer tiefen Hingabe, dieses zu lindern.“* In der tibetischen Sprache ist diese aktive Handlungskomponente zur Linderung des Leidens der anderen ein fester Bestandteil des Begriffs „Mitgefühl“.

Ich will es hier im Buch mit der von Paul Gilbert frei entlehnten Definition aus der Compassion Focused Therapy (CFT) halten: „Ich spüre dein Leiden und habe einen aktiven Impuls, dass ich dir helfen will, damit du weniger leidest, und dafür sorgen, dass es in Zukunft möglichst nicht mehr so weit kommt.“ *

* Workshop Dr. Chris Irons: Introduction to CFT. Zuitlaren, Niederlande; 2016

Mitgefühl ist die Antwort des Herzens auf den Schmerz. Wir haben Anteil an der Schönheit des Lebens und am Ozean der Tränen. Das Leiden am Leben ist Teil unseres Herzens sowie Teil dessen, was uns miteinander verbindet. Es trägt eine Zärtlichkeit in sich, ein Mitgefühl und ein Wohlwollen, das alle Dinge umfängt und jedes Wesen berühren kann.

JACK KORNFIELD

3.4 Was ist eigentlich Achtsamkeit?

Auch der Begriff „Achtsamkeit“ wird unterschiedlich verwendet. Exemplarisch werden hier einige Definitionen aus dem Lehrerhandbuch für Mindful Self-Compassion (MSC) aufgeführt:

- „Zu wissen was man erlebt, *während* man es erlebt.“ (Guy Armstrong)
- „Gewahrsein, das entsteht, wenn man die Aufmerksamkeit im gegenwärtigen Augenblick bewusst auf das Erleben von Moment zu Moment richtet, ohne zu urteilen.“ (Jon Kabat-Zinn)
- „Gewahrsein des gegenwärtigen Augenblicks mit einer akzeptierenden Haltung.“ (Christopher Germer)

Er wird sowohl zur Beschreibung eines Geisteszustands, einer beabsichtigten Geisteshaltung, als auch für die Technik zur Schulung des Geistes benutzt. Im Weiteren will ich mit folgender Definition arbeiten: *Ganz bewusst im gegenwärtigen Augenblick wahrnehmen, was wir von Moment zu Moment erleben, ohne es zu beurteilen.*

Es haben sich verschiedene Programme zur Entwicklung von mehr Achtsamkeit etabliert. Das Bekannteste ist sicher MBSR, kurz für Mindfulness Based Stress Reduction, nach Jon Kabat-Zinn (vgl.

Anhang 1). MBSR hat dank seiner empirisch gut belegten Wirkung einen Siegeszug in der ganzen Welt hinter sich. Achtsamkeitsübungen sind inzwischen im Gesundheitssystem etabliert.

In der Achtsamkeit tauchen gelegentlich Missverständnisse auf bezüglich der Anleitung zum „Nicht beurteilen“ oder „Erst einmal spüren und nichts verändern“. Wenn ich zum Beispiel in der Straßenbahn stehe und sich ein Mann mit 120 Kilo auf meinen Zeh stellt, ist es nicht die Idee der Achtsamkeit bis zur Endstation „von Moment zu Moment wahrzunehmen was ist, ohne zu beurteilen“. Vielmehr bedeutet Achtsamkeit, uns in den Beobachterstatus zu versetzen, statt automatisch und reflexhaft im Autopilot-Modus zu reagieren. Wenn wir bewusst wahrnehmen können, wie der Ärger in uns aufwallt, kann uns das helfen, diesen Herrn in bestimmtem und angemessenem Ton anzusprechen, statt einen unkontrollierten Wutanfall zu haben.

Achtsamkeit bedeutet also nicht, sich nicht wehren zu dürfen und alles zu erdulden.

Im heftigen Stress oder in emotional aufwühlenden Situationen ist Folgendes sehr hilfreich: Innehalten, einen Schritt zurücktreten, alle Wahrnehmungen erst einmal zulassen und damit einen großen Entscheidungsraum gewinnen. Manchmal ist die Sache aber auch sofort klar und ich reagiere direkt. Soll heißen: Automatische Reaktionen im „Autopilot-Modus“ sind nichts prinzipiell Schlechtes. Das Gehirn hat diesen Modus aus Erfahrungen entwickelt, um nicht jedes Mal neu abwägen zu müssen, und wir brauchen ihn, um viele Momente des Alltags zu bewältigen. Aber oft sind die Begebenheiten des Lebens bei weitem nicht so bedrohlich, wie es unser Autopilot mit seinem Sensor erlebt.

Gerade für Eltern kann Achtsamkeit auf mehreren Ebenen nützlich sein: Wir üben im gegenwärtigen Moment, präsent zu sein mit unseren Empfindungen, Wahrnehmungen, Gedanken und Gefühlen. Damit haben wir viel größere Chancen, die Vorboten des Stress’ zu spüren. Also wahrzunehmen, wie der Körper für die kommenden Alarmreaktionen aufrüstet. Dies zu erkennen, kann das entscheidende Instrument sein, um die automatische Reaktion über den unteren Weg ins Dinogehirn zu vermeiden.

ÜBUNG

Die Atempause

Ein Notfallmittel im akuten Stress. Sie kann unsere Alarmreaktion unterbrechen oder zumindest ein wenig Zeit und Aufschub vor der weiteren Eskalation geben. Es geht darum drei Minuten innezuhalten.

Die Struktur ist wie eine Sanduhr aufgebaut, am Anfang ist das Gewahrsein weit offen, in der Mitte ist es eng fokussiert und am Ende wird es wieder weit.

1. Eine Minute wahrnehmen: Was ist gerade los? Wie ticke ich? Was empfinde ich gerade im Körper? Welche Gedanken und Gefühle sind da? Gibt es etwas, was ich gerade am liebsten tun will?
2. Anderthalb Minuten Konzentration auf den Atem: Wo nehme ich gerade jetzt die Empfindungen des Atmens am deutlichsten wahr? Jeden Atemzug vom ersten Einatmen bis zum letzten Ausatmen und die Pausen dazwischen genau wahrnehmen, so gut es eben geht. Circa 10 Atemzüge lang.
3. Eine halbe Minute das Gewahrsein wieder öffnen: Wie ist es jetzt in meinem Körper? Was kommt als nächster Schritt? Wie will ich damit umgehen?

Diesen Ablauf können wir immer wieder üben und er wird mit der Zeit immer „flüssiger“. Es klappt schneller innezuhalten und nachzuspüren. Mit etwas Übung können dann schon drei Atemzüge ausreichen, um den Autopiloten oder die Stressreaktion zu unterbrechen.

Wenn keine Zeit bleibt zur vollen Atempause, probieren Sie einfach, einen tiefen Atemzug zu nehmen, um innezuhalten. Einen tiefen Atemzug, um wahrzunehmen, was eigentlich gerade los ist. Manchmal können wir schon mit einem tiefen Atemzug viel Streit, Eskalation und Scherben verhindern.

Die Body-Mind-Connection

Sie fragen sich vielleicht, was es andauernd mit dem „ruhig Atmen“ auf sich hat. Das lässt sich einfach erklären. Es gibt eine Body-Mind-Connection, eine Art speziellen inneren Draht zwischen Geist und Körper. Regen wir uns auf, merken wir, dass unser Atem schneller wird, das Herz schneller schlägt, der Blutdruck steigt. Diesen speziellen Draht gibt es auch für unsere anderen Emotionen. Die haben ebenfalls körperliche Auswirkung; wir können eine körperliche Resonanz spüren, wenn wir freudig erregt oder traurig sind.

Machen wir ein kleines Experiment:

Machen Sie für circa 10 Sekunden ein wirklich grimmiges Gesicht: Stirn runzeln, Mundwinkel nach unten ziehen, Zähne zusammenbeißen. Jetzt spüren Sie in sich hinein, wie Ihr emotionaler Grundton ist. Dann für ein paar Sekunden auflösen in ein neutrales Gesicht. Und jetzt für 10 Sekunden ein sanftes Lächeln aufsetzen. Kein breites verzerrtes Grinsen, sondern ein sanftes Lächeln, nur mit Ihrer Mimik. Nun horchen Sie in sich hinein und achten Sie auf Ihren emotionalen inneren Ton. Und noch einmal von vorne: 10 Sekunden ärgerlich schauen, angestrengt oder grimmig, ein neutrales Gesicht aufsetzen und dann noch mal lächeln … Sie dürfen gerne für den Rest Ihres Lebens weiter lächeln …

Unser Gesicht ist der „Spiegel unserer Seele“. Hier sehen wir besonders deutlich, wie eng Geist und Körper verbunden sind. Die „Verdrahtung“ ist so gut, dass sie auch andersherum funktioniert: Eine bewusst aufgesetzte Mimik kann die dazu passende Emotion auslösen. Wir können zwar nicht jeden Frust oder Schmerz weglächeln. Aber in Maßen ist ein bewusstes Lächeln wirklich heilsam. Versuchen Sie es mal! Wenn Sie sich genervt oder angespannt fühlen, zum Beispiel im Stau auf dem Weg zur Arbeit oder weil irgendetwas Wichtiges ansteht, und Sie bei sich diesen grimmig zusammengepressten Mund bemerken, setzen Sie für einige Zeit bewusst ein sanftes Lächeln auf. Sie werden spüren, irgendetwas hellt sich in Ihnen auf. Ihr Körper erinnert Sie: „Hey, es gibt noch etwas anderes als das aktuelle Problem.“

Du lächelst und die Welt verändert sich.

GAUTAMA BUDDHA

Nun zum Atmen: Von den großen Körperfunktionen wie Herzschlag, Blutdruck, Verdauung, die alle über das vegetative Nervensystem autonom reguliert werden, ist das Atmen die einzige, die wir bewusst beeinflussen können (solange wir keine indischen Yogis sind, die können wohl auch den Herzschlag herunterregeln oder die Körpertemperatur). Hier funktioniert dieser Weg rückwärts ebenfalls, das macht das besondere Interesse am Atmen zur Beruhigung aus. Eine Minute ruhiges Atmen – und ruhig heißt am besten so um die sechs Atemzüge pro Minute – löst in unserem Gehirn die Reaktion aus: „Oh, hab' ich was verpasst? Wir atmen ja wieder ruhig. Also muss die Gefahr vorüber sein; alle Gefechtsstationen runterregeln!" Wir haben es geschafft, unserem Alarmsystem über bewusst ruhiges Atmen zu zeigen, dass wieder Frieden ist und es keine Stressreaktion mehr braucht. Unbewusst nutzen wir dies schon immer irgendwie. Der Ausspruch: „Erst mal tief durchatmen" zeugt davon.

In der größten Aufregung ist ruhig Atmen manchmal nicht einfach. Unser neuer digitaler Helfer, das Smartphone, kann da etwas unterstützen. Nicht lachen, wir brauchen noch keine App zum Atmen. Aber manche Apps geben wie ein Coach mit freundlicher Stimme den Rhythmus des Ein- und Ausatmens vor; auch optisch mit einer Graphik, wenn es leise sein muss. Sie können uns sogar über das Mikrofon bei der aktuellen, aufgeregten Atemfrequenz abholen. Der große Vorteil ist, dass man einstellen kann, wie schnell man auf sechs Atemzüge heruntergeregelt werden will und wie lange man so atmen möchte. Ist der Geist allein nicht laut genug, um das Atmen zu verlangsamen, bietet so eine App eine echte Hilfe, insbesondere bei Angst oder gar bezüglich Panikattacken.

Forscher haben herausgefunden, dass die eigenen Gefühle spezielle Atemmuster auslösen und dass umgekehrt ein bewusstes Atemmuster auch entsprechende Emotionen aufruft. Ähnlich wie das beim Lächeln der

Fall ist. Langsames tiefes Atmen führt zur inneren Beruhigung, schnelles flaches Atmen macht angespannt oder leicht verärgert.

In einer Studie konnten die Wissenschaftler beweisen, dass sogar schon ein tiefer in den Bauch geatmeter Atemzug die Stresshormone Adrenalin, Noradrenalin und Kortisol im Blut positiv beeinflusst.*

Im akuten Stress, wenn wir schon auf den unteren Weg sausen, ist die Macht der Gedanken zur Selbststeuerung eben oft eingeschränkt. Ein „Reg dich doch nicht so auf“ hilft oft nicht oder ärgert noch mehr. Am besten können wir uns über den Körper regulieren, und dort am effektivsten mit der Atmung. Das kann geübt werden; je öfter praktiziert, desto einfacher. Daher beginnen wir auch alle Selbsterforschungsübungen oder kurzen Meditationen in dem Buch oder im Videokurs mindestens mit einigen ruhigen, tiefen Atemzügen – gerne auch für die eine oder andere Minute länger. Es ist hilfreich, wenn bei diesen Übungen ein Signal über den Körper an das Gehirn geht: „Alles okay, wir sind in Sicherheit.“

Eine regelmäßige Achtsamkeitspraxis mit Atemmeditation, Body Scan, Körperwahrnehmungsübungen in Bewegung hilft, diese Body-Mind-Connection zu verstärken: meinen emotionalen Stresszustand über die ersten Körpersymptome zu erkennen und meine emotionalen Zustände über meinen Körper heilsam zu beeinflussen.

Wer regelmäßig meditiert, kennt das: Es gibt diesen ersten Schub Friede und Freude, wenn wir auf dem Meditationskissen Platz nehmen, einige Male ruhig und tief atmen, und es sich anfühlt wie Heimkommen nach einer anstrengenden Tour. Das Kissen grüßt und der eine oder andere Seufzer kommt auf.

---

* Philipott P., Chapelle G. und Blairy S., *Respiratory feedback in the generation of emotion.* In: Cogn Emot 2012 (5), S. 605–627. Wehrwein E. et al., *A single, acute bout of yogic breathing reduces arterial catecholamines and cortisol.* In: FASEB J 2012 (26), S. 893.16.

Das Leben lässt sich nicht drängen.

Ausspruch der Massai

Achtsam sein hilft uns auch, in Gedanken nicht ständig drei Nasenlängen vorauszueilen und dabei die Momente mit unseren Kindern in der Gegenwart zu verpassen – kaum unter der Dusche sind wir in Gedanken schon bei der Tagesplanung, sind beim Frühstück in der Küche mit dem Kopf schon auf dem Weg mit den Kindern in die Schule und schreiben im Geiste die erste E-Mail am Arbeitsplatz.

Natürlich müssen wir als Väter oder Mütter vorausdenken; wir sind ja ständig gefordert, Gefahren frühzeitig zu erkennen oder zu ahnen, was unser Kind vielleicht spontan tut. Nur laufen wir dabei Gefahr, dass wir uns gedanklich ständig in einer „Zukunftswelt" bewegen und dabei die Gegenwart verpassen.

Erinnern Sie sich an den letzten Hinweis Ihres Kindes: „Mensch, Mama/Papa, du bist ja gar nicht wirklich da!"? Unsere Kinder sind im Grunde genommen Botschafter der Gegenwart. Je kleiner sie sind, desto ausgeprägter ist ihre Gabe, ganz im Moment zu sein und sich diesem völlig hinzugeben: großes Kreischen, wenn es wehtut oder der Bauch krampft, große Schreckmomente, wenn Angst aufkommt und große Begeisterungswellen durch den ganzen Körper bei Freude. Wir haben da Lehrer vor uns, die uns das Verweilen in der Gegenwart beibringen können, wenn wir uns nur darauf einlassen. Aber oft scheint unser Erziehungsprozess darauf hinauszulaufen, aus diesen ungestümen Gesellen kleine Erwachsene zu machen, die ebenfalls im Nirgendwo der Zukunft beschäftigt sind.

Achtsamkeit macht uns offen für ein Innehalten. Immer mal wieder üben wir uns darin, bewusst im *Sein-Modus* statt im *Tun-Modus* zu verweilen. Eine Entschleunigung erscheint im modernen Leben besonders wichtig: Aufgrund unserer technologischen Möglichkeiten verändert sich alles um uns herum mit rasender Geschwindigkeit. Immer mehr Informationen prasseln auf uns ein. Wir hetzen unser Denken und unseren Geist bei dem Versuch hinterherzukommen und die Reserven im Tun-Modus noch besser auszuschöpfen.

Zwar wird vielerorts, insbesondere im Silicon Valley, das Mantra des Besser-durch-Technologie als Weg zu einer schönen, neuen und bequemen Welt beschworen. Nur wer von uns spürt tatsächlich mehr inneren Frieden, gesteigertes Wohlbefinden und hat mehr Zeit für sich? Trotz totaler Vernetzung und unzähliger smarter, digitaler Helferlein scheinen doch nur der Akkord und der Taktschlag höher zu werden und es bleiben weniger Zeit und Raum für Muße.

Achtsamkeit schafft diese Räume und einen bestimmten Grad an Entschleunigung. Beides braucht unser Gehirn, brauchen wir, und wir bekommen die Chance, mehr mit unseren Kindern im Erleben verbunden zu sein.

3.5 Hin zum Angenehmen – weg vom Unangenehmen

Für Tiere und über lange Zeit auch für uns Menschen war es ein sinnvoller Antrieb, unangenehme oder schmerzhafte Situationen zu vermeiden und sich in eine angenehme Lage zu begeben. Das heißt weg von Gefahren und Verletzungen hin zu Sicherheit, Nahrung, Wärme und Trockenheit. Wir haben also einen Instinkt, der uns nach *mehr Angenehmem und weniger Unangenehmem* suchen lässt.

Am Beispiel der Ernährung sehen wir heute, dass dieses alte Überlebensmuster selbstschädigend wirken kann: Zu Urzeiten galt es, Nahrung aufzunehmen und einzuspeichern, solange sie ausreichend vorhanden war. Deshalb nehmen Menschen viel schneller zu als ab. Süßer Geschmack signalisierte uns kalorienreiche Nahrung und löste über das Gehirn angenehme Gefühle aus sowie einen starken Wunsch nach „mehr davon“.

Heute müssen wir dieses „Süß“ nicht mehr mühsam den Bienen abjagen oder Unmengen an Beeren und Früchten sammeln. Dank Intelligenz und Erfindergeist haben wir es dauerhaft und jederzeit zur Verfügung. Die Nahrungsmittelindustrie benutzt, oder besser: missbraucht diesen Drang nach „mehr davon“ mit Hilfe großer Mengen Zucker in Speisen, in denen wir es gar nicht vermuten würden. Ungebremst dem evolutionären Drang nach „mehr Angenehmem" nachzugeben, führt allerdings in modernen Zeiten zu Fettleibigkeit und Diabetes, den Hauptgesundheitsrisiken in Industrie- und vielen Schwellenländern (vgl. Kasten).

Ein anderes Beispiel: Unsere tägliche Gehstrecke hat sich drastisch verringert. Die durchschnittliche Distanz, die ein Erwachsener in Deutschland an einem Wochentag zurücklegt, liegt zwischen 0,5 und 1 Kilometer (1910: 20 Kilometer; 1950: 10 Kilometer; 1995: 1,3 Kilometer). Gesundheitlich leiden wir an diesem Bewegungsmangel.

Wir haben uns quasi evolutionär selbst überholt und sind über das Ziel hinausgeschossen. Um diese archaischen Muster aufzubrechen, sind heutzutage erhebliche intellektuelle Bemühungen erforderlich. Achtsamkeit kann hier die Eintrittspforte sein, die uns die Zeit schenkt, überhaupt wahrzunehmen: Was brauche ich wirklich? Was hängt da alles dran? Was für Folgen wird es haben?

Laut Studienergebnissen hat sich der Prozentsatz stark übergewichtiger Menschen (mit Adipositas, Body-Mass-Index [BMI] > 30) von 1980 bis 2015 in mehr als 70 Ländern verdoppelt, auch in den meisten anderen Staaten ist er gestiegen (vgl. Quelle). „Übermäßiges Körpergewicht ist eines der schwierigsten Gesundheitsprobleme der Gegenwart und betrifft fast jeden dritten Menschen", sagt Erstautor Ashkan Afshin vom US-amerikanischen Institute for Health Metrics and Evaluation (IHME).

Bitte nicht falsch verstehen! Dies ist keinerlei „Angriff" auf beleibtere oder nicht so bewegungsfreudige Menschen und kein Ruf nach einer „Gesundheitspolizei". Jeder ist selbst in der Verantwortung, wie er mit diesem Gehirn und diesem Körper in der Welt unterwegs ist.

Es geht mir an dieser Stelle nur darum, aufzuzeigen, wie alte Muster in unserem Steinzeitgehirn in der modernen Lebenswelt zu neuen Problemen führen können.

Gerade als Kinder- und Jugendpsychiater kenne ich nur zu gut das große Leiden, welches durch eine überwertige Beschäftigung mit dem Erreichen irgendwelcher Ideale für den eigenen Körper geschaffen werden kann.

Achtsamkeit und Selbstmitgefühl helfen, Freundschaft zu schließen mit dem eigenen Körper. Und sie sind eine gute Grundlage dafür herauszufinden, wie wir im tieferen Sinne freundlich mit uns selbst umgehen können (Im Kapitel 4.9 gibt es eine Übung speziell zum Umgang mit Unzufriedenheit mit dem eigenen Körper).

Quelle: Afshin, A. et al., *Health Effects of Overweight and Obesity in 195 Countries over 25 Years.* In: N Engl J Med 2017 (377), S. 13–27.

Auch im Umgang mit emotionalem Schmerz, besonders im Kontext menschlicher Beziehungen, bedeutet es eine echte Bemühung, sich den unangenehmen Gefühlen zuzuwenden. Achtsamkeit kann hier einen Beitrag leisten, aus dem evolutionären Verhaltensmuster auszusteigen und die Forscherperspektive einzunehmen.

Die schwierigen Emotionen werden eben meist nicht weniger und gehen nicht weg, nur weil wir uns versuchen abzuwenden oder sie verdrängen. Im Gegenteil, sie verstärken sich und melden sich an Stellen, an denen wir sie nicht haben wollen. Abwenden und Vermeiden wollen äußern sich in Rückzug, Verstecken und Verheimlichen. Daraus entsteht unterdrückter Ärger, der sich zu einem grundlegenden Groll auswächst und eventuell unvermittelt ausbrechen kann.

Schwierige Emotionen zu verdrängen kann aber auch die innere Selbstverurteilung befeuern. Aus dem Schmerz über eine Kränkung bewerten wir uns zunehmend negativ und fügen uns damit immer weitere Schmerzen zu.

3.6 Die innere mitfühlende Stimme entwickeln

Den barschen Kritiker oder gar Scharfrichter, den fordernden oder strafenden Elternmodus, manchmal auch den Quälgeist, kennen wir bestens vom Theater unserer inneren Bühne. Nun gilt es, einen neuen Gegenspieler zu entwickeln: Die „innere mitfühlende Stimme" oder den „inneren Helfer". Das kann eine Person sein, die für Sie die Qualitäten Wohlwollen und Mitgefühl verkörpert: „Was würde mein Opa oder meine Oma dazu sagen?" Für manche Menschen sind spirituelle oder weltliche Vorbilder, wie Jesus, der Dalai Lama, Mutter Teresa, Ghandhi oder Nelson Mandela geeignete Personen.

Trotz solcher mächtigen Mitstreiter ist es wichtig, dass die innere mitfühlende Stimme einen Anteil von uns selbst enthält, wir quasi einen erwachsenen wohlmeinenden Mitgefühls-Modus installieren. In Momenten, in denen wir unsicher oder unzufrieden sind, mit Unzulänglichkeiten ringen oder uns Vorwürfe machen, können wir uns fragen: *Was würde jetzt meine innere mitfühlende Stimme dazu sagen?*

Wenn wir die mitfühlende Stimme gar nicht spüren, hilft uns die Vorstellung: *Nur mal in der Fantasie angenommen, es gäbe irgendwo eine fürsorgliche und mitfühlende Stimme: Was könnte die möglicherweise dazu sagen?*

Ein anderer Zwischenschritt wäre die Frage: *Was würde ich einer guten Freundin in einer solchen Situation sagen?* Später können wir das Gleiche zu uns selbst sagen: *„Du hast es so gut gemacht, wie du eben im Moment konntest. Wir sind alle nicht perfekt. Es gibt immer wieder Dinge, die trotz deiner Bemühungen schief laufen, deshalb bist du kein schlechter Mensch".*

Eine mitfühlende Stimme kann auch unbequeme Dinge sagen, wenn sie es zutiefst freundlich mit uns meint: *„Da solltest du dich besser entschuldigen".* Oder: *„Weil du mir wirklich am Herzen liegst, solltest du besser nicht aus Kummer diese Sahnetorte essen, sondern eine Runde raus an die frische Luft".* Die Worte mögen manchmal sogar denen des Kritikers ähneln. Aber sie sind wohlmeinend und klingen ganz anders – Wir können spüren, dass diese innere mitfühlende Stimme es wirklich gut mit uns meint. Laden wir sie also immer dann ein, wenn wir Unterstützung oder Mitgefühl brauchen. Bei schwierigen Entscheidungen hilft es ebenfalls, diese Stimme auf den Plan rufen: *„Was würde jetzt meine innere mitfühlende Stimme dazu sagen?“* Diesen Helfer haben wir immer dabei und sind nie alleine.

An dieser Stelle schlage ich eine ganz konkrete Übung vor, mit der wir diese innere mitfühlende Stimme in einer schwierigen Situation einladen:

ÜBUNG

Die Selbstmitgefühlspause

Diese Pause soll uns dazu einladen, wieder freundlich und mitfühlend mit uns selbst zu sein – gut geeignet gerade dann, wenn die Pferde mit uns durchgegangen sind und wir darüber unglücklich sind. Oder in jeder anderen Situation, die leidvoll, schwer oder schmerzhaft ist. Ziel ist es, sich selbst wie einem guten Freund zu begegnen, anstatt sich durch Selbstverurteilungen oder das Nachgrübeln über *„Was hätte ich alles besser machen können?“* fertig zu machen. Hier sind Sätze hilfreich, die wir uns in drei Schritten selber sagen, während wir eine Hand auf unser Herz legen:

1. *„Das ist jetzt einfach eine echt schwere Situation.“* oder *„Wow, das tut weh!“* oder *„Da ist jetzt echt was schief gelaufen“.* ➡ **Schonungslos anerkennen, was ist!**
2. *„Keiner ist perfekt, auch ich als Mutter oder Vater nicht.“* oder *„Jeder macht Fehler, das ist einfach menschlich.“* oder *„Ich bin nicht alleine oder der/die Einzige damit.“* oder *„Das ist Teil des Lebens“.* ➡ **Geteilte Menschlichkeit:** Ohne zu verleugnen wie schwer es ist, öffnet sich der Blick über das momentane eigene Leiden hinaus. Es gilt hier, die Worte an die Situation anzupassen, je nachdem, ob es um einen „Fehler“, ein Scheitern, einen Verlust oder ein Missgeschick geht.
3. *„Was kann ich jetzt gebrauchen, gerade wo es mir nicht gut geht?“* oder *„Was tut mir jetzt gut?“* ➡ **Selbstfreundlichkeit:** so wie ich jedem Freund in einer ähnlich misslichen Lage begegnen würde.

Auch hier bedarf es ständiger Übung, dann finden sich die passenden inneren Botschaften immer schneller. Manchmal hilft dann schon die Kurzform: *„Hey, Du wolltest doch freundlich zu dir sein!"*

3.7 Der Innere Rat der Beschützer

Eine andere sehr bildhafte mehrstimmige Variante der inneren mitfühlenden Stimme hat Rick Hanson mit dem „Caring Comitee" eingeführt. Diese Übung lebt ganz von einer intensiven Vorstellungskraft und der Bereitschaft, sich auf lebendige, bunte innere Bilder einzulassen. Falls Sie das gerade nicht anspricht, dann überspringen Sie es einfach.*An dieser Stelle nun eine leicht modifizierte Form der Übung. Mit der ganzen Kraft unserer Vorstellung werden wir einen Kreis von inneren Beschützern schaffen, sozusagen unser eigenes inneres „Fürsorge-Komitee", das wir im Alltag immer wieder auf den Plan rufen können, wenn wir es brauchen. Es kann eine Art der Meditation werden, sich bei einem Thema den Inneren Rat der Beschützer herbeizurufen und anzuhören.

Die drei Hauptmitglieder im Rat der Beschützer sind einmal ein nährendes, behütendes Wesen, so etwas wie Ihre innere Märchenfee. Als zweites Mitglied im Bunde gibt es ein aufmunterndes, anspornendes „*Du-schaffst-es-*Wesen", und als drittes einen Ratgeber, ähnlich einem persönlichen, inneren, alten Weisen oder einem weisen Zauberer. Es ist gut, spielerisch und locker heranzugehen und verschiedene Versionen der drei Mitglieder auszuprobieren, zu denen Sie dann gerne auch weitere hinzufügen können.

---

* Hanson Rick, *Achtsamkeit und die Neurobiologie der Liebe.* Gesprochen von Jörg Mangold. Freiburg: Arbor Verlag, 2018.

ÜBUNG

Der Rat der Beschützer

Versuchen Sie, in sich das Bild eines wirklich nährenden, liebenden Wesens zu finden, das Sie stets behütet. Das darf sich ruhig ein bisschen schnulzig anfühlen, suchen Sie jemanden, der Ihnen einfach nur Gutes will und Ihr Wohlergehen im Sinn hat. Lassen Sie ein lebendiges inneres Bild entstehen.

Als zweites versuchen Sie, das Bild einer ermutigenden Präsenz voller Vertrauen im eigenen Inneren zu spüren. Oder stellen Sie ich vor, wie es wäre, wenn eine Person oder ein Wesen für Sie eine starke, Mut machende Kraft ist, die das ganze Potenzial sieht, das in Ihnen steckt, jemand der sieht, was Sie können, der an Sie glaubt, Sie anspornt und Ihnen zujubelt. Ein Coach, eine Patin, der/die Ihre Talente erkennt und wirklich an Sie glaubt und Sie fördert.

Und als drittes suchen Sie die innere Empfindung einer weisen Perspektive, nehmen Sie entweder die Figur einer weisen alten Frau oder eines weisen alten Mannes oder Ihren inneren Zauberer, der stets guten Rat weiß. Forschen Sie in sich nach einem Gefühl für dieses Mitglied in Ihrem Rat der Beschützer.

Und nun, mit diesem inneren Bild der drei verschiedenen Ratsmitglieder, wollen wir jeden anhören: Zuerst die behütende, gütige Märchenfee: Was will sie Ihnen sagen. Spüren Sie nach, ob Sie von dieser Energie eine Mitteilung erhalten, eine Stimme vernehmen, sich eine Sichtweise öffnet, ein Gefühl entsteht. Wie klingt diese nährende, wohlwollende Kraft? Vielleicht kommuniziert Ihre Märchenfee auch wortlos, ist nur eine Empfindung, eine Wärme, die von diesem liebevoll besorgten Wesen bei Ihnen ankommt.

Wie steht's nun mit Ihrem Mutmacher, der Sie anspornen will? Der im inneren Rat, der sieht, was möglich ist, der an Sie glaubt. Welche Botschaft hat dieser Teil von Ihnen jetzt für Sie parat, was lässt Ihnen der Ermunterer zukommen?

Und drittens die Perspektive der Weisheit, Ihr innerer Zauberer, wenn Sie so wollen. Welche Botschaft sendet Ihnen dieses Mitglied des Rats? Lauschen Sie auf die Weisheit, die zu Ihnen gelangt.

Visualisieren Sie jetzt diese Ratsrunde als Ganzes, wie sie fürsorglich mit Ihnen zusammensitzt. Wie ist es, in der Präsenz dieser Wesen zu sein, einem das Sie ernährt, umsorgt, behütet und dazu einem, das Sie ermuntert und einem, das weise zu Ihnen spricht? Sie finden sich selbst in diesem Kreis, sind angenehm entspannt und wissen sich völlig akzeptiert, so wie Sie sind.

Wie werden Sie von den Mitgliedern Ihres Beschützer-Rates gesehen? Können Sie sich darauf einlassen, wie diese fürsorglichen Wesen Sie sehen? Wie fühlt es sich an, auf diese Weise gesehen zu werden?

Um das abzuschließen: Sie können immer auf diesen Rat der Beschützer zurückgreifen, diese Fürsorger und Beschützer sind eine Ressource in Ihnen, auf die Sie hören und von der Sie sich tragen lassen können.

3.8 Bedenken gegen Selbstmitgefühl

Wir praktizieren Selbstmitgefühl nicht, damit es uns besser geht, sondern weil es uns immer wieder schlecht gehen wird.

CHRISTOPHER GERMER

Vielleicht fragen Sie sich bereits, wo all dieses *„Mich selbst so akzeptieren wie ich bin“* hinführen soll. *„Ich will mich doch positiv verändern. Wie soll das denn gehen, wenn ich immer nur freundlich und nett zu mir bin und alles in Ordnung ist, was ich so mache?“* Vielleicht stellen sich auch die Frage: *„Was bringe ich meinem Sohn bei, wenn ich nur noch Selbstmitgefühl anwende? Du brauchst dich nicht mehr anzustrengen? Ziehe ich da einen Egoisten heran?“*

Zugegeben, das ist eine ungewohnte Botschaft: *„Es ist nicht deine Schuld! Du hast den Bauplan deines Gehirns sowie seine Vernetzung mitbekommen und evolutionär wurde es für weitgehend andere Zwecke geschaffen als die gegenwärtigen. Du hast dir weder dein Temperament noch die Bedingungen, in denen deine inneren Systeme geschult wurden, selbst ausgesucht.*

Du wurdest in den Strom des Lebens geworfen und musstest schwimmen lernen, mit dem was da war. Du hast dir den Dino, den Affen und den Menschen mit seinen inneren Kämpfen in dir nicht ausgesucht. Dein Geist und dein Körper sind fern von perfekt, eben einfach nur menschlich."

Trotzdem ist das kein Generalalibi für jedes Verhalten oder eine Ausrede, Erziehung und Selbstentwicklung gleich ganz sein zu lassen. Es hat etwas mit den Rahmenbedingungen unserer Erziehung zu tun, dass wir sofort diese Befürchtungen haben, in eine Art Nachlässigkeit oder eine Selbstbezogenheit ohne Veränderungswünsche oder gar einen Mangel an Verantwortungsbewusstsein zu verfallen, wenn wir erst mal akzeptieren, dass wir eben so gestrickt sind wie wir sind. Gemäß aller Daten, die Kristin Neff zum Selbstmitgefühl selbst erhoben oder gesammelt hat, bildet sich in der wissenschaftlichen Forschung genau das Gegenteil ab.*

Vielleicht hilft die Erinnerung an Lehrer oder Trainer. Bei welchen Lehrern war unsere Motivation, der Spaß und die Bereitschaft, uns reinzuhängen größer? Bei denen, die immer Druck und Angst gemacht haben, Fehler scharf kritisierten und verurteilten oder gar mit Beschämung arbeiteten? Oder bei denen, die Anstrengungen anerkannten, uns aufgebaut und motiviert haben bei Schwierigkeiten? Die eine freundliche und wertschätzende Atmosphäre geschaffen haben, in der sie durchaus klar darauf hinweisen konnten, wo Veränderungen oder Verbesserungen sinnvoll wären?

---

* *www.self-compassion.org;* Webseite von Kristin Neff mit umfangreichen wissenschaftlichen Publikationen zu Selbstmitgefühl und MSC-Teacher-Training

BEDENKEN: SELBSTMITGEFÜHL IST:	**FORSCHUNGSERGEBNISSE ZEIGEN:**
eine Art Selbstmitleid	schneller in Perspektivübernahme
eine Schwäche	besser mit Schwierigkeiten klarkommen
egoistisch	mehr Fürsorge, mehr Mitgefühl für andere
zügellos/maßlos	gesünderes Verhalten, im Essen, mehr Sport, weniger Alkoholkonsum
eine Art Ausrede	bereit, Verantwortung zu übernehmen und sich zu entschuldigen
motivationsuntergrabend	hohe persönliche Standards, aber weniger ärgern, wenn nicht erreicht; weniger Versagensängste, mehr Bereitschaft, nach einem Misserfolg einen erneuten Anlauf zu nehmen.

Nach: Germer, C. und Neff, K., *Mindful Self-Compassion Teacher Guide*, 2016.

Warum meinen wir, dass Lernen nur mit Druck geht und wir uns ohne Druck nicht mehr weiterentwickeln wollen? Warum sollten wir uns nicht selbst wie ein wertschätzender Coach begegnen, wie die Stimme aus unserem Inneren Rat der Beschützer? Und warum sollten unsere eigene Entwicklung und damit einhergehende heilsame Veränderungen aufhören, wenn wir uns mit Selbstmitgefühl begegnen?

3.9 Verurteilende Selbstkritik oder Selbstkorrektur mit mitfühlender Stimme?

Wir können uns den Unterschied zwischen einer mitfühlenden Haltung zur Selbstkorrektur und einer verurteilenden und entwertenden Selbstkritik einfach vor Augen führen:

FOKUS AUF MITFÜHLENDER SELBSTKORREKTUR	FOKUS AUF VERURTEILENDER SELBSKRITIK
• der Wunsch, sich zu bessern • Wachstum und Verbesserung • nach vorne schauen • Großzügigkeit, Ermutigung, Unterstützung und Freundlichkeit • auf Positivem aufbauen (zum Beispiel indem man sieht, was man gut gemacht hat, und überlegen, wo man etwas zu lernen hat) • auf Attribute und spezifische Qualitäten seiner selbst gerichtet • Hoffnung auf Erfolg • Möglichkeiten, die Chancen zu erhöhen, sich mit mitfühlendem Geist zu engagieren	• der Wunsch, zu verurteilen und zu bestrafen • Bestrafen vergangener Irrtümer und häufig zurückschauen • Bosheit, Wut, Frustration, Verachtung und Enttäuschung • Defizite und Angst vor Bloßstellung • Angst vor Versagen • Möglichkeiten von Vermeiden und Rückzug
Betrachten Sie das Beispiel eines Mut machenden, unterstützenden Lehrers mit einem Kind, das sich abmüht	**Betrachten Sie das Beispiel eines eines kritischen, verurteilenden Lehrerss mit einem Kind, das sich abmüht**

Aus: Tirch, D., *Selbstmitgefühl als Weg durch Angst und Panik: Ein praktischer Ratgeber auf Basis der Compassion Focused Therapy.* Freiburg: Arbor Verlag, 2014.

Lassen Sie uns das in einer praktischen Übung erproben:

ÜBUNG

Uns selbst mit Mitgefühl motivieren (modifiziert aus MSC)

Nehmen Sie wie immer bei den Übungen eine bequeme Haltung ein und einige tiefe ruhige Atemzüge.

Denken Sie jetzt an eine Verhaltensweise, die Sie selber gerne verändern würden, etwas womit Sie sich tendenziell öfter selbst fertig machen oder eine Verhaltensweise, bei der Sie spüren, dass sie nicht hilfreich ist und auch veränderbar. Vielleicht etwas wie das Essverhalten, nicht genug Bewegung, Dinge aufschieben, der Alkoholkonsum, ...

Wie gehen Sie mit sich um, wenn Sie diese Verhaltensweise an sich bemerken? Gibt es typische innere Wörter oder Sätze, die laut werden? Wie drückt sich der innere Kritiker aus? Und vor allem in welchem Tonfall spricht er?

Dann wechseln Sie die Perspektive: Wie fühlt es sich denn an, so angesprochen zu werden? Was macht diese selbstkritische Stimme mit Ihnen?

Sie können ein wenig Selbstmitgefühl üben, falls Sie merken, dass es weh tut. Manchmal tönt diese Stimme auch sehr ähnlich wie die von Menschen, unter denen wir in unserem Leben gelitten haben. Dann braucht es noch mehr Selbstmitgefühl.

Nun überlegen Sie ein wenig, warum diese Selbstkritik schon so lange anhält. Versucht dieser innere Kritiker, Sie in irgendeiner Weise vor etwas zu bewahren, zu beschützen? Auch wenn er es mit nicht hilfreichen Mitteln macht und nicht erfolgreich ist. Falls gar kein Nutzen zu entdecken ist, dann wenden Sie bitte um so mehr Selbstmitgefühl an. Manchmal ist Kritik einfach nutzlos.

Falls es aber eine Ahnung davon gibt, dass ein Versuch dahinter steckt, etwas Hilfreiches zu wollen, dann schauen Sie, ob Sie diese Bemühungen der kritischen Stimme anerkennen können; ihr vielleicht sogar danken. „Auch, wenn du es mit Mitteln versuchst, die nicht hilfreich sind, sehe ich, dass du es im Grunde eigentlich gut mit mir meinst."

Bevor es jetzt um das Aufsuchen der mitfühlenden Stimme geht, nehmen Sie bitte einen tiefen langen Atemzug, wenn Sie wollen legen Sie die Hand auf den Herzbereich oder dorthin, wo es Ihnen gut tut und Sie beruhigt. Beginnen Sie die Sätze innerlich zu sprechen, die eine Essenz der mitfühlenden Stimme in sich tragen. Vielleicht sprechen auch die verschiedenen Mitglieder im Rat der Beschützer: „Ich mag dich und ich will nicht, dass es dir schlecht geht! Gerade, weil du mir wichtig bist, möchte ich dich dabei unterstützen, etwas zu verändern! Ich empfinde tiefe Zuneigung für dich und daher möchte ich, dass du sorgsamer mit dir umgehst! Ich glaube an dich und dass du das schrittweise schaffen kannst!"

Jetzt lassen Sie auftauchen, was die mitfühlende innere Stimme oder die Mitglieder im Rat der Beschützer, der Fürsorgliche, der Motivierende, der Weise, zu der Verhaltensweise sagen würden, um Sie zu unterstützen und ermuntern, etwas zu ändern. Vielleicht wollen Sie diese Sätze aufschreiben?

Falls es Ihnen schwer fällt Worte zu finden: Vielleicht fällt es Ihnen leichter, die Worte zu finden, die Sie einem sehr guten Freund oder einer sehr guten Freundin sagen würden, der mit der gleichen Angelegenheit zu kämpfen hat.

Wir können aus diesem Erleben des Selbstmitgefühls als fürsorgliche Grundlage von Verhaltensänderungen eine wesentliche Lehre für unser Elternsein ziehen.

Wir können auf der Seite des motivierenden, wertschätzenden und fürsorglichen Lehrers und Coaches sein, wenn es um Verhaltensänderungen unserer Kinder geht! Selbst wenn wir von unseren Eltern oder Lehrern ganz andere Stimmen gehört haben, können wir die mitfühlende und fürsorglich motivierende Stimme in uns wecken. Und je besser wir ihren Tonfall kennen und ihre Wirkung, desto mehr können wir uns um diese mitfühlende Stimme im Umgang mit Fehlern und Verhaltensänderungen bei unseren Kindern bemühen. Genau wie wir stehen auch unsere Kinder nicht morgens auf und nehmen sich vor, nur Mist zu bauen oder alles falsch zu machen. Sie strengen sich an, erforschen und erproben sich in der Welt, aber insbesondere auch uns Eltern. Sie lernen und verändern sich ebenso bereitwilliger, wenn ihnen mit Wertschätzung und Mitgefühl klargemacht wird, warum diese oder jene Veränderung heilsam und notwendig ist. Das kann durchaus glasklar ausgedrückt werden, mit Überzeugung aus dem Herzen gesprochen, ohne in lange Diskussionen auszuarten. Hier können die Archetypen unseres Rats der Beschützer hilfreich sein: Wie würde diese Aufforderung von dem nährenden und beschützenden Teil klingen? Wie von dem motivierenden, Mut machenden und anspornenden Teil? Wie würde der Weise oder der Zauberer vorgehen?

Selbstkontrolle versus Selbstmitgefühl

Selbstkontrolle und Selbstbeherrschung sind wichtige Fertigkeiten, die wir brauchen, um in einem sozialen Gefüge klarzukommen. Das ist der gesunde Erwachsene als Chef, der mit dem präfrontalen Gehirnanteil unsere Emotionen und Impulse steuert und oft auch bremst, sie sozusagen auf Passung mit der Umwelt und den sozialen Gepflogenheiten bringt. Ein zentraler Anteil der ErZIEHung zielt darauf ab, diese Funktionen zu entwickeln: Kontrolle der Emotionen und Impulse, Kontrolle des Verhaltens, Kontrolle der Gedanken in Form von Aufmerksamkeit und Konzentration.

Emma Seppälä zeigt in ihrem schönen Buch „Der Trick mit dem Glück"*, dass diese Kontrolle oft unserer natürlichen Veranlagung widerspricht. (Aus meiner Sicht trifft das insbesondere für ein dauerhaftes Stillsitzen mit ständiger intellektueller Anstrengung zu, wie es die Institution Schule Kindern leider immer noch häufig abverlangt). Sie zitiert über 200 Studien, die zeigen, dass dieser „Muskel" der Selbstbeherrschung ermüdet und im Dauergebrauch schwächer wird: „Ironischerweise hat

---

* Seppälä, E., *Der Trick mit dem Glück: Mehr erreichen durch weniger tun.* München: Knaur Verlag, 2016.

Selbstkontrolle bei übermäßigem Einsatz genau den gegenteiligen Effekt: Vollständiger Verlust der Kontrolle." (ebd., S. 96). Wer von uns jemals versucht hat, eine Diät zu machen, dem ist dieser Effekt sicher bestens bekannt. Unsere Kinder, die sich über lange Zeit und entgegen ihrem Naturell angestrengt haben, vielleicht sogar ohne entsprechende Würdigung dafür zu erfahren, klingen dann eher so: „Mann, jetzt reicht's, ich hab überhaupt keinen Bock mehr. Ist mir doch sch***egal!"

Für die Erziehung ist das ein wichtiger Gesichtspunkt: Selbstkontrolle ist eine begrenzte Ressource, die mit Bedacht eingesetzt werden will. So zeigt eine von Säppäla zitierte Studie, dass eine starke Selbstkontrolle im Tagesverlauf, zum Beispiel um am Arbeitsplatz zu funktionieren und die Fassade aufrecht zu erhalten, sehr wahrscheinlich abends zu verringerter Widerstandskraft in Sachen Alkoholgenuss führt und die Diätvorsätze beiseite geschoben werden. Übertragen auf unsere Kinder kennen wir das, vor allem wenn sie sehr energiegeladen sind: Nach so viel Selbstkontrolle in der Schule sind sie oft irgendwie „durch", wenn sie nach Hause kommen. Das heißt nicht, dass deswegen alles außer Kontrolle sein darf. Es geht darum Folgendes zu verstehen: Je jünger die Kinder sind, desto begrenzter ist diese Ressource. Deshalb bedarf es eines Rhythmus' aus Anforderung und Pausezeiten, der nahe genug an unserem eigentlichen Naturell liegt. Selbst wir als Eltern können irgendwann nicht einfach immer mehr Selbstkontrolle und Selbstbeherrschung von uns fordern, auch wenn wir davon natürlich in unserer Brutpflege eine ganze Menge brauchen.

Aus der Perspektive des Selbstmitgefühls betrachtet, wird die Selbstkontrolle meist im Tonfall des inneren Kritikers oder Kontrolleurs ausgeübt. Da kann diese innere mitfühlende Stimme oder gleich der Innere Rat der Beschützer eine wichtige Alternative bieten. Wenn wir uns wirklich mit dem fürsorglichen Aspekt verbinden, können wir gerade in anstrengenden Begegnungen mit unserem Kind aus der Kraft des Mitgefühls schöpfen, statt vor allem Selbstbeherrschung an den Tag legen zu müssen. Wir sparen uns also etwas auf für noch schwierigere Zeiten.

Auch für unsere eigenen Ziele und Vorsätze können wir versuchen, die eigentliche selbstfürsorgliche Absicht hinter zu viel Selbstkontrolle – „Nein das darfst du jetzt nicht! Nein, das muss jetzt zuerst sein" – zu entdecken oder uns wie in der Übung mit mitfühlender innerer Stimme zu motivieren. Das hilft letztlich auch unseren Kindern, die sich mit der inneren mitfühlenden Stimme motivieren lernen.

3.10 Welchen Wolf füttere ich?

DIE PARABEL VON DEN ZWEI WÖLFEN

Eines Abends am Lagerfeuer fragten die Enkel ihren Großvater, einen alten Indianerhäuptling: *„Großvater, wie bist du so weise geworden, dass alle dich so ehren und respektieren?"* Nach einer Weile des Schweigens erzählte der weise Alte seinen Enkeln von einem inneren Kampf, der seit Urzeiten in jedem Menschen stattfindet: *„Im Leben eines jeden Menschen gibt es zwei innere Wölfe, die miteinander um sein Herz kämpfen und ringen. Einer der beiden ist der Düstere, aggressiv und manchmal grausam. Er verspürt Ärger, Angst, Verleugnung, Neid, Eifersucht, Sorgen, Gier, Arroganz, Selbstmitleid, Lügen, Schuld, Überheblichkeit und Missgunst. Der andere hingegen ist hell, liebevoll, sanft und mitfühlend. Er verspürt Heiterkeit, Freude, Frieden, Liebe, Hoffnung, Offenheit, Freundschaft, Gelassenheit, Selbstbestimmung, Wahrhaftigkeit, Güte, Wohlwollen, Großzügigkeit, Dankbarkeit, Vertrauen, Klarheit und Weisheit."*

Die Enkel dachten eine Weile über die Worte nach und einer von ihnen fragte sodann: *„Welcher der beiden wird den Kampf um das Herz gewinnen?"*

„Der Wolf, der am häufigsten gefüttert wird", antwortete der Alte.

Das leuchtete mir sofort ein und ich erzähle diese Geschichte auch sehr gerne in Vorträgen und Kursen. Sie zeigt, dass wir es in der Hand haben – egal wie unperfekt und trickreich unser Gehirn sich im Laufe der Evolution entwickelt hat –, welche Version von uns wir füttern, welche Anteile wir fördern, welche Schlüsselbedürfnisse wir bedienen und welche Ressourcen wir anzapfen wollen.

Es ist aber ein Missverständnis oder vorschnell geurteilt, wenn wir diesen „düsteren" Wolf in uns komplett ablehnen, ihn ignorieren oder so tun, als ob es ihn nicht geben dürfte. Ein alternatives Ende dieser Parabel bezieht diesen Aspekt mit ein:

Der alte Großvater antwortete: *„Der, den du vor allem fütterst. Nur bedenke, wenn du nur den einen Wolf fütterst, und so tust als gäbe es den anderen nicht, wird der hinter jeder Ecke lauern, auf dich warten und wenn du abgelenkt oder schwach bist, wird er auf dich zuspringen, um die Aufmerksamkeit zu bekommen, die er braucht. Je weniger Aufmerksamkeit er bekommt, umso stärker wird er den guten Wolf bekämpfen. Aber wenn du ihn beachtest, ist er glücklich. Damit ist auch der gute Wolf glücklich und alle beide gewinnen.*

Das ist die große Herausforderung eines jeden von uns: das innere Gleichgewicht herzustellen. Denn der düstere Wolf hat auch wertvolle Qualitäten – dazu gehören Beharrlichkeit, Mut, Furchtlosigkeit, Willensstärke und großes intuitives Gespür, Aspekte, die Du brauchst in Zeiten, wo der helle Wolf nicht weiter weiß, denn er hat auch seine Schwächen. Du siehst, der helle Wolf braucht den düsteren Wolf an seiner Seite. Beide gehören zusammen. Darum lebe achtsam und lerne beide Wölfe gut kennen. Und dann wähle jeden Tag von Neuem, welchen Wolf du heute vor allem füttern möchtest."

Mitfühlende Zähmung des Wut-Wolfs

Der Wolf des Ärgers, der Wut, der Aggression kann hilfreich sein als Schutztier. Das erinnert mich an eine Wanderung im Mairatal, bei der wir einen Schafhirten mit seinen 200 Schafen trafen. Vier Hütehunde waren ständig in Aktion und kreisten um die Herde. Zwei riesige weiße, Respekt einflößende Hunde lagen auf einer kleinen Anhöhe und schauten dem Treiben zu. Auf unsere Frage hin erklärte der Hirte, dass sie nicht hüten und nur zur Verteidigung da sind, vor allem nachts gegen Wölfe. Für meinen eigenen Wolf der Aggression ist ein inneres Bild daraus entstanden: In Ruhe liegen, Schutz gewähren und hoffentlich nicht gebraucht werden. Es gilt ihn allerdings auch an der Leine zu halten und nicht einfach außer Acht oder frei laufen zu lassen.

Wenn bei vermutlicher oder tatsächlicher „Bedrohung" das Alarmsystem hochfährt, ist es hilfreich, zuerst einen Realitätscheck durchzuführen: Ist das alles wirklich so bedrohlich, wie es mir meine innere Alarmanlage meldet? Brauche ich ihn überhaupt, den Wut-Wolf? Ist mein Kind wirklich gefährdet, wenn ich als Löwen-Mama oder Papa nach einer deutlichen Kritik an meinem Kind bereit bin, die Wut von der Leine zu lassen und sie auf den Absender der Kritik zu hetzen?

Dieser Wolf sollte aber nicht unterdrückt oder verleugnet werden. Wir alle haben ihn als uralten Bruder des Wolfs der Liebe in uns und hätten ohne ihn zu Urzeiten nie überlebt. Verbote allein allerdings halten ihn nicht in Schach. Es macht auch keinen Sinn, Krieg gegen ihn zu führen. Wir müssen ihn ja nicht dauernd füttern, stärker machen und scharf abrichten. Aber was dann, gibt es vielleicht im Umgang mit diesem düsteren Wolf in uns einen Weg des Mitgefühls? Wir können ihn wie einen dieser riesigen Schutzhunde sehen, als eine Kraft im Hintergrund, die uns hilft, wenn wir uns wehren müssen. Gleichzeitig können wir ihn aber freundlich bestimmt im Griff haben und nur gelegentlich von der Leine lassen. Das führt dann zu einem heilsamen Umgang mit den eigenen „düsteren" Anteilen und Impulsen.

Im Weiteren können wir dann erforschen, ob wir diesen Wolf der Wut und Aggression vielleicht aufgrund unserer Lebensgeschichte überreguliert haben, um ihn nicht aushalten zu müssen. Gerade als Eltern führt das manchmal dazu, alle Regungen dieses Wolfes in unseren Kindern bekämpfen zu wollen. Ein erzwungener „friedvoller" Wolf des Ärgers und der Wut führt aber nur zu einer Aggressionshemmung, die nicht wirklich hilfreich ist.

Oder ist er bei einigen von uns gar unterreguliert? Dann kommt er schnell heraus, bellt und beißt beim kleinsten Anlass, handelt impulsiv und jähzornig.

Spannend wird es, wenn unsere Kinder das gleiche Temperament haben. Auch hier hilft, anzuerkennen, dass es diese Seite in unseren Kindern gibt und dann in mitfühlender Weise die Lebensfreunde der Gelassenheit und liebevollen Güte zu kultivieren, um ihm den Wind aus den Segeln zu nehmen. Falls er ein ganz wilder ist, darf das Mitgefühl auch sehr klar und direktiv werden: „Ich sehe dich, aber ich wünsche, dass du dich zurückhältst!"

Wir müssen mit diesem Wolf der Aggression als einem uralten Anteil in uns leben und uns damit arrangieren. Vor allem müssen wir den Wolf in unseren Kindern akzeptieren und ihnen zeigen, wie sie ihn verstehen lernen und im Zaum halten. Kinder haben ständig Wünsche und wollen sie gegen jedes Hindernis erfüllen. Da wird schnell der wilde Wolf losgelassen, um sich selbst zu behaupten. Und geht es uns als Eltern letztlich nicht oft ähnlich? Die Lieben wollen wieder ganz anders als wir und unser eigener Wolf der Selbstbehauptung meldet sich.

Es ist ein lebenslanger Lernprozess, den hellen und den dunklen Wolf immer wieder in ein Gleichgewicht zu bringen. Schön, dass wir unsere Kinder dabei begleiten dürfen (sagt der helle Wolf in uns).

Lassen Sie uns eine Übung dazu durchführen:

ÜBUNG

Umgang mit dem Wolf der Wut

(modifiziert nach: Hanson R., *Achtsamkeit und Neurobiologie der Liebe.* Freiburg: Arbor Verlag; 2018.)

Nehmen Sie in Ruhe ein paar Atemzüge und halten einige Momente lang inne. Ich schlage jetzt einige Aussagen vor, die Sie sich vorsprechen können. Dann spüren Sie nach, ob sich etwas für Sie darin wahr anfühlt.

„Manchmal bin ich aggressiv geladen." … „Und das ist in Ordnung." …
„Manchmal wollte ich andere anschreien, manchmal wollte ich Sachen kaputtmachen, in Stücke hauen … "
„Manchmal war ich so was von stinksauer …"

Können Sie solche Anteile in sich akzeptieren, mit ihnen Frieden schließen? Sie sind, was sie sind, gegen sie anzukämpfen wäre nur Öl ins Feuer gießen. Das heißt aber noch lange nicht, dass Sie diese Anteile gutheißen, ihnen zustimmen müssen oder sie frei ausleben sollen. Besser ist es, sich ihnen zu stellen und sie als Teil von sich akzeptieren.

Können Sie den düsteren Wolf im Körper spüren? Vielleicht tritt er in einem grimmigen Gesichtsausdruck zutage, in geballten Fäusten oder sorgt dafür, dass Sie Ihren Oberkörper im Gespräch dominant vorbeugen, oder er äußert sich in einer Wegwerfgeste der Arme.

Können Sie akzeptieren, dass Sie den dunklen Wolf in Ihrem Körper spüren? Wenn Sie ihn annehmen, werden Sie feststellen, dass er weniger aufdringlich wird und leichter zu handhaben ist.

Ist es Ihnen sehr schwergefallen, sich mit Ihrem düsteren Wolf auch nur ein klein wenig anzufreunden? Dafür gibt es manchmal Gründe aus unserer Lebensgeschichte. Irgendwann haben wir ihn quasi in einen Zwinger in der hintersten Ecke weggesperrt, aus Angst, dass er zu gefährlich wird. Weil wir vor uns selbst Angst haben, wenn dieser Teil am Steuer sitzt. Der düstere Wolf wird dadurch aber nur noch bösartiger, unkontrollierbarer und kann nicht mehr als Schutzmacht dienen.

Wenn er dann doch mal ausbricht, dann erfüllt sich die Angst: „Die Wut wütet beängstigend oder gar zerstörerisch." Also wird sie mit viel Kraft gleich wieder weggesperrt, weil sonst die volle Katastrophe droht. Es ist ein Teufelskreis. Irgendwann hat sich wieder so viel Wut aufgestaut, dass sie ausbricht und als schlimm erlebt wird. Der Wolf hat ja auch keine Erfahrung da draußen, ist nicht gewohnt, Kraft und Verstand ins Gleichgewicht zu bringen. Er weiß nicht wie er beschützen soll.

Die Wut braucht eine Anerkennung, ein wohldosiertes Ausprobieren in kleinen Spaziergängen an der Leine, damit wir wieder lernen können, sie kontrolliert einzusetzen in Situationen der Selbstbehauptung, etwa wenn die eigenen Grenzen verletzt oder überschritten werden. Oft haben wir nämlich eine ganze Menge Vitalität und Energie für bestimmtes Auftreten gleich mit weggesperrt. Mit Akzeptanz und Kontrolle wird die Wut auch nicht mehr destruktiv sein. Der zähnefletschende, knurrende, im Zwinger eingesperrte Wolf wird wieder zum großen Schutz-Hund.

Um unseren Kindern (beziehungsweise Partnern) gegenüber ganz aus dem Herzen zu sprechen, auch bei unangenehmen Dingen, Widerspruch oder beim Setzen einer Grenze, ist dieser Schutz-Hund im Hintergrund hilfreich, um authentisch und präsent zu sein.

3.11 Wenn Selbstmitgefühl Schmerzen macht – Über Wirkungen und Nebenwirkungen

Selbstmitgefühl wärmt. Wärmt unser Herz. Eine oder beide Hände auf den Herzraum gelegt, lässt uns diese Wärme sogar körperlich spüren. Wir kennen aber auch das Gefühl, dass Erwärmen wehtun kann: Haben wir im Winter mit dünnen Handschuhen einen Schneemann gebaut und gehen wieder ins Haus, kribbelt es in unseren eiskalt und durchgefrorenen Fingern als wären Ameisen unter der Haut oder als würden wir mit Hunderttausend Nadeln gepiekt.

Ähnlich ist das mit dem Mitgefühl. Schenken wir uns Selbstmitgefühl und wenden uns selbst liebevoll zu, treten die Ecken unserer Seele zutage, die irgendwann in unserem Leben eingefroren sind, als diese Liebe gefehlt hat. Wenn wir in diese inneren Räume nun Freundlichkeit und Fürsorge schicken, dann wird es bitzeln, wehtun oder uns zu Tränen rühren. Es kann traurig oder schmerzhaft sein, zu spüren, wie viel gefehlt hat, wann im Leben wir jemanden gebraucht hätten, der mit einer mitfühlenden freundlichen Stimme zu uns spricht, an der wir gerade üben.

Mit Selbstmitgefühl können wir schrittweise auftauen, haben die Möglichkeit, uns selbst zu heilen, statt für immer tiefgefroren zu bleiben. Aber haben Sie Geduld. Wir hängen unsere eingefrorenen Finger ja auch nicht unter heißes Wasser, sondern gehen behutsam vor. Gerade mit unserer Seele sollten wir langsam und behutsam vorgehen.

Das Wunderbare am Selbstmitgefühl ist, dass wir uns selbst die Zuneigung geben können, die wir irgendwann vermisst haben. Und unser Gehirn macht keinen Unterschied, ob wir uns selbst berühren, selbst die Hand auflegen oder jemand anderes. Es dockt an die Verbundenheit im grünen System an und nimmt die uralte Säugetier-Spur der Fürsorge wahr; das wirkt beruhigend. Nachdem wir langsam aufgetaut sind, werden wir auch empfänglicher und weicher für die Zuneigung der anderen und können uns wieder besser verbinden. Eine Spirale der Heilung beginnt.

Die Amerikaner Christopher Germer und Kristin Neff verwenden im MSC den Begriff „backdraft" für diesen Effekt,* eine eindrückliche Metapher. Chris sagt gerne: „Wo die Liebe hinkommt, findet sie die früher ungeliebten Stellen." Das führt Sauerstoff ans schwelende Leiden oder taut die gefrorenen Bereiche auf und kann Schmerzen bereiten.

Bezogen auf unsere Seele soll uns das nicht abschrecken weiter aufzutauen. Sicher, es bedeutet großen Mut, sich dem zuzuwenden und auszusetzen. Und es erfordert eine aktive Anstrengung, gegen den eigenen Instinkt „weg vom Unangenehmen" zu arbeiten. Aber es bedeutet, dass ein Heilungsprozess in Gang kommt.

Gerade bei Heilprozessen ist das so, wir müssen bewusst vordergründig Unangenehmes durchstehen, um später Heilung zu ermöglichen. Auch in der körperlichen Medizin gibt es bittere Arzneien oder physikalische Behandlungen, die Schmerzen bereiten.

Wenn die gefrorenen Bereiche allerdings zu groß oder sehr stark unterkühlt sind, kann das auch unser Selbstmitgefühl überfordern. Waren wir lange sehr viel Leid oder starker emotionaler Kälte ausgesetzt, kann es manchmal doch wichtig sein, diese fürsorglichen Botschaften erst einmal von einer anderen Stimme zu hören, etwa in einer Therapie.

Wir gelangen als Eltern immer wieder an die eisigen Stellen unseres Selbst. Weil wir in Liebe mit unseren Kindern verbunden sein wollen, wir Dinge anders machen wollen, tauchen häufig leidvoll erlebte Episoden aus unserer Kindheit wieder auf und zwingen uns, sich mit den alten Mustern der Vergangenheit auseinanderzusetzen.

Wir betrachten das jetzt im Kapitel 4 „Alte Muster auflösen" näher.

* Der Begriff „backdraft" kommt aus der Feuerwehrsprache und bedeutet „Rauchgasexplosion". Zur Explosion kommt es, wenn einem Feuer, das in einem verschlossenen Raum schwelt, plötzlich Sauerstoff zugeführt wird.

Formeln der Weisheit

Schmerz x Widerstand = Leiden

CHRISTOPHER GERMER

Begierde x Streben = Leiden

FRITS KOSTER, ERIK VAN DEN BRINK

Wissen x Erfahrung = Begreifen oder Weisheit

COMPASSION FOCUSED THERAPY

Kapitel Vier

Alte Muster auflösen und neue Wege gehen

Vielleicht sind alle Drachen unseres Lebens Prinzessinnen,
die nur darauf warten, uns einmal schön und mutig zu sehen.
Vielleicht ist alles Schreckliche im tiefsten Grunde
das Hilflose, das von uns Hilfe will.

RAINER MARIA RILKE

Neben den steinzeitlichen Verschaltungen wird unsere Elternrolle maßgeblich durch das bestimmt, was wir als Kinder mit unseren eigenen Eltern erlebt haben. Ein Großteil unseres Wissens zur Erziehung rührt also aus unseren ersten circa 20 Jahren Erfahrung als Kind! Wir wollen dabei nicht die „Fehler" oder Muster unserer Eltern wiederholen, oft wollen wir sogar genau das Gegenteil. Achtsamkeit und Selbstmitgefühl helfen uns, die Vielzahl unserer inneren Muster besser wahrzunehmen, zu verstehen und freundlich zu bleiben, wenn wir uns mal wieder darin verlaufen.

4.1 Hilfe, ich hör mich an wie meine Mutter oder mein Vater!

Kennen Sie das? In der Aufregung und im Stress rutschen Ihnen Worte in einem Tonfall heraus, der Sie später erschaudern lässt. Sie denken: *„Hilfe, das kennst du ja von früher! Genau so wolltest du nie sein!“* Was ist passiert? Eine Betrachtung der sogenannten Schema-Modi bringt Licht ins Dunkel und hilft uns zu verstehen, wie wir in diesen Sonderzustand geraten, in dem wir anders wahrnehmen und besonders intensive Gefühle erleben, die sich nicht allein durch die Situation erklären lassen. Nimmt der Stress zu oder steigt unsere innere Anspannung und verstärken sich unsere Gefühle, neigen wir dazu, auf unsere frühesten und scheinbar altbewährten Verhaltensweisen zurückzugreifen. Das Gehirn sieht eine akute Krise, fühlt sich herausgefordert und entscheidet: *„Da greifen wir doch lieber auf Gespeichertes zurück, bevor wir hier improvisieren.“* Es ruft ein aus vielen Erfahrungen geschnürtes Paket an Gefühlen, Gedanken und Handlungsimpulsen auf: einen sogenannten Schema-Modus.

Ein konkretes Beispiel: Unser Kind ist schon seit Längerem ganz in ein Computerspiel oder ins Chatten auf dem Smartphone vertieft. Wir rufen es zum Essen, mehrmals. Keine Reaktion aus dem oberen Stockwerk. Schließlich steigen wir die Treppen hoch, kommen zum Kinderzimmer und wiederholen nochmals – schon leicht gereizt – die Aufforderung: „Bitte jetzt zum Essen kommen.“

„Lass mich in Ruh'!“, tönt es aus dem Zimmer. Was passiert nun mit uns? Ich gehe davon aus, dass die meisten von uns schnell noch gereizter sind und … Aber lassen Sie uns die Situation in Mini-Ereignisse zerlegen. Was läuft innerlich bei uns als Vater oder Mutter ab? Das ist wichtig. Denn, den allerersten Schritt nehmen wir oft gar nicht wahr beziehungsweise wollen ihn ungern wahrhaben:

„Lass mich in Ruh'!“ Das ist eine barsche Zurückweisung und wir fühlen uns verletzt und gekränkt.

- Das schaltet den inneren Modus *„Verletzliches Kind“* ein, der mit unangenehmen Gefühlen wie Verkehrt sein, Angst, Scham oder Einsamkeit verbunden sein kann.
- Wir denken: *„Schnell in einen anderen Modus, der sich etwas besser anfühlt“* und wechseln in den Modus *„Wütendes Kind“*: *„Hey, so nicht mein Lieber/meine Liebe!“*
- Schnell in einen noch kräftigeren und sichereren Modus geschaltet: den Modus *„Fordernder Elternteil“*: *„Und räum' endlich deinen Saustall hier auf, das hab ich dir schon so oft gesagt!“* – Falls nun, was nicht ganz unwahrscheinlich ist, ärgerlich zurückkommt: *„Du bist nuuuur nervig Mutter!“*
- schalten wir ultimativ in unseren *„Strafenden-Eltern*-Modus“. So oft haben wir als Kinder Sätze aus diesem Modus heraus gehört und nun hören wir uns laut sagen: *„Was fällt dir ein? So redest du nicht mit mir! Drei Wochen Hausarrest und das Scheiß-Handy ist bis auf Weiteres auch weg!“*

Wir haben in Windeseile einen Parcours durch die vier klassischen Schema-Modi des Elternseins genommen und klingen, zu allem Übel, so wie wir nie klingen wollten. Das Beispiel erlaubt uns quasi einen Blick hinter die Kulissen des Dino-Gehirns, auf seine Reaktionsmuster im Stress und zeigt die inneren empfindlichen Knöpfchen, die hier gedrückt wurden.

Wenn die Stresshormone verraucht sind und wir uns wieder abgeregt haben, kommt oft das Entsetzen darüber, wie die eigenen Eltern gehandelt zu haben. Womöglich beginnt jetzt eine Runde *„Fordernder-innerer-Eltern*-Modus“ gegen uns selbst: *„Genau das wolltest du nie machen als Mutter oder Vater!“* und danach direkt der *„Strafende-innere-Eltern*-Modus“: *„Du versagst jämmerlich in der Elternschaft!“*

Höchste Zeit für eine große Portion Selbstmitgefühl! So ist unser Gehirn eben verdrahtet. Keiner ist als Mutter oder Vater immer wunschgemäß unterwegs, niemand ist perfekt in der Elternrolle. Wir haben alle unsere Auslöseknöpfchen, manche mehr, manche weniger, je nachdem, mit welchem Temperament wir auf die Lebensreise geschickt wurden und welche Erfahrungen wir früher gemacht haben. Wir sollten uns nun selber freundlich begegnen, eine Selbstmitgefühlspause einlegen und uns gut versorgen.

Erst danach ist das weitere Erforschen der Schema-Modi sinnvoll. Das hilft uns künftig, Abläufe frühzeitig zu erkennen und zu unterbinden. Am Anfang steht die Erkenntnis: Es ist das eigene innere „verletzliche Kind“ das sich angesprochen fühlt und gekränkt und verletzt reagiert. Unser reales Kind hat das alles aber höchstwahrscheinlich gar nicht persönlich gemeint und schon gar nicht geäußert, um uns zu kränken. Wahrscheinlich war es einfach eine spannende oder knifflige Stelle im Computerspiel oder unser Kind war via Chat dabei, einem Kumpel wesentlich zu helfen oder zu retten und wollte dabei einfach nicht unterbrochen werden. Bestimmte Sätze kommen dann genervt oder mit Unmut rüber. Der Ton ist vielleicht in der Form nicht okay, aber es ist eben lange nicht so persönlich gemeint, wie unser „verletzliches Kind“ das auffasst. Mit dieser Erkenntnis sind wir schon halb raus aus der Eskalationsfalle.

Achtsamkeit ist der Schlüssel zu spüren: *„Hier läuft was komisch!“* Mit dem Wissen, was da läuft, kommen wir leichter auf die Leiter zum oberen Weg, zurück zum Modus des *„Reifen Erwachsenen“* mit seinen vielfältigen Entscheidungsmöglichkeiten. (Wie Sie sich verhalten, wenn der „Wütende-Kind“- oder der „Strafende-Eltern“-Modus mal wieder mit uns durchgegangen ist und wir weit übertriebene Strafen verhängt haben, wird im Kapitel 4.6 „Auch ich darf mich entschuldigen“ erörtert.)

SCHEMA-MODI

Die Konzepte der Schematherapie, ursprünglich von Jeffrey Young, einem US-amerikanischen Psychologen und Psychotherapeuten und seinen Kollegen zum besseren Verstehen und Helfen für Menschen mit Persönlichkeitsstörungen entwickelt, werden seit 2008 immer populärer. Sie kommen nicht nur in der Psychotherapie verstärkt um Einsatz, sondern dienen auch uns dazu, ein besseres Verständnis im Alltag zu entwickeln und unser Selbst bewusst zu stärken.

Die Schematherapie integriert unterschiedliche psychologische Erklärungsmodelle. Wie unsere Psyche sowohl durch unsere Biographie und frühe Kindheit, als auch durch auf dem bisherigen Lebensweg Gelerntes sowie von aktuellen Grundbedürfnissen geprägt ist. Und was darauf Einfluss nimmt, wie wir einige unserer Gefühle und Bedürfnisse regeln.

Schema-Modus ist die Bezeichnung für ein im Gehirn gespeichertes Paket an Befindlichkeiten, Emotionen und Handlungsimpulsen. Es ist in früherer Zeit gelernt und entwickelt. Es kann in der Gegenwart aus unterschiedlichen Gründen aktiviert und ausgelöst werden. Wir fühlen und handeln dann entsprechend, zum Beispiel wie ein „verletzliches Kind" oder wie ein „wütendes Kind". Wir können den „Fordernde-Eltern"- oder den „Strafende-Eltern"-Anteil gegen uns selbst oder nach außen richten. Wir haben aber auch den „Reifer-Erwachsener"-Modus zur Verfügung, in dem wir offen und reguliert sind. In diesem können wir tatsächlich so reagieren und handeln, wie wir uns das wünschen und vorstellen. In jedem von uns steckt auch ein „Glückliches-Kind"-Modus. Wir haben dann Spaß und können in vollen Zügen genießen.

Quellen: Young, J. et al., *Schematherapie: Ein praxisorientiertes Handbuch.* Paderborn: Junfermann Verlag, 2005. Jacob, G. et al., *Andere Wege gehen: Lebensmuster verstehen und verändern – ein schematherapeutisches Selbsthilfebuch.* Weinheim: Beltz Verlag, 2011.

4.2 Kurzanleitung zur Zähmung der Schema-Modi

Haben Sie sich bei inneren Schema-Modi ertappt und tauchen sie wiederkehrend und bestimmend auf, könnte diese Kurzanleitung eine Hilfe sein, die Schemata früher zu erkennen und gezielt zu verändern.

Manchmal sitzen solche Muster allerdings sehr tief und sind sehr leidvoll entstanden. Diese Anleitung will in keinem Fall eine Therapie ersetzen. Falls Sie solche Zustände als sehr hartnäckig erleben und es Ihnen und anderen viel Leid bereitet und die Beziehungen beeinträchtigt, sollten Sie lieber einen qualifizierten Therapeuten aufsuchen.

Der erste Schritt ist, einen Modus überhaupt als solchen zu erkennen. Ein guter Hinweis auf einen „Kind"-Modus sind Wellen sehr starker Gefühle, die wir uns angesichts der Situation gar nicht so recht erklären können oder die uns übertrieben vorkommen. Die uns aber gleichzeitig fest im Griff haben. Wir können uns fragen: *Reagiert da das Kind in mir?* Sind diese Gefühle Angst, Trauer, Hilflosigkeit, Scham, Verlassenheit, könnte das auf den Modus „Verletzliches Kind" hinweisen. Spüren Sie eher Ärger, Wut, Trotz, Impulsivität und einen Mangel an Disziplin, deutet das eventuell auf den Modus „Wütendes Kind" hin.

Im Unterschied zu einer ausgeglichenen Gefühlslage können wir uns, gefangen im „Kind"-Schema-Modus, nur schwer kontrollieren und das Ausmaß der Emotionen erscheint uns irgendwie unangemessen. Wir denken: *„Warum habe ich da nur wieder so heftig reagiert? Ich verstehe es gar nicht"*. Auslöser für den Modus „verletzliches oder wütendes Kind" können vor allem Zurückweisung, Bedrohung, starke Kritik, Überforderung oder Nicht ernst genommen werden sein.

Der zweite Schritt zur Veränderung ist, zu verstehen, was dahinter steckt. Beim Modus „Verletzliches Kind" gilt es das grundlegende Bedürfnis hinter dem Modus zu erkennen. Also: *Was sucht und wünscht sich eigentlich das kleine Kind in mir? Welches dieser Bedürfnisse wurde vielleicht früher nicht erfüllt? Welches dieser Bedürfnisse kann ich heute als Erwachsener besser befriedigen? Wie kann ich das Kind in mir sehen, verstehen, versorgen und trösten?*

Das heißt, wir finden eine Haltung, uns selbst freundlich und mit Selbstmitgefühl zu begegnen. In der inneren Vorstellung kann das ein Gespräch aus der heutigen Position heraus mit dem eigenen inneren verletzlichen Kind sein. Sie können es wie ein wohlwollender, großer Bruder oder eine wohlwollende, große Schwester an die Hand nehmen und so signalisieren: *„Ich sehe, was du brauchst und ich sorge für dich!“* Selbstmitgefühl ist auch dann das passende „Gegenmittel“, wenn der innere, scharfe Kritiker auftaucht. Der kommt meist in Gestalt des „Fordernde-“ oder „Strafende-Eltern“-Modus dazu und immer dann, wenn wir uns unsicher und verletzlich fühlen: *„Du bist selber schuld! Du hast es nicht anders verdient!“*

Für den Modus „Wütendes Kind“ können zwei sehr unterschiedliche Ursachen infrage kommen. Der Ärger kann eng verknüpft mit dem „verletzlichen Kind“ sein. Dahinter steckt, dass wir uns ungerecht oder schlecht behandelt fühlen, nicht ernst genommen oder eingeschränkt werden beziehungsweise wir das früher so erlebt haben. Die zweite Ursache ist oft Traurigkeit und Schmerz und das „Wütende Kind“ in uns wehrt sich mit Zorn und Wut.

Im dritten Schritt der Veränderung geht es dann darum, eine passende Art zu finden, wie die berechtigten Bedürfnisse nach Ernst genommen werden erfüllt werden können. *Wie kann ich bewusst für mich sorgen? Für meine berechtigten Interessen einstehen? Meine Grenzen spüren und zeigen?* Die Haltung bleibt dabei dieselbe wie bei der Versorgung des „verletzlichen Kindes“, der wohlwollende Erwachsene nimmt das Kind bei der Hand und macht deutlich: *„Ich verstehe, dass du wütend wirst. Aber lass uns eine geeignetere Art finden, wie wir für uns sorgen. Ich pass' auf dich auf!“*

Manchmal geht es aber mehr um Trotz, Protest oder Impulsivsein, wenn das „wütende Kind“ tobt. Das kann daher rühren, dass wir als Kind entweder oft nicht nach Lust und Laune handeln durften oder gar keine Grenzen akzeptieren mussten, vielleicht weil wir sehr verwöhnt wurden. Beleidigt sein passt als Gefühl dazu. In diesem Fall geht es im dritten Schritt der Veränderung eher darum, neben dem Erfüllen von Bedürfnissen auch zu erkennen, wann solche in der Erwachsenenwelt unangemessen sind, und Geduld und Warten eingeübt werden können. Leichtigkeit, Neugier, Spaß, Energie und Unbeschwertheit sind dagegen die Kennzeichen des „Glückliches-Kind"-Modus. Beim Hervorlocken und Stärken dieses Schema-Modus können unsere eigenen Kinder behilflich sein. Lassen Sie sich doch öfter darauf ein, mit ihnen Spaß zu haben, auch selber mal wieder ganz „kindisch" zu sein, herumzuhüpfen, laut zu singen, in die Kissenschlacht zu ziehen, Blumen und Käfer zu bewundern und was uns sonst noch so einfällt beziehungsweise vorgemacht wird. *„Wie schön es ist, wenn Papi oder Mami richtig Spaß haben"*.

Für das Üben des Selbstmitgefühls kann die Kenntnis über die inneren Kind-Schema-Modi helfen, diese passender zu versorgen. Wir üben die fürsorgliche Haltung uns selbst gegenüber und können uns nun als wohlwollender Erwachsener an diese Kind-Anteile in uns wenden. Entscheidend ist der freundliche Ton, mit dem wir dem ängstlichen oder wütenden Kind in uns begegnen: *„Hey, ich sehe deine Bedürfnisse! Ich bin jetzt schon viel älter und größer! Lass mich dir helfen und zeigen, wie wir heute diese Bedürfnisse selbst erfüllen können, die du damals leider nicht erfüllt bekommen hast."*

Selbstmitgefühl ist die entscheidende Grundlage wenn wir dysfunktionale Eltern-Modi verändern wollen. Dysfunktional, weil sie uns behindern, stark unter Druck setzen, Selbstverurteilung bis hin zum Selbsthass zur Folge haben können. Dies kann auch heikel werden, weil es teilweise tief in uns eingravierte Botschaften sind, verbunden mit dem Tonfall der eigenen Eltern oder wichtigen Bezugspersonen, weil sie Gefühle von Schuld, Versagen, Scham, Selbstablehnung oder starke Angst auslösen können.

Wer massive, unangemessene Forderungen und Bestrafungen aus seiner Kindheit kennt, hat hier eine besondere Aufgabe vor sich. Einerseits wollen wir genau so niemals gegenüber unseren Kindern sein. Andererseits können Gefühle des Nichtgenügens, des Nicht-gut-genug schnell diese inneren Eltern-Modi auf den Plan rufen, die sich gegen uns selbst wenden.

Es lohnt sich eine Bestandsaufnahme zu machen:

Welche dieser eingravierten Botschaften oder Regeln will ich heute als gesunder Erwachsener übernehmen, weil ich sie hilfreich finde? Zum Beispiel: *Wenn du dich reinhängst, kannst du deine Ziele verwirklichen.*

Welche will ich abwandeln oder verändern, damit sie zu mir passen? Zum Beispiel von: *Mit deiner ungestümen Energie störst du ständig,* zu: *Ich freue mich über meine Energie und lerne sie so zu dosieren, dass es zur Situation passt.*

Welche will ich gänzlich loswerden, weil sie überhaupt nicht mit mir und meinen Werten übereinstimmen? Zum Beispiel von: *Deine eigenen Gefühle und Bedürfnisse sind nicht wichtig, du musst die Erwartungen der anderen erfüllen.* zu: *Ich lerne mich und meine Bedürfnisse wichtig zu nehmen und dafür einzustehen.*

Wenn viel Ballast über Bord geworfen werden muss, ist Selbstmitgefühl der Schlüssel, um zu erkennen, es hat schwierige Zeiten gegeben, die ihre Spuren oder Narben hinterlassen haben. Es zeigt uns aber auch, welche möglicherweise ungeahnten Kräfte und Stärken wir mitbringen. Und, dass wir uns heute selbst entscheiden können, welche Regeln wir wirklich hilfreich finden. Wir können uns sozusagen selbst „beeltern" und alte Glaubenssätze umschreiben. Wir können uns selbst Fürsorge und Freundlichkeit schenken, in guten wie in schwierigen Zeiten. Es ist ungewohnt, quasi Neuland zu betreten. Klar, schließlich wurde uns das in unserer Jugend nicht beigebracht.

Möge ich freundlich zu mir sein. Möge ich mich so annehmen, wie ich bin.

ÜBUNG

Im Omnibus

Eine wunderbare Metapher, die uns einen humorvollen und erweiterten Blick auf diese inneren Anteile und Schemata ermöglicht, hat Lienhard Valentin geschaffen, einer der Urväter bezüglich Achtsamkeit in der Familie im deutschsprachigen Raum: das Bild vom *Omnibus unserer Persönlichkeit.*

Wir fahren mit dem Omnibus unserer Person. Darin sitzt eine Ansammlung unterschiedlicher, innerer Anteile von uns als Mitfahrer, die sich alle immer wieder auch ans Steuer setzen wollen. Auch hier gibt es den reifen Erwachsenen, das verletzliche Kind, das wütende Kind, einen strafenden Elternteil oder vielleicht ist er ein General? Es gibt aber auch den Werwolf, die sanfte Fee, das Monster, den Angsthasen, den Rebell, den wütenden Protestler, den angepassten Braven, den Weisen, den neugierigen Entdecker, den verrückten Erfinder und, und, und.

So sind wir im Bus der Persönlichkeit mit all diesen Mitfahrern auf den unterschiedlichen Straßen unseres Lebens unterwegs. Mal ergießen sich sanfte Landstraßen vor unserem Auge, mal gerade, schnelle und breite Autobahnen. Und manchmal kurven wir im Schneckentempo in schmalen Serpentinen einen Berg hinauf und wieder hinunter, entlang an tiefen Abgründen.

Spannend ist, wer gerade den Bus mit welcher Geschwindigkeit fährt und wer aus der ganzen Truppe bei welchen Straßenbedingungen am Steuer ist! So wichtig der Rebell und der Protestler sind, wollen wir ihn auf den Serpentinen am Steuer haben? Manchmal ist es gut, wenn das Monster fährt und wir vorankommen, aber in einer engen Altstadt, wollen wir es da wirklich am Steuer haben?

Es kann zu einer humorvollen Art des achtsamen Innehaltens werden: *Hey, wer sitzt bei mir denn gerade am Steuer? Ist es der mit den besten Fertigkeiten für die aktuelle Straßensituation?*

Die humorvolle Art mit dem Omnibus lässt sich auch ganz gut mit Kindern praktizieren. Die machen das ohnehin, ganz natürlich von sich aus: „Das war das Teufelchen, das hat mir das eingeredet“, „Der Engel und der Bösewicht in mir waren sich nicht einig.“

So lässt sich die Gewitterhexe finden, der listige Fuchs, ein Drache, eine Prinzessin, ein Ninja-Kämpfer, der Vulkan, der gleich ausbricht. Wer ist gerade dran? Wer steuert, wer hat das Sagen im Moment? Aber zum Glück wird ja immer wieder gewechselt, keiner bleibt dauerhaft am Steuer.

Wenn es um länger anhaltende Zustände wie Launen, Stimmungen geht, bietet sich als ein anderes Bild auch die Wetterlage an. Wann ist es gerade heiß, die Luft aufgeladen und gewittrig, egal, ob bei einem von uns oder beim Kind. Oder es ist windig bis stürmisch, heiter und wolkig, sind Schauer vorausgesagt oder schwerer Hagel. Ein kurzer Wetterbericht zur Stimmungslage kann eine nette Runde sein, zwei, drei Worte zur inneren Wetterlage reichen, keine Erklärungen, keine Nachfragen.

Wenn Familienmitglieder sehr launisch sind, also die jeweilige Wetterlage intensiv und länger vorherrscht, habe ich in der Praxis auch schon kleine Wetterkärtchen für jedes Familienmitglied mitgegeben: Sonnig, wolkig, Regen oder Gewitter. So konnte jeder für den Tag oder fürs Wochenende seine Wetterlage anzeigen. Das blieb einfach so für sich stehen und jeder wusste, woran er war: Egal, ob Vater oder Tochter auf stürmisch mit Gewitter stand, manches lässt sich jetzt einfach nicht regeln.

Es kann sich aber auch ein Gespräch daraus entwickeln: *„Hey, ich glaube bei dir ist es gerade ganz schön windig, auf dem Weg zu stürmisch.“, „Du ich glaube bei dir ziehen gerade schwarze Gewitterwolken auf, kann das sein?“*

Da kann sich dann jeder ein wenig wappnen und innerlich Regenklamotten anziehen und freuen, wenn wieder Sonnenschein angezeigt ist. Unsere Kinder haben bekanntermaßen ja viel schnellere und heftigere Wetterwechsel als in den Tropen. Aber wenn nach einem schweren Gewitter wieder die Sonne scheint, dann ist auch einfach Sonne da. Meist sind es wir Erwachsene, denen noch länger die Wolken nach einem Gewitter über dem Gemüt hängen.

4.3 Den Erzieherhut mal an den Nagel hängen

Elternsein ist ein 24-Stunden-365-Tage-im-Jahr-lebenslang-Job. Mit unserem Erzieherhut auf dem Kopf versuchen wir tagtäglich unseren Kleinen die Welt zu erklären und sie fit zu machen. Dabei ist natürlich auch das Erlernen und Einüben der sozialen Regeln wichtig sowie Rückmeldungen, falls diese nicht eingehalten werden.

Je nachdem, wo wir herkommen und was uns für unsere Erziehung wichtig ist, neigen wir dazu, permanent im Erziehermodus zu sein, ständig „im Dienst“. Das ist oft hinderlich dabei, einfach mit unseren Kindern Spaß zu haben. Insbesondere dann, wenn diese sehr energiegeladen sind, sich aktiv bis impulsiv ausprobieren und ungewollt die Grenzen anderer überschreiten. Schnell kommt es dann dazu, dass wir für unsere Kinder – stellen Sie sich diese als junge übermütige Pferde vor – eher die begrenzende Koppelstange oder den Stacheldrahtzaun, manchmal sogar den Elektrozaun auf der Weide darstellen.

Aber muss Erziehung wirklich so sein? Ich will dazu die Idee und das Konzept der **„Spiel- und Spaß-Zeit“**, die aus einem verhaltenstherapeutischen Elterntraining mit ADHS-Kindern entliehen ist, in den Ring werfen. Sie eignet sich wunderbar als Rahmen für eine Übung der Achtsamkeit zur Beziehungspflege mit unseren Kindern. Ziel und Prinzip ist, die positive Verbindung zwischen uns Eltern und unserem Kind zu kultivieren – wichtig, gerade in Zeiten, in denen wir im Clinch liegen und uns aneinander reiben. Diese Sonderzeit soll vor allem uns Erwachsenen ermöglichen, für eine definierte Zeit eine bewusste Haltung ohne Erziehungsdruck einzunehmen und damit ganz im Moment präsent zu sein, ähnlich wie wir es in einer Meditation tun.

Sie kann gerade dann ausgerufen werden, wenn viel los ist, wir als Eltern anderweitig sehr beschäftigt sind oder wir unsere Zeit auf mehrere Kinder verteilen müssen. Dann zählt diese „besondere“ Zeit doppelt. Wir können sie als Vater-Sohn-, Mutter-Tochter- oder wie auch immer kombinierte Spezialzeit einführen. Eine gewisse Regelmäßigkeit ist von

Je nach Alter des Kindes geht es um 30 Minuten, eine Stunde oder bei Älteren auch mal um einen halben Tag, einmal die Woche oder einmal im Monat, abhängig vom Zeitbudget. Sie kann auch mit goldener Farbe im Familienkalender markiert oder mit einem eigens angefertigten Schild aufgewertet und aufgeladen werden. Es ist schön, wenn Vorfreude entsteht: *„In dieser Zeit bist du voll und ganz für mich da, und nur für mich!"* Das Kind soll sich als den Mittelpunkt unseres Universums fühlen. Das bedeutet auch, dass wir uns währenddessen vor Unterbrechungen, Anrufen und anderen Aufgaben schützen, vor allem aber verlässlich bereitstehen.

Spielen und Spaß haben, ist die oberste Aufgabe. Und, da diese Zeit gerade für das Kind wichtig ist, sollten Sie, bevor es losgeht, ganz bewusst geistig den Erzieherhut an den Nagel hängen. Wir können ihn ja am Ende der Sonderzeit wieder aufsetzen.

Was heißt, den Erzieherhut an den Nagel hängen?

Ganz konkret: Ein jüngeres Kind trickst und hält die Regeln in einem Spiel nicht ein. Mit aufgesetztem Erzieherhut weise ich darauf hin, denn ich will das Einhalten von Regeln üben, auch wenn das Kind gerade am Verlieren ist. Mit abgesetztem Erzieherhut fällt mir vielleicht ein Kommentar ein wie: *„Oha, jetzt erfindest du neue Regeln und ein neues Spiel"*. Ich muss nichts beibringen, nichts vermitteln, ich darf einfach selber Spaß haben und locker sein. Ein anderes Beispiel: Ein älteres Kind schimpft über einen Lehrer und wie verdammt unsinnig das Schulfach ist. Mit aufgesetztem Erzieherhut fühle ich mich vielleicht bemüßigt, die Vielschichtigkeit der Welt zu erklären. Ohne bleibe ich einfach ganz bei der Schilderung; ich verspüre keinen Auftrag, irgendwohin zu erziehen.

Für den Anfang ist es sinnvoll, Inhalte auszuwählen, die einem nicht völlig zuwider sind. Eine gute Idee kann auch sein, sich, als wäre man frisch von Mars gekommen, voll auf die Interessenwelt des Kindes einzulassen. Mit frischem Blick zu entdecken, was spannend ist, ohne „erwachsen" zu urteilen und zu bewerten.

Die Spiel- und Spaß-Zeit ist also eine spezielle Art von Achtsamkeitsübung; wir sind in jedem Moment absolut in der Gegenwart des Kindes. Wenn ein Kind Geschichten erfindet, steigen wir einfach in diese

Welt ein, statt zu korrigieren. Es gibt keine Fehler, nichts ist zu lernen. Gemeinsam Spaß haben ist das einzige Ziel. Eine wunderbare Form, selbst wieder ein wenig kindischer sein zu dürfen, Blödsinn zu machen, das eigene Kind-Ich herauszulassen – befreit vom Erzieherhut. Falls wir als typische Erwachsene mit den Gedanken abschweifen, Vorausplanen oder gar an die Steuererklärung denken, können wir die Haltung aus der Achtsamkeitsmeditation übernehmen und uns immer wieder freundlich und bestimmt auf Spiel und Spaß mit unserem Kind einlassen.

Es ist auch eine wunderbare Methode, um etwas mit Halbwüchsigen zu unternehmen, das deren Interesse entspricht und sie besonders anzieht. Mit dem Sohn auf die Go-Kart-Bahn oder mit der 14-jährigen Tochter auf Shopping-Tour (gerne auch anders herum!), in den Hochseilgarten oder gar gemeinsam an das Computerspiel setzen, das er oder sie immer gerne spielt und über das wir meistens meckern.

Gerade bei Letzterem steht am Ende das Mitreden können im Vordergrund, selbst, wenn es ein Ballerspiel ist. Daneben verstehen wir als Eltern, was bei dem Computerspiel passiert und was es eigentlich braucht, um ein Level in einer bestimmten Zeiteinheit abzuschließen. Das hilft dann wiederum dabei, einen sinnvollen Zeitrahmen festzulegen.

Lassen Sie mich noch eine Anmerkung machen: Bei den Unternehmungen geht es weniger um die Frage, wie hochwertig sie auf der Bildungsskala erscheinen, sondern was das Kind spannend und spaßig findet. In die Ballettaufführung oder ins Museum können wir sie gerne ein anderes Mal einladen (oder mitschleifen).

Ist die Sonderzeit einmal als Mutter-Kind- oder Vater-Kind-Spezial ritualisiert, kann sie mitwachsen. In der Pubertät ist es nämlich auch schön, wenn uns unsere Kinder mal nicht als die „Besserwisser“, die „Nur-Begrenzer“, sondern als Interessierte auf Augenhöhe erleben und auch als „Unterlegene“, zum Beispiel beim Klettern, auf dem Mountain-Bike oder an der Konsole. Als besonders verbindend erweist sich häufig, wichtige Ereignisse aus der eigenen Kindheit und Jugend zu erzählen, schöne wie schwierige. Und zwar nicht, weil wir damit etwas beibringen wollen, sondern einfach nur, um es von Herzen zu teilen.

Je größer die Familie ist und umso älter die Kinder werden, desto weniger Sonderzeit bleibt zwischen einem Kind und seinem Elternteil. Es lohnt sich aber immer, Zeit dafür frei zu machen. Ich erinnere mich zum Beispiel an eine Vater-Tochter-Reise nach Berlin, weil meine Tochter mit 15 damals unbedingt das Holocaust-Denkmal sehen wollte. Oder an die Reisen mit meinen Töchtern anlässlich ihrer 18. Geburtstage: Mit einer meiner Töchter reiste ich in die USA und mit der anderen gemeinsam nach Neuseeland. Dabei wurden sicherlich lebenslang bleibende Erinnerungen in unsere Gehirne graviert. Was gibt es Schöneres als diese Präsenz als Vater oder Mutter so zu verankern; dass wir wissen: *„Daran wird sich mein Kind als alter Mensch gewiss erinnern und lächeln.“*

4.4 Bin ich zu streng oder zu lax? Fordere ich zu viel Leistung oder zu wenig?

Die Fragen kennen viele, sie können uns das Leben schwer machen. Was ist richtig und was ist vielleicht falsch? Und was hinterlässt bleibende Schäden bei meinem Kind? Wir wollen ja verhindern, dass unsere Kinder später stundenlang in Selbsterfahrungs- und Therapiegruppen sitzen, um ihre Erfahrungen mit uns als Eltern zu verarbeiten. Auf diese Fragen gibt es aber keine einfachen Antworten; keine Gewissheit und allgemeingültigen Handbuchregeln. Wir sind gefordert, nach unserem eigenen Gespür zu entscheiden.

Gut ist, wenn wir erst einmal nachspüren: *„Wo komme ich selbst her? Wie war das in meiner Kindheit? Wurde ich sehr auf Leistung und noch mehr Leistung getrimmt? Oder wurde das ganz locker gehalten beziehungsweise vielleicht sogar vernachlässigt?“*

Denn wir greifen meist auf unsere eigenen Erfahrungsmuster als Kind zurück und beschreiten mit dem Gelernten zwei entgegengesetzte Wege: *„So, wie meine Eltern will ich es auch mal machen, wenn ich Vater oder Mutter bin.“* oder: *„Auf keinen Fall will ich als Mutter oder Vater so sein wie meine Eltern“*.

Für mich persönlich hieß das: Auf keinen Fall werde ich diesen absoluten Leistungsdruck bezüglich Schule aufbauen wie mein Vater. Auf keinen Fall werde ich meine Kinder dazu drängen, die Besten zu sein. Und, habe ich damit nicht genau ins Gegenteil übertrieben? Habe ich vielleicht zu wenig Leistungsdruck aufgebaut? Ich muss sagen, in einer Zeit von viel Arbeit in der Praxis und Hausumbau, kam unsere Tochter, gerade ins Gymnasium gewechselt, wirklich zu kurz. Ein schnelles „Hast du alle Hausaufgaben gemacht? Prima!" genügte und ich ging wieder ab auf die Baustelle. Fliesen wollten gelegt sein, Wände verputzt und so weiter. Selbstverwirklichung statt „Kinderzeit".

Wie hat unsere Tochter das erlebt? Nun, sie hat dieses Auf sich gestellt sein überfordert. Das schlug sich in Lern-Lücken nieder, die letztlich zur Wiederholung der 5. Klasse führten. Die Lehrer sahen ihre Intelligenz, ihr Potenzial und plädierten weiter für diesen Schultyp. Und wir klemmten uns im folgenden Jahr mehr dahinter, diese „Nachmittags-ZweitschuleElternhaus" anständig zu verwirklichen.

Hat die „laxe" Einstellung dazu geführt, dass sie später in der 9. Klasse einmal zur Nachprüfung musste? Und schließlich in der 11. Jahrgangsstufe vom Gymnasium abgegangen ist? Zu diesem Zeitpunkt war sie so stark zwischen dem eigenen hohen Anspruch und der Unlust zum intensiven Lernen eingeklemmt, dass sie immer wieder krank wurde, richtig krank. Wäre das mit mehr elterlichem Nachdruck in punkto Lernen, nicht noch schlimmer geworden? Oder hätte sie eine disziplíniertere Einstellung finden können, einfach brav mehr gelernt und das Abitur geschafft? Ehrlich gesagt, ich weiß es nicht. Inzwischen hat sie eine Gesundheitspflegeausbildung absolviert und wirkt gerade recht glücklich damit. Sie lernt sogar das Anleiten von Pflegeschülern. (Wie viel Druck sie denen wohl machen wird?).

Was war nun zu viel, zu wenig? Richtig, falsch? Einen kleinen Anflug von „Schuldgefühlen" habe ich beim Nachdenken und Darüberschreiben immer noch, trotz aller Arbeit mit Selbstmitgefühl: *„Du hättest damals präsenter sein sollen, statt dich so stark im Hausumbau zu engagieren."* Oder: *„Wieso hast du dem Ganzen nicht einfach mehr Zeit geben, langsamer gebaut und deine arbeitsfreie Zeit gerechter auf deine Kinder verteilt."*

Aber wir als Eltern stellen nur die Rahmenbedingungen für die Entwicklung, quasi das Gewächshaus. Auf die Fragen „Wie viel fordern?", „Wie lange behüten?", „Wie stark heizen?", „Wann pikieren?" gibt es keine allgemeingültigen Antworten.

Ich bremse mich dann wieder in meinem elterlichen Größenwahn und blicke heute erleichtert auf eine glückliche Tochter in all ihrer Eigenständigkeit. Nein, ich mit meinen Entscheidungen bin nicht allein verantwortlich für Wohl und Wehe meiner Kinder. Ob in der 5., 9. und 11. Klasse, unsere Kinder sind eigenständige Persönlichkeiten, die eine Wahl haben, was sie aufnehmen und kultivieren, in welche Richtung sie sich entwickeln. So viel steht fest: Den Wert der Beziehung habe ich meinerseits immer klargemacht, die Wertschätzung ihrer Persönlichkeit und Autonomie war meinerseits gewiss immer vorhanden.

Diese Grundhaltung ist mir in Fleisch und Blut übergegangen und zur Maxime für meine Arbeit und mein Leben geworden; sicher auch, weil ich es selbst als Kind so anders erfahren habe. Es gilt Respekt vor der Persönlichkeit von Kindern und jungen Leuten zu haben. Wir müssen sie ernst nehmen als ein eigenständiges Gegenüber. Sie sind eben keine Werkstücke von uns Eltern. Wir haben nicht das Recht, sie in die uns genehme Richtung „hinzuformen". Noch einmal: Wir stellen nur das Gewächshaus zur Verfügung, unabhängig davon, ob sie Orchideen, Farne oder Kakteen werden wollen.

Dass das leichter gesagt ist, als gelebt, weiß ich aus eigener Erfahrung. Kurz vor der Übertrittsfrage für unsere jüngste Tochter kam von einer engagierten Grundschullehrerin die Rückmeldung, dass sie den Wechsel ins Gymnasium „nicht sieht". Unsere Tochter würde noch Zeit zur Entwicklung brauchen und solle am besten in die 5. Klasse Hauptschule (So hieß es damals noch in Bayern.) gehen. Potenzial, den Übertritt in eine höhere Schule nach einem Extra-Jahr zu schaffen, habe sie aber wahrscheinlich schon. Das hat uns beide Elternteile geschockt.

Da war er plötzlich zu spüren, der Druck, dass die Kinder doch die Möglichkeit haben sollten, Akademiker zu werden beziehungsweise zumindest das Abitur zu machen. Alle Geschwister und alle Cousins und Cousinen auf der Familienseite meiner Frau hatten bisher Abitur oder waren noch auf dem Gymnasium, ebenso wie sie selbst und ihre drei Schwestern. *„Ein Unding, dass eines unserer Kinder vielleicht kein Abitur machen könnte!"*, dachten wir.

Ich konnte sehen, dass unserer Jüngsten der Reiz, abstrakte Systeme verstehen zu wollen, viel weniger bedeutete als ihrer 15 Monate älteren Schwester. Sie wollte verstehen, wie die Dinge funktionieren und das dann wirklich anwenden. Die Veranlagung zur Lese-Rechtschreibschwäche hatten sie dagegen fast zu gleichen Teilen mitbekommen; die Jüngere allerdings in einem Ausmaß, dass eine offizielle Berücksichtigung nicht gerechtfertigt war.

Ständig war ich gefordert, mich selbst coachen zu müssen: *„Wenn das jetzt jemand in der Praxis wäre und du als Kinder- und Jugendpsychiater beraten müsstest, was würdest du empfehlen?"* Na klar: Nach den Begabungen des Kindes gehen und nicht nach eigenen Wünschen oder Erwartungen als Vater. Und doch fühlte es sich mit meinem Vaterherz voller Sorgen und Ängsten ungleich schwerer an. Die Vernunft hat schließlich weitgehend gesiegt. Nicht ausgehalten haben wir Eltern dagegen den Übertritt unserer Tochter in eine 5. Klasse Hauptschule. Wir entschieden uns für den Übertritt in die Realschule. Es war im Nachhinein gesehen der richtige Schritt. Nach Jahren, in denen ihr das Lernen zwischen Rechtschreibung und Rechnen nicht leicht gefallen war, entwickelte sie eine Arbeitshaltung, mit der sie einen prima Abschluss in der Realschule schaffte. Später hat sie über die Fachoberschule das Fachabitur erreicht und jetzt studiert sie an der Fachhochschule „Soziale Arbeit". Immer noch ist sie mehr an den praktischen Dingen interessiert als an abstrakten Systemen. Sie wäre im Gymnasium sicherlich sang- und klanglos untergegangen, hätte gelitten. Wie heißt es so schön: Viele Wege führen nach Rom – selbst in Bayern. Vielleicht kann es gerade bei den Entscheidungsnöten zur „richtigen" Schule hilfreich sein, wenn wir uns klarmachen, dass es heutzutage sehr viele Wege zu unterschiedlichen Bildungsabschlüssen gibt, es sozusagen nie zu spät für irgendetwas ist.

Welche Erfahrungen aus diesem Beispiel können wir in einen Leitfaden übernehmen?

Wir können erkennen, was zu unserem Kind passt, seinen Begabungen und inneren Schätzen am ehesten entgegenkommt. Wohlbefinden entsteht erst mit dem Entfalten der eigenen Möglichkeiten. Wenn Kinder und Jugendliche hingegen nach Elternidealbildern gedrängt und getrimmt werden, die nicht zu ihnen passen, erzeugt das viel Leid. Beispiele gibt es viele: Das Fußballtrainer-Kind, das eigentlich Tänzer sein will. Die Klavierspielerin als Tochter höherer Bildung, die viel lieber mit all ihrer Energie Schlagzeug in einer Punkband spielen würde. Das erzwungene Abitur, das so viele Jahre Leiden kostet und das Gefühl zementiert, ständig nicht zu genügen, überfordert zu sein und andauernd kämpfen zu müssen, um zu überleben.

Unsere Kinder sind uns vom Leben nur geliehen. Sie sind nicht unser Eigentum, sie gehören uns nicht, und wir sind nicht dafür zuständig, sie zu formen! Denn, wir sind keine Gärtner, deren Aufgabe der rechte Zuschnitt ist. Wir sind vielmehr wie ein Gewächshaus! Wir sollen ihnen ein geschütztes Klima zum Wachsen bieten, fördernde Rahmenbedingungen, damit jedes Kind seine eigenen Schätze voll und ganz in sich entdecken und entfalten kann.

Es ist nicht unser Recht, die Kinder nach unserem Wunschbild zu formen! Jeder dieser kleinen Menschen ist eine einzigartige Sternschnuppe auf seiner eigenen Reise durch das Universum, nur er/sie kennt seinen Weg. Es ist unsere Aufgabe und Freude, sie beim Entdecken ihrer Möglichkeiten zu begleiten. Das heißt nicht, dass wir nicht auch Grenzen setzen und sie auf die Spielregeln des Zusammenlebens mit Mensch, Tier und Natur vorbereiten.

JÖRG MANGOLD
Glaubensbekenntnis: entstanden in 25 Jahren Berufserfahrung und 24 Jahren Ehe mit vier Kindern

4.5 Mehr Fürsorge oder mehr Freiraum?

Gerade als bemühte und besorgte Eltern haben wir es vielleicht besonders schwer, unbeaufsichtigte Freiräume für unsere Kinder zuzulassen. Wir haben Angst und jede erdenkliche Gefahr und Katastrophe im Kopf. Das ist die Kehrseite der Medaille unserer phänomenalen neuen Denkmöglichkeiten mit dem Homo sapiens sapiens-Gehirn.

Was ist da draußen seit unserer eigenen Jugend mit den Freiräumen der Kinder passiert? Einerseits werden Kinderrechte immer ernster genommen und es gibt viele Maßnahmen und Initiativen zum Kinderschutz. Andererseits hat sich der reale Freiraum für Kinder dramatisch verändert und ist deutlich geschrumpft.

Noch vor 30 bis 50 Jahren verbrachten Kinder außerhalb der Schule einen großen Teil ihrer Kindheit und Jugend in weitgehend selbstorganisierten Lebensräumen, in Gassen, auf Spielplätzen in der Stadt oder am Dorfweiher beziehungsweise auf dem Bolzplatz. Wesentliche Elemente des Sozialverhaltens erlernten Kinder in Cliquen, Banden oder Spielgemeinschaften im Umgang mit anderen Kindern unterschiedlichen Alters, den Geschwistern, Freunden oder Mitbewohnern – ohne direkte Kontrolle und Aufsicht durch Erwachsene. Meist waren Jüngere an ältere Geschwister gebunden (oft zu deren Leidwesen). „Stärker sein und helfen oder dominieren“, „Schwächer sein und seinen Platz finden oder am Rande stehen“, das regelten Kinder untereinander selbst.

Dieser Freiraum war ein einflussreicher Faktor, um zu reifen und um Qualitäten von Mitgefühl bis Selbstbehauptung zu erlernen und auszuprobieren. Sicher war das auch mit Leiden verbunden, aber die Sozialisierung fand in einer freien Gemeinschaft statt. Und es steht zur Diskussion, ob es damals nicht weniger Außenseiter gab als heute, in vor Ort von Erwachsenen und Anti-Mobbing-Spezialisten dauerkontrollierten Gruppen.

Heute spielt es zudem verstärkt eine Rolle, ob Kinder in einer urbanen Umgebung aufwachsen, dazu noch, ob in einem netten Außenstadtteil, im „Brennpunktviertel“ oder in einer sehr ländlich geprägten Umgebung.

Betrachten Sie einmal Ihre eigene Situation: Wie oft können Ihre Kinder, wie weit weg von zu Hause, unbeaufsichtigt Zeit verbringen und ihre eigenen Erfahrungen sammeln, soziale Kompetenz erwerben?

Im Elternalltag ist vorausschauendes Denken eine wichtige Fähigkeit. Es hilft, unseren Kindern einen Schritt voraus zu sein. Wir sehen, wann es auf die Burgmauer mit dem Abgrund dahinter oder das steile Ufer eines Flusses zuläuft. Natürlich sollten wir unsere Steckdosen sichern, wenn krabbelnde Kleinkinder zuhause unterwegs haben. Natürlich bauen wir die Wohnung um, sodass sie keine Glasvasen abräumen und sich dabei verletzen. Natürlich bauen wir Sicherungsgitter vor steile Treppen und so weiter.

Aber so gut vorausschauendes Denken aus bester Elternabsicht auch ist: Werden unsere Kinder älter, können diese neuen menschlichen Denkkapazitäten aus dem Ruder laufen. Wir meinen, alles kontrollieren zu müssen und wollen alle Gefahren aus dem Weg räumen, alle Risiken schon im Vorfeld erkennen. Ich erinnere mich noch bestens an Diskussionen mit meiner Frau, wann sich denn unsere Töchter erstmals allein mit dem kleinen Fahrrad zum circa 400 Meter entfernten Spielplatz aufmachen dürfen.

Teile des Weges waren autofreie Pfade, aber es galt auch zwei Straßen in einer ruhigen Wohngegend zu kreuzen. Wir wohnten zwischen zwei Bauernhöfen in einem sehr ländlichen Außenstadtteil, der noch seine Dorfstruktur mit ein paar ergänzenden Siedlungsgebieten erhalten hatte. Es war ein Hin und Her zwischen der mehr rationalen „Vaterposition“: *„Wenn nicht hier in dieser super geschützten Umgebung, wann sollen sie dann je lernen mit den Gefahren des Straßenverkehrs allein klarzukommen?“* versus den Ängsten des „Mutterherzes“: *„Nein, sie sind noch zu klein! Was alles passieren könnte; wie doch manche Autofahrer trotzdem rasen.“*

Was hier aufeinandertraf, war wohl Angst gepaart mit dem größten Bemühen, wirklich alle Katastrophen aktiv verhindern zu wollen bei meiner Frau und die Überzeugung, dass wir nicht für alles sorgen können meinerseits. Auf einem basalen Level akzeptierte ich, dass schreckliche oder traurige Ereignisse im Leben möglich sind. Sie können uns genauso wie unsere Kinder treffen und sind nur bedingt zu kontrollieren.

Irgendwo zwischen diesen Polen muss jeder als Vater und Mutter seine eigene Position finden und immer wieder überprüfen, ob die Gewichtung noch stimmt, abhängig vom Alter des Kindes, dessen Persönlichkeit und der jeweiligen Umgebung.

Wir werden sie Zeit unseres Lebens nicht los, diese Angst, dass unseren Lieben etwas zustoßen könnte. Sie gehört einfach dazu, wenn wir Kinder haben, Kinder lieben und Kinder in die Welt auf ihren eigenen Lebensweg entsenden.

Ein für mich hilfreicher Leitsatz ist, dass ich mir später keine Vorwürfe machen will. Ich versuche mir bewusst alle Risiken vorzustellen, wäge aber auch ab, wie wichtig der Freiraum ist, den ich zulassen muss. Dann muss ich bereit sein, zu meiner Entscheidung zu stehen, auch wenn etwas schiefgehen könnte. Glücklicherweise wurde dieser Vorsatz durch tragische Ereignisse bislang nicht allzu hart geprüft. Wenn wir als Eltern nicht lernen, mit unseren eigenen Ängsten umzugehen und mit der Veränderbarkeit des Lebens einschließlich der Vergänglichkeit per se, dann werden wir schnell von der Angst beherrscht und handeln überkontrollierend. Auf diese Weise vermitteln wir aber unseren Kindern eine Welt, in der sie auf Schritt und Tritt selbst Angst erleben. Sie schauen sich das Überkontrollierende von uns ab, treffen unnötige Vorsichtsmaßnahmen, tragen tiefe Bedenken. Die Welt wird auf einmal extrem gefährlich.

Was wir als Gegengewicht brauchen, hat etwas mit Loslassen, aber auch mit Vertrauen in den Gang der Dinge zu tun. Eine Gelassenheit und eine Akzeptanz, dass es Dinge gibt, die jenseits unserer Einflussnahme und Kontrolle sind. Die Erkenntnis, dass es Kindern in ihrer Entwicklung nicht hilft, wenn wir versuchen unsere Einflussnahme bis in die letzten Winkel auszudehnen, nur damit ja nichts passiert, erleichtert diesen Schritt. Lassen Sie uns die letzten Freiräume unserer Kinder ernst nehmen und erhalten beziehungsweise aushalten, auch wenn es dort Restrisiken geben mag!

Momentan scheint mir das Risiko, im Morgenspektakel kurz vor 8 Uhr auf dem Parkplatz vor dem Schulzentrum von einem SUV überfahren zu werden, am größten. Um ihre behüteten Kinder auszuladen, weil der Schulweg zu Fuß zu gefährlich scheint, geht da ein wildes Ein- und Ausparken vor sich und es wird verkehrswidrig auf Gehsteigen und am Straßenrand geparkt. Wo ist da der Unterschied?

Gibt es einen Fürsorge-Unterschied zwischen Vätern und Müttern?

Im Rahmen von Gleichberechtigung, die mir sehr am Herzen liegt, scheint es ja schon fast nicht statthaft, überhaupt über Geschlechterunterschiede nachzudenken. Aber Väter und Mütter starten nach der Zeugung nun mal auf sehr unterschiedlichen biologischen Wegen in die Elternschaft. Das Fürsorgesystem der Mütter wird von Tag eins an intensiv körperlich umgestaltet. Wir Väter erleben nicht diese körperliche Seite der Schwangerschaft, der Geburt, des Stillens. Als „stillender" Vater war zwar schon vor 23 Jahren einiges möglich. Im ersten Lebensjahr unserer Tochter blieb ich in Elternzeit daheim und meine Frau arbeitete nach dem Mutterschutz wieder in der Klinik. Mit Milch abpumpen und einfrieren, mit der Fahrt in die Klinik und einem rasanten Mittagsschmaus unserer Tochter am Busen meiner Frau in deren Mittagspause schafften wir tatsächlich ein Jahr volles Stillen. Aber es blieb halt doch ein unüberbrückbarer Unterschied, wie ich mit den Fläschchen Muttermilch und wie meine Frau das Stillen an ihrer Brust erlebte. Kommt aus dieser unterschiedlichen Tiefe der biologischen Verbindung unser Unterschied in der Angst bei der Frage mehr Fürsorge oder mehr Freiraum?

Ich weiß nur, dass ich mir als Vater nicht weniger Sorgen mache und auch noch genügend Ängste habe. Außerdem ist in der Herzensqualität der Beziehung zu den Kindern kein Unterschied. Ich denke, als Eltern können wir uns prima gegenseitig balancieren.

Einen Unterschied in einer vierten archaischen Form der Stressreaktion haben Wissenschaftler allerdings gefunden, der hier eine weitere Erklärung anbietet.

Tend-and-befriend

Außer den bekannten Reaktionen „fight", „flight", „freeze" (Kampf, Flucht, Erstarren), die das Dino-Gehirn auslöst, gibt es noch eine vierte uralte Reaktionsweise auf Bedrohung, die gerade für uns Eltern bedeutsam ist. Sie wird vom alten Teil des Säugetiergehirns aus gesteuert und heißt „Tend-and-befriend". Sinngemäß bedeutet das: Bei Bedrohung schützen Säugetiere, die in einer Gruppe leben, Nachwuchs oder schwache Mitglieder der Gruppe und pflegen soziale Bezüge und Freundschaft (vgl. Kasten).

Es ist eine Reaktionsweise, die bei Vätern und Müttern unterschiedlich stark ausgeprägt ist und sich teilweise auf die von Natur gegebene Hormonausstattung zurückführen lässt. Bindung aufnehmen und pflegen als Reaktion auf Stress und Versorgen als Mittel zur Beruhigung haben sich also evolutionär schon sehr früh entwickelt und sind als schnelle Reaktionsmuster schon auf der Ebene unseres alten Säugetiergehirns vernetzt. Erik van den Brink und Frits Koster beschreiben in ihrem Buch Mindfulness-Based Compassionate Living, dass Tend-and-befriend eine etwas „jüngere", aber trotzdem archaische und Instinkt gebundene Stressreaktion ist. Sie kann daher im Hier und Jetzt zu neuen Schwierigkeiten führen. Was sich in Urzeiten für den Zusammenhalt in der Gruppe entwickelt hat, führt in Kombination mit unserer vorausschauenden Denkfertigkeit manchmal zum Kurzschluss. Bei uns als Eltern entladen sich diese Reaktionsmuster dann in Gedankenkreisel und eine zwanghafte Überfürsorge. Unsere Verbindung zum wirklichen Geschehen wird gekappt, Angst, Frust und Erschöpfung sind die Folge.

So lässt sich der Fürsorgestress erklären, der bei uns als Eltern entsteht: das ständige Sorgen machen, ob die Kinder richtig gegessen haben, rechtzeitig von Partys zurück sind, das Durchspielen aller möglichen Katastrophen, die eintreten könnten, Selbstaufopferung versus Abgrenzung. (Ob Sie da einen Unterschied zwischen sich als Vater und Mutter feststellen, vermag ich nicht zu sagen.)

Ich finde van den Brinks und Kosters Erklärung für diese alltäglichen elterlichen Phänomene hilfreich. Sie sehen Fürsorgestress als die mögliche Kehrseite unserer jüngeren Fähigkeit zu Denken, ganz ähnlich wie sich aus „fight“,“flight“, „freeze“ Selbstverurteilung, Isolation und Überidentifikation entwickelt haben.

Aber auch für ein ausgeufertes Tend-and-befriend, das automatisch im Alarmsystem angestoßen wird, haben wir ein Gegenmittel. Durch die gezielte Pflege von Achtsamkeit, Selbst/-Mitgefühl und Gelassenheit können wir alte Muster mit unserem jüngeren Gehirn weiterentwickeln. Wir können aus unserem Kopfkino wieder in wirkliche Verbindung kommen, uns erden und eine Balance schaffen zwischen Fürsorge für die Kinder, Selbstfürsorge und Gelassenheit, die auch die Freiräume der Kinder achtet. So werden wir wieder im grünen System verankert.

TEND-AND-BEFRIEND

„Fight-or-flight“, zu deutsch „Kampf oder Flucht“, wurde bereits 1915 als primäre Stressreaktion beschrieben (Walter Cannon, US-amerikanischer Stressforscher). Im Jahr 1985 kam mit „freeze“, zu deutsch Erstarren und Totstellen, eine dritte elementare Reaktion auf Bedrohung hinzu (Jeffrey Alan Gray, britischer Psychologe). Erst 2000 wurde eine vierte grundlegende Reaktionsweise abgegrenzt: Tend-and-befriend (Shelley Taylor), also bei Bedrohung schützend und versorgend für den Nachwuchs eintreten und sich um soziale Bezüge und freundschaftliche Beziehungen in der Gruppe bemühen.

Forscherinnen um Shelley Taylor, einer US-amerikanischen Psychologie-Professorin an der University of California, Los Angeles, war aufgefallen, dass fast alle Studien zu Stressreaktionen, vor allem wenn sie mit Messergebnissen zu Stresshormonen und ähnlichen verknüpft wurden, fast ausschließlich mit Männern durchgeführt wurden. Vermutlich steckte die Annahme dahinter, dass bei Frauen durch den weiblichen Zyklus Messungen weniger verwertbare Ergebnisse liefern. Die Gruppe um Taylor forschte weiter, auch mit Frauen, und fand heraus, dass es Geschlechtsunterschiede in der Stressreaktion gibt, sowohl im Verhalten als auch was Hormon-Level im Körper angeht, die bislang in Studien wenig beachtet wurden.

Aus den Ergebnissen entwickelten die Forscherinnen ihr Tend-and-befriend-Modell. Demnach hat sich Tend-and-befriend evolutionär vor allem für Mütter bewährt. Mit einem Säugling am Körper lässt es sich weniger gut kämpfen oder fliehen. Schwangere Schimpansen oder Muttertiere mit Säuglingen organisieren sich für die Futtersuche präventiv in Gruppen. Dieser Reaktionsmodus wird durch das Hormon Oxytocin unterstützt, das wichtig für Bindung per se ist. Östrogen unterstützt die Wirkung von Oxytocin.

Sowohl Männer als auch Frauen können natürlich bei Gefahr mit „Kampf oder Flucht" reagieren. Allerdings neigen Männer aufgrund ihrer Testosteron-Level eher zu „Kampf oder Flucht", Frauen entscheiden sich dagegen gehäuft für Tend-and-befriend.

Um unsere archaischen Stressreaktionen zu verstehen, lohnt es sich also auf die Unterschiede im Hormonhaushalt zu schauen.

Es wird erzählt, dass der Ausgangspunkt zu dieser Forschung folgender war: Die Forscherinnen hatten festgestellt, dass wenn Stress im Labor herrschte, die Frauen erst ein mal zu putzen anfingen und Kaffee miteinander tranken und die Männer sich hingegen in einzelne Ecken zurückzogen, um drauflos zu arbeiten (Ich weiß jetzt auf jeden Fall, warum meine Frau, wenn sie gestresst ist, ersteinmal die Küche aufräumt, während ich bei Stress eher allein in den Garten gehe).

Quelle: Taylor, S. et al., *Biobehavioral responses to stress in females: tend-and-befriend, not fight-or-flight.* In: Psychol Rev 2000 (107), S. 411–429.

ÜBUNG

Eltern-Meditation – Die Grenzen meiner Möglichkeiten

Ich empfehle, die Meditation angeleitet zu hören. Sie finden Sie außer im Online-Kurs zum Buch auf *www.we-mind.life* und auf meiner allgemeinen Webseite *www.achtsamkeitundselbstmitgefühl.de* zum Anhören oder als Download. Sie kann auch auf andere geliebte Menschen angewendet werden.

Nehmen Sie eine ruhige, bequeme Position ein und schenken Sie sich ein paar Minuten Zeit zum Einstimmen. Achten Sie dabei auf Ihre Wahrnehmungen im Körper, die Atmung.

Hören Sie nun die folgenden Worte und spüren Sie, welche Resonanz sie wachrufen:

Jeder Mensch ist eine eigene Sternschnuppe. Auch du mein Kind! (meine/meiner Liebe/Lieber)

Aus tiefem Herzen möchte ich dich auf deiner Bahn beschützt sehen, vor allem Leid, allem Schmerz und allen Katastrophen.

Aber es steht weder in meiner Macht noch in meiner Verantwortung, das alles leisten zu können. Jedes Menschenkind ist auf seiner eigenen Lebensreise!

Möge ich die Grenzen meiner Möglichkeiten akzeptieren.

Ich kann einen Hafen bauen, in dem du sicher und geborgen bist, auftanken kannst und Verbundenheit erlebst. Aber ich kann dich ***nicht*** bewahren vor den Flauten und Stürmen und den Gefahren auf deiner Abenteuerreise.

Gleichwohl wünsche ich dir auf deiner Reise von ganzem Herzen, dass du möglichst frei von Leid und Unglück bleibst und dich so entfalten kannst, wie es für dich passend ist.

Einfach wirken lassen für einige Minuten. Dann ein zweiter Durchgang:

Spüren Sie noch einmal die Bedeutung dieser Worte ..., Ausklang ... und nachspüren.

4.6 Auch ich kann mich entschuldigen

Manchmal scheint es so, dass wir nur mehr Achtsamkeit und Selbst/-Mitgefühl aufbringen müssen, um auf der Insel der Glückseligen zu landen, und das ganz ohne Konflikte. Lebt aber eine kleine Herde Menschen mit unterschiedlichsten Persönlichkeiten, Interessen und Wünschen auf engstem Raum, geht es gar nicht ohne Konflikte, das wäre unnatürlich. Erst recht, wenn die Herde eine Familie ist und dabei noch Aufgaben der Begrenzung, der sogenannten ErZIEHung, dazukommen.

Laufend entstehen Risse in unseren Beziehungen. Das ist kein Drama und gehört zur gesunden Entwicklung dazu. Wichtig ist, diese Risse können wieder gekittet werden. Schon ganz früh läuft dieser „Reparatur-Prozess" ab. Erobern Kleinkinder ihre Welt, verlassen sie ihre Sicherheitszone. Ein kleiner Riss entsteht und Unbehagen oder Angst lässt sie schnell wieder in die Sicherheitszone zurückkehren und alles ist wieder gut. Oder, wenn Mama einmal nicht alle Bedürfnisse sofort erfüllt und dann aber doch wieder präsent und fürsorglich ist. So entsteht eine stabile Bindung. Nach und nach weitet sich der Kreis der Sicherheit aus und die Gewissheit wächst, immer dorthin zurückkommen zu können. Das stärkt die innere Sicherheit.

Die Fähigkeit, Risse zu erkennen und eine Reparatur einzuleiten, ist eine entscheidende Aufgabe für uns Eltern. Sich nach heftigen Konflikten, wieder zur Ruhe zu bringen (oder manchmal vielleicht auch schon davor), den reifen Erwachsenen in uns wieder ans Steuer zu lassen, ist unser Job. Wenn wir eskaliert sind, liegt es an uns, die Stärke an den Tag zu legen und auf das Kind zuzugehen. Zu klären, saß hier gerade eher das Monster, der Werwolf oder ein gekränktes Ich am Steuer.

Und uns zu entschuldigen. Das ist kein Autoritätsverlust, im Gegenteil, es ist verdammt nah dran, an dem was wir doch immer von unseren Kinder verlangen und uns von ihnen wünschen: sich entschuldigen, sich erklären, Fehlverhalten zurücknehmen, Besserung geloben.

Achtsamkeit kann da ein wichtiger Verbündeter sein: Wir erkennen leichter, wann wir beginnen unser Alarmsystem hochzufahren und wann wir aus der Stressreaktion in den Kampf- oder Flucht-Modus schalten. Kann eine Atempause das unterbrechen? Kann eine Selbstmitgefühlspause helfen, wieder freundlich mit uns zu sein, falls der Ausstiegspunkt längst vorbei ist, unsere Gefühle schon durchgerauscht sind? Das ist dann eine gute Basis für die folgende, innere Übung.

ÜBUNG

Riss und Reparatur (nach „Mindful Parenting" von Bögels/Restifo)

Sie können diese Übung anwenden, wenn es einen Konflikt gab und Sie mit sich und Ihrem eigenen Verhalten nicht zufrieden sind. Das kann gegenüber Ihrem Kind sein. Sie können es aber auch gegenüber Ihrem Partner oder einer anderen Person anwenden.

Nehmen Sie sich auf jeden Fall zu Beginn einige Minuten, um mit der Atempause oder der Selbstmitgefühlspause in einen ruhigen inneren Zustand zu kommen. Sie sollten diese innere Übung nicht durchführen, wenn Sie noch in Erregung sind.

Holen Sie sich die Situation, in der Sie über ihr Verhalten nicht glücklich waren, noch einmal vor Ihr inneres Auge. Was wurde gesagt oder getan? Was haben Sie gefühlt? Welche Körperempfindungen haben Sie wahrgenommen? Welche Gedanken und Phantasien sind Ihnen durch den Kopf gegangen? Gab es Handlungsimpulse oder Handlungen von Ihrer Seite?

Schenken Sie sich selbst Mitgefühl, für alles was Sie fühlen und erleben, und lassen Sie die Gefühle zu, die jetzt auftauchen. Erlauben Sie auch eventuelle Angst, Traurigkeit, Wut oder Schmerz. Sie dürfen so fühlen, wie Sie es tun!

Verfolgen Sie nun drei volle, tiefe Atemzüge mit aller Aufmerksamkeit beim Ein- und beim Ausatmen und die kleinen Pausen dazwischen. Spüren Sie dann Ihren Körper als Ganzes. Gibt es Spannungen? Können Sie etwas loslassen?

Wenn Sie soweit sind, konzentrieren Sie sich auf ihr Kind (beziehungsweise eine andere beteiligte Person). Wie hat sich Ihr Kind in dem Konflikt gefühlt? Welche Gefühle hatte es möglicherweise, welche hat es vielleicht gerade in diesem Moment? Welche Körperempfindungen? Welche Gedanken? Welche Bedürfnisse?

Können Sie Ihrem Kind erlauben zu fühlen, was auch immer es fühlt? Können Sie ihm erlauben, dass es vielleicht ängstlich, wütend, traurig oder verletzt ist? Sagen Sie ihm innerlich, dass es völlig in Ordnung ist, zu fühlen, was es fühlt.

Wie sieht die ganze Situation aus der Perspektive Ihres Kindes aus? Schauen Sie mit seinen Augen, fühlen Sie mit seinem Herz. Können Sie die entstandenen Gefühle bei ihm verstehen? Nehmen Sie dies jetzt mit Mitgefühl wahr.

Mit allem Verstehen und Mitgefühl in Ihnen, was würden Sie jetzt gerne zu ihrem Kind sagen? Können Sie etwaigen Stolz loslassen und mit allem Mut und von ganzem Herzen für ihr Verhalten um Entschuldigung bitten?

Stellen Sie sich vor, wie Sie um Entschuldigung bitten und nehmen Sie wahr, wie sich das anfühlt bei Ihnen und für Ihr Kind.

Wie war es, die unangenehme Situation noch einmal aufzurufen? Ist Ihnen dieser Perspektivwechsel gelungen? Falls nicht, keine Sorge, das ist manchmal so. Versuchen Sie das Ganze ein anderes Mal nach einer anderen Situation erneut. Wie war Ihr Gefühl nach der inneren Entschuldigung? Ermutigt Sie das, sich in der Realität zu entschuldigen?

Wir sind für unsere Kinder ein wichtiges Vorbild. Schaffen wir es als Eltern, durch diese unangenehme erste Phase hindurchzugehen und uns zu entschuldigen oder eine übertriebene Sanktion zurücknehmen, ist viel „gewonnen". In keiner Weise ist das ein Gesichtsverlust. Vielmehr ist es eine Geste innerer Größe. Letztlich leben wir damit etwas vor, das wir von unseren Kindern auch immer wieder verlangen.

Merken wir uns also: Es wird immer Konflikte geben. Mit Achtsamkeit können wir aber allzu heftigen Eskalationen vorbeugen. Kommt es zu Rissen in unseren Beziehungen, können wir sie dank Mitgefühl und Selbstmitgefühl reparieren. Mit jeder gelungenen Reparatur werden unsere Beziehungen stärker.

4.7 Mit Liebe Grenzen setzen

Grenzen setzen, scheint der Heilige Gral der Erziehungshandbücher zu sein. Beinahe in jedem Werk wird ein Rezept propagiert, wann Kinder Grenzen brauchen, wie viel und wie oft sie diese spüren müssen, damit es „richtig" ist. Alle möglichen Techniken zum effektiven Setzen von Grenzen werden da vorgeschlagen. Wir wollen uns dem Thema ganz im Sinn der Achtsamkeit vom Erleben und Wahrnehmen unserer eigenen Grenzen aus nähern.

Eine meine ersten Herausforderungen als frisch gebackener, unerfahrener Stiefvater erlebte ich noch als Student bei einem Ausflug in die Stadt mit der damals vierjährigen Tochter meiner Partnerin. Sie fuhr mit ihrem kleinen Kinderrad hinter mir auf dem Gehsteig und dabei in die Hacken – *Kann ja mal passieren.* Einige Schritte weiter, *Rumms!*, schon wieder. Ich drehe mich um und schaue vorwurfsvoll. Noch einmal 20 Meter weiter passierte es ein drittes Mal. Jetzt war klar, das macht sie absichtlich. Ohne groß nachzudenken und wirklich sauer, drehte ich mich um, packte sie am Arm und sagte ihr mehr als deutlich, aber nicht unbedingt laut: *„Damit hörst du jetzt sofort auf!"* Sie muss die ganze Energie in meinem Körper gespürt haben. Ab da fuhr sie fröhlich und ganz gesittet neben mir her und drehte später mit dem Rad singend Kreise im Hof.

Irgendwie hatte sie diese Grenze wohl gesucht und gebraucht. Und instinktiv hatte ich dieses *Stopp!* wohl so klar herübergebracht, dass es nachhaltig wirkte. Mit meinem heutigen Wissen denke ich: Ich habe in dieser Situation meine eigene Grenze klar gespürt und deutlich wahrgenommen, dass sie überschritten wird. Das Einhaltgebieten kam mit aller Authentizität direkt aus dem Bauch heraus und hat die Kleine derart erreicht, dass sie wusste, jetzt ist es ernst gemeint – und das, ohne, dass ich irgendwie laut werden musste.

Wenn ich zurückdenke in eine Zeit des Elternseins, lange bevor ich Achtsamkeit praktiziert habe, dann erinnere ich mich allerdings auch gut daran, dass meine Stopps! oder Nein-das-geht-jetzt-nicht-Sätze immer wieder einfach so wirkungslos verpufft sind. Ich musste dann entweder wirklich laut werden, um etwas durchzusetzen oder ich habe es aufgegeben. Unsere Kinder haben feine Antennen, um zu unterscheiden: *„Ach, das ist jetzt wieder das übliche Gezeter.“*, *„Tu dies nicht, tu das nicht.“* oder: *„Hoppla, jetzt meint sie oder er es wirklich ernst!“*

Aus langjähriger Elternberatung weiß ich, dass es oft schwierig ist, Grenzen zu setzen. Besonders kompliziert wird es, wenn Kinder sehr energiegeladen sind oder es um die Einschränkung der eigenen, elterlichen Kräfte geht. Wie gelingt es uns hier, nicht nur auf unsere Intuition angewiesen zu sein? Was können wir vermeiden, dass nicht so viel Ärger ausgelöst wird oder dass wir auf den unteren Weg geraten oder in einen dysfunktionalen „Strafende-Eltern-Modus“?

Es macht einen Unterschied, wie das Grenzen setzen geschieht. Mehr aus Überlegungen heraus, wie: *„Das sollte so nicht sein“*, *„Da muss ich Einhalt gebieten“* und *„Jetzt sollte ich einschreiten, aber ich will nicht dem nachfolgenden Ärger ausgesetzt sein?“*. Oder spüre ich deutlich meine eigene Grenze und wahre sie, weil sie mit meinen Werten und Wünschen für die Entwicklung des Kindes übereinstimmt.

Die eigene Achtsamkeit kann uns auf diesem Weg helfen. Es beginnt mit der eigenen Körperwahrnehmung und dem Wahrnehmen der eigenen Gefühle, lange bevor wir bei gerichteten Gedanken oder Konzepten angelangt sind.

Machen wir dazu eine Übung.

ÜBUNG

Grenzen spüren (nach „Mindful Parenting“ von Bögels/Restifo)

Setzen Sie sich entspannt hin und nehmen Sie einige tiefe ruhige Atemzüge zur Einstimmung.

Rufen Sie jetzt eine Erinnerung an eine Auseinandersetzung mit Ihrem Kind auf, in der Sie das Gefühl hatten, Sie hätten hier klarer Grenzen setzen müssen. Lassen Sie die Szene noch einmal lebendig werden. Wer war beteiligt? Was geschah? Wer hat was gesagt oder getan?

Versuchen Sie jetzt, sich daran zu erinnern, wie es sich in Ihrem Körper angefühlt hat, in dieser Situation zu stecken. Was ist an Gefühlen und Gedanken aufgetaucht? Gab es etwas, das Sie am liebsten gesagt oder getan hätten? Wurde vielleicht ein Kind-Modus in Ihnen aktiviert, das „verletzliche oder wütende Kind“? Wie fühlt es sich gerade im Moment an, in dieser Erinnerung zu sein?

Lassen Sie die Situation wieder los. Führen Sie nun eine achtsame Atempause durch:

1. Kurzer Check nach innen: Alle gegenwärtigen Wahrnehmungen einfach beobachten, ohne zu bewerten: Körper, Sinnesempfindungen, Gedanken, Gefühle.
2. 10 tiefe, lange und ruhige Atemzüge mit aller Aufmerksamkeit begleiten,
3. Wieder erweitert den ganzen Körper wahrnehmen; vielleicht ist auch etwas Selbstmitgefühl für die erlebte schwierige Situation angesagt. Sie können die Hand auf Ihr Herz legen. Falls sich ein „verletzliches“ oder „wütendes“ Kind gemeldet hat, dann können Sie es jetzt versorgen und beruhigen.

Bereiten Sie sich auf einige Erforschungsfragen an sich selbst vor und nehmen Sie sich ein wenig Zeit, um jede Frage in sich klingen zu lassen:

Wenn Sie einen Elternpartner haben, ist es lohnenswert, sich über Ihre jeweiligen Erkenntnisse in dieser Übung auszutauschen.

- Haben Sie ihre eigenen Grenzen gespürt, bevor oder nachdem Ihr Kind diese überschritten hatte?
- Wie fühlt es sich an, wenn Sie versuchen, eine Grenze zu setzen?
- Was würden Sie ***vermeiden***, wenn Sie keine Grenze setzen?
- Gibt es etwas, das Sie jetzt am liebsten tun würden?

Wir stoßen beim Thema „Grenzen“ besonders häufig auf die eigenen Schema-Muster aus unserer Kindheit. Die Erfahrung, wie uns selbst als Kind Grenzen gesetzt wurden, kann in unserem Erwachsenengehirn reaktiviert werden und in unser Handeln als Eltern einfließen. Wir geraten dann in den dysfunktionalen „Fordernde-“ oder „Strafende-Eltern“-Modus. Unsere Erfahrungen mit Grenzen können aber auch so traumatisch gewesen sein, dass wir als Eltern vermeiden, klare Grenzen zu setzen, aus Angst unseren Kindern zu schaden oder weil wir uns in Konflikten in der Rolle des „verletzlichen Kindes“ wiederfinden.

Grenzen setzen ruft meist Reaktionen von Enttäuschung und Unmut über Protest bis massiven Ärger bei unseren Kindern hervor. Wir müssen gewappnet sein, damit umzugehen. Ärger zu vermeiden, weil wir zu sehr auf Harmonie aus sind, ist wenig hilfreich. Denn Grenzen setzen kann auch heißen, dass wir die Gefühle unseres Kindes ernst nehmen und akzeptieren, auch wenn es Wut oder Protest sind. Das resultierende Verhalten müssen wir hingegen nicht akzeptieren, schon gar nicht, wenn es unsere Grenzen überschreitet. Oft spüren wir zu spät, dass unsere eigenen Grenzen längst überschritten worden.

Achtsamkeit auf den eigenen Körper zu trainieren, wird in diesem Fall essenziell. Aber auch sonst ist sie geeignet, unsere Eigenwahrnehmung zu stärken, weil die ersten Auswirkungen von entstehendem Stress durch Grenzverletzung meist über den Körper wahrgenommen werden. Daher sind regelmäßig durchgeführte formale Achtsamkeitsübungen wie der Body-Scan und die Körperwahrnehmung in Bewegung wirklich empfehlenswert. Auch ohne langes Üben kann in alltäglichen

Konfliktsituationen zunächst ein kurzes Innehalten für drei Atemzüge mit anschließendem Nachspüren unterstützend sein, die eigenen Grenzen wahrzunehmen.

4.8 Gelassenheit in der Pubertät?!

„Pubertät ist, wenn die Eltern schwieriger werden". Es ist diese wilde Zeit, wenn Abgrenzung, Auflehnung und Widerstand zur elementaren Entwicklung der Kinder gehören, es aber auch noch ein Bedürfnis nach Halt, Nähe und Unterstützung gibt – gleichwohl meistens verborgen.

Unsere Kinder wollen alles hinterfragen. Dabei legen sie unsere eigenen Ungereimtheiten und Inkonsequenzen schonungslos offen. Unsere intelligenten, sozial kompetenten, pubertierenden Kinder finden alle „Schwächen" ihrer Erziehungsberechtigten und weisen uns penetrant darauf hin. Wir als Eltern stehen infrage: Wie halten wir es selbst in Bereichen, in denen wir enge Grenzen setzen, zum Beispiel beim Medienkonsum, beim Alkoholgenuss, beim Aufräumen?

Wie können wir das als Eltern aushalten? Wie können wir Gelassenheit kultivieren, angesichts dieses „Dauerbeschusses"?

Nun, vieles hängt sicher davon ab, wie gelassen und freundlich wir mit uns selber umgehen, mit unseren eigenen „Schwächen" und „Fehlern". Wie wir zu den Inkonsequenzen stehen in Dingen, die wir eigentlich schon immer machen wollten und dann doch nicht tun. Das entscheidet darüber, ob wir uns dauernd ertappt fühlen und aus diesem Grund heftige Verteidigungsmaßnahmen ergreifen vom Abstreiten als Schutz bis hin zum gezielten Gegenangriff.

Wenn uns der Spiegel vorgehalten wird, bietet Selbstmitgefühl eine wunderbare Grundlage, um gelassener zu reagieren. Aber aufgepasst, komplett gelassene Eltern sind für Kinder in der Pubertät auch ein rotes Tuch!

Ich als Teil eines weltoffenen und achtsamen, toleranten Elternpaares konnte gut beobachten, welchen schweren Job unsere Kids hatten mit dem „Sich-Abgrenzen" und dem „Anders-Sein". In meiner Jugend hat schon ein alter Armee-Parka und eine abgewetzte, löchrige Jeans gereicht, um Protest gegen die „Alten“ zu leben und Gegenmaßnahmen los zu treten.

Angesichts des Kleidungstils einer meiner Töchter konnte ich, wenn ich gut drauf war und Abstand hatte, lächelnd und bewundernd sagen: *„Hey, kreativ und energisch wie sie ist, hat meine 15-jährige Tochter es doch irgendwie geschafft, dass ich mich als Vater restlos und authentisch über ihre Klamotten aufrege. Echt, 'ne starke Leistung!“*

Im O-Ton hörte sich das in folgender Situation dann aber eher so an:

Genervter Vater muss mal wieder Eltern-Taxi sein, damit Töchterlein zu ihrer allerneuesten Flamme kommt. Kurz zuvor gab es erst ein Drama mit dem verflossenen Vorgänger; mit Tränen und wildem Schmerz.

Meine Tochter kommt in lilafarbenen High-Heels, enger Strumpfhose und einer Art Gardinenstoff, als Rock wie ein Hauch um die Hüften gelegt, weit geöffneter Glanzbluse aus dem Haus heraus. Gekrönt wird ihre Erscheinung von einem rosafarbenen Gürtel mit Playboy-Hasen-Schnalle und überbordenden Strass-Einsatz. Sie stöckelt energisch und wenig kommunikativ vorbei in Richtung Auto.

Da rutscht es dem Vater aus den Tiefen seines Seins, ungefiltert über die Lippen: *„Vielleicht solltest du dich mal nicht anziehen wie vom Straßenrand, wenn du nicht wieder an männliche Arschlöscher geraten willst!“*.

Kurzes Innehalten der energischen Klack-klack-klack-Schritte, ein sichtbar verdutztes Gesicht mit einem Anflug von Nachdenken, das sich allerdings schnell wieder verfinstert. Klack, klack, klack.

War das als Vater nun ein Moment der Achtsamkeit oder ein fürchterlicher Fauxpas/Griff ins Klo? Einfach nur schlecht beeltert? Oder war es gar ein Moment der Begegnung – in schräger Verpackung zwar –, aber doch mit einem spürbaren Ausdruck von Sorge und Mitgefühl? Auch, wenn das damals sicher niemand von uns zugegeben hätte. Ich habe diese Geschichte erst vor ein paar Monaten mit meiner nun 23-jährigen Tochter erneut geteilt. Sie erinnerte sich noch gut und sagte schmunzelnd, wie peinlich ihr heute ihr eigenes Auftreten von damals sei. Wir waren uns ganz nah im gemeinsam Erinnern.

Durch praktizierte Achtsamkeit und geübtes Selbstmitgefühl können wir für unser Elternsein lernen, freundlich mit den eigenen Verletzungen und Schwierigkeiten umzugehen. Der Respekt gegenüber unseren Kindern bleibt erhalten, gerade auch in Zeiten, in denen sie uns Eltern weniger respektvoll behandeln. Wichtig zu erwähnen: Die aktuellen Dramen verändern sich im Lauf der Zeit, werden umgedeutet. Und, obwohl diese heiklen Phasen, in denen es einfach nicht gut werden will, manchmal lange anhalten, schaut die Welt Jahre später doch oft ganz anders aus. Begegnen wir uns achtsam und mit Selbstmitgefühl bestehen gute Chancen, einmal gemeinsam sagen zu können *„Wow, was für wilde Zeiten gab es damals miteinander durchzustehen"* und dabei im Herzen zu spüren, wie diese Zeiten Verbundenheit geschaffen haben.

Jahre später sehen auch wilde Szenen wie diese dann ganz anders aus: Meine wütende Tochter stapft die Treppe hoch und schreit: *„Ich weiß auch nicht warum, ich bin halt immer das schwarze Schaf der Familie und ich bin eben anders als ihr alle. Ich gehöre halt nicht dazu!"* Ich weiß noch, wie diese Sätze mir damals in Mark und Bein gefahren sind, wie der Vorwurf einschlug, welche Hilflosigkeit er auslöste: *„Genau das wollte ich durch meine Erziehung nie verursachen."* Und wie fühlt es sich jetzt an, auf dem Sofa nebeneinander zu sitzen und zu sagen: *„Du hast echt eine Fetzen-Pubertät über die Jahre hingelegt. Du hattest eine derartige Power, dass wir öfter gegen besseres Wissen zurückgeschreckt mit Grenzen und Regeln sind, um nicht wieder den nächsten Vulkanausbruch und Grundlagenkrieg auszulösen. Wie wir uns manchmal gedrückt haben, aus eigenem Wunsch nach Harmonie oder gar aus Bequemlichkeit, und wie du das immer wieder gnadenlos ausgenutzt hast, um deine Grenzen auszuweiten."*

Und dann kommt die schallende Reaktion: *„Ihr hättet doch nur klar Nein! sagen brauchen"*. Auf dem Sofa ist nun eine wohltuende Verbundenheit und Nähe spürbar: Wir haben das mit allen Höhen und Tiefen miteinander durchgestanden! Das ist unser Leben.

Heute kann ich ganz für mich mit Bewunderung sagen: Manchmal hätte ich gerne die Courage meiner Tochter, Meinungen und Haltungen mit dieser Power und ohne sich von anderen behindern zu lassen, gegen den Wind zu vertreten. Und manchmal hätte ich gerne mehr von der gelebten, liebevollen Güte, dem Mitgefühl der anderen Tochter und ihrer unendlichen Bereitschaft, eigene Interessen zum Wohl des anderen, ob Tier oder Mensch, aufzugeben.

Da breitet sich dann doch ein innerer Friede in mir aus und Rick Hanson's schöne Zeilen kommen mir ins Hirn: *„Hey, it might not be perfect, but it is pretty good."*, sinngemäß etwa *„Hey, ich war und bin sicher kein perfekter Ehemann und Vater, aber bisher ist es doch ganz gut gelaufen."* Und meine Herde Familie ist doch letztlich in einer guten Weise unterwegs, jeder in seinem Stil. Gelassenheit ist das Stichwort.

Gelassenheit wächst auch mit dem Alter, sicher, aber Achtsamkeit kann helfen, sie in jedem Alter wachsen zu lassen.

ÜBUNG

Sofa-Gespräch in der Zukunft

Es gibt eine Möglichkeit, diese Gelassenheit konkret zu üben, vor allem wenn Sie mit durch die Pubertät Ihres Kindes müssen.

Nehmen Sie einige ruhige Atemzüge mit tiefem Ausatmen. Reisen Sie in Gedanken in die Zukunft. Stellen Sie sich ein Sofa-Gespräch mit Ihrem dann älteren, vielleicht so zwischen 25 bis 30 Jahre alten Kind vor.

Rufen Sie eine lebendige freundliche Szene auf, in der Sie gemeinsam auf heute zurückblicken. Eine Situation, in der Sie erzählen können, wie verdammt schwer und nervig es manchmal war mit diesem Infrage-gestellt-werden, mit den Angriffen, mit der Heftigkeit der Gefühlsausbrüche und mit dem eigenen Gefühl, es nie richtig machen zu können.

Wahrscheinlich wird sich Ihr Sohn oder Ihre Tochter genau hier einklinken und sagen:

„Genau dieses Gefühl hatte ich auch immer: Nie konnte ich es richtig machen, immer stimmte irgendetwas nicht. Und so oft gab es Vorschriften, die einfach nervig waren und mich wütend gemacht haben, weil das ja hieß, dass du mir nichts zutraust. Heute verstehe ich einige davon, aber andere sind auch jetzt noch daneben."

Stellen Sie sich vor, wie Sie sich austauschen über Ihr Leid und wie Sie beide ganz versöhnlich sind. Stellen Sie sich vor, wie sich Ihr Kind vorbereitet für die eigene Elternrolle und sich Gedanken macht, wie es später mal mit den eigenen pubertierenden Kindern umgehen will. Lassen Sie sich erzählen, was er oder sie gerne übernehmen will und was er oder sie ganz anders machen will.

Auch und gerade schwierige Zeiten sind gute Lehrmeister. Manchmal bringen sie uns nur Bescheidenheit bei, manchmal lehren sie uns, zu den eigenen Werten zu stehen und durchzuhalten. Jedenfalls kann es zu mehr Gelassenheit im Moment verhelfen, sich vorzustellen, was wir gelernt und erreicht haben, wenn diese schwierige Zeit vorbei ist.

Kennen Sie das? Schon tausendmal gesagt und doch klappt es einfach nicht; mit dem Zimmer aufräumen, dem Geschirr wegstellen, dem Bescheid geben, wenn sie bei Freunden heil angekommen sind?

Meist ist das die große Spielwiese der Elternratgeber, sie werben für klare Aufforderungen und klare Konsequenzen. Das kann durchaus auch sinnvoll sein, zum Beispiel beim Zähneputzen, was einfach gemacht werden sollte. Hier ist ein anderer Zugang aus der Perspektive der Achtsamkeit und des Mitgefühls zu diesem Thema.

ÜBUNG

Immer die gleiche Leier

Stellen Sie sich bildlich eine dieser kontinuierlichen Nervsituationen vor. Sie erleben jetzt vielleicht Ihren eigenen Unmut, ihr Entnervt-sein und den großen Wunsch, das soll jetzt ein für alle Mal einfach klappen.

Nun lassen Sie sich auf ein Rollenspiel ein. Wechseln Sie in die Rolle und Perspektive Ihres Kindes! Wie sieht das Dauerszenario jetzt aus?

Stellen Sie es sich vor wie auf einer Laienschauspielbühne: Es wird das Stück „Die genervte Mutter" oder „Der genervte Vater" gespielt. Oder Sie stellen sich vor, wie Ihr Kind einer guten Freundin diese immer gleiche Szene erzählt und beschreibt, wie sich seine Mutter oder Vater verhalten.

„Oh, da kommt wieder Mama oder Papa und nervt. Immer die gleiche Leier. Mein Zimmer sieht nicht so aus, wie die es schön finden. Aber es ist doch meins. Und ich muss mich darin zurechtfinden". Jetzt kommt gleich wieder ein schmaler Mund, dann diese genervte Stimme: *„Wie oft habe ich dir schon gesagt ..."*

„Dann sieht sie/er wieder aus, als hätte sie/er in eine Zitrone gebissen. Wenn ich jetzt noch irgendwas von dem sage, was mir wirklich durch den Kopf geht, dann regt sie/er sich erst richtig auf. Manchmal will ich das ja auch. Manchmal rutscht es mir aber nur so raus, weil ich gerade mit etwas ganz anderem Wichtigem beschäftigt bin. Überhaupt, wie schaffen die das, immer genau im falschen Moment mit diesen Sachen zu kommen, wenn es überhaupt nicht darum geht?"

Stellen Sie sich selbst ganz lebhaft aus dem Blickwinkel Ihres Kindes vor, wie Sie selbst wirken. Was sind die typischen Sätze? Welchen Tonfall schlagen Sie an? Gibt es eine klassische Körperhaltung, typische Gesten?

Wie würde die Empfehlung Ihres Kindes an Sie lauten, damit Sie wirklich erfolgreich mit Ihrem Anliegen sind? *„Oh, wenn sie/er doch nur ein wenig anders anfangen würde ..., Wenn sie/er doch nur in einem anderen Ton ..."*

Und wenn Sie schon im Rollenspiel sind: Wie sieht dieser Akt des Schauspiels aus der Sicht Ihres Kindes aus?

„Am besten ist, wenn ich am Zuklatschen der Tür beim Heimkommen schon hören kann: Oha, Papa oder Mama hatte einen anstrengenden Tag bei der Arbeit oder stand im Stau beim Heimfahren. Dann kannst du Gift darauf nehmen, dass jetzt irgendein Kommentar zu einer Jacke oder einem Rucksack kommt, der nicht genau am vorbestimmten Ort ist, oder die Küche ist dran, in der natürlich wieder irgendetwas noch herumsteht. Ich glaube, die sollten einfach mal eine Runde spazieren gehen oder meditieren, bis sie wieder runtergekommen sind, statt mich hier als Blitzableiter zu benutzen."

Achtsamkeit und Selbstmitgefühl können helfen, diese Perspektive des anderen einzunehmen. Und wenn wir uns vorstellen, unser Kind würde uns jetzt auf dieser Bühne nachspielen, so wie wir in typischer Weise unterwegs sind „in der alten Leier", dann bekommt das hoffentlich etwas Leichtes und kann uns zum Schmunzeln über uns selbst anregen.

4.9 Scham und Schuld

Urteile nicht hart über dich selbst.
Ohne Erbarmen mit uns selbst sind wir außerstande,
die Welt zu lieben.

BUDDHA

Wie wäre es, wenn wir einfach wir selbst sein könnten: imperfekt, mit all unseren Stärken und Macken, ohne Angst, was die anderen von uns halten, ohne uns zu schämen für unsere Eigenschaften oder früheren Handlungen. Wenn wir einfach, ohne Scham und schlechtes Gewissen, das Geschenk des Lebens entfalten dürften. Klingt das nicht sehr verlockend? Ist das so schwer?

Nun ja, wir sind „Opfer unserer Zivilisationsgeschichte", Jahrhunderte autoritärer Erziehung, die „Fehlverhalten" mit Schuld, Scham und Bestrafung ahndet. Eine kurze Gegenbewegung in Richtung antiautoritäre Erziehung gab es ab den 1960er Jahren, seitdem herrscht ein ständiger Widerstreit dieser zwei Haltungen. Erziehung scheint synonym dafür zu sein, „Fehlverhalten" von Kindern zu korrigieren, dafür zu sorgen, dass sie sich „richtig" verhalten lernen. Die elterliche Kritik dient dieser „Abrichtung" und wir haben die erzieherischen Stimmen oft selbst internalisiert. Bringen wir sie zum Klingen, spricht oft der innere Selbstkritiker oder Scharfrichter in uns. Mit einer mitgefühlsbasierten Haltung uns und unseren Kindern gegenüber wollen wir dem etwas entgegensetzen.

Es lohnt sich den eigenen Regungen, „schlechtes Gewissen", Schuldgefühle und Scham, etwas genauer nachzuspüren, gerade wenn uns wichtig ist, dass wir Erziehung nicht vordringlich als Auslösen und Weitergeben dieser Schuldgefühle an unsere Kinder betreiben wollen. Wir können durch Mitgefühl eine neue Ära der Erziehung begründen; unseren Kindern als Beschützer und fördernde Begleiter beim Entfalten ihres Lebens zur Seite stehen.

In diesem Zusammenhang finde ich die Terminologie „dem Leben dienlich sein" von Marshall Rosenberg aus seinem Buch „Gewaltfreie Kommunikation"*sehr schön. Damit stellt er all seinem Vorgehen die Maßgabe der guten Absicht voran. Sicherlich ist das eine Bewertung. Aber eine, die sich für Eltern in der „Erziehung" gut anwenden lässt: Ist mein Vorgehen, sind meine Regeln dem Leben dienlich, meinem und dem der Kinder? Geht es mir bei Konflikten mehr um ein Prinzip oder eine Hausordnung? Mit dem Grundsatz „dem Leben dienlich sein" lassen sich auch Grenzen und Eingriffe in die Freiheiten der Kinder gut begründen: „Ich greife ein, weil es deinem Leben dienlich ist. Es ist ein Teil meiner Aufgaben, meiner Pflicht zur elterlichen Fürsorge, hilfreich für dein Leben einzutreten."

---

* Rosenberg, M., *Gewaltfreie Kommunikation: Eine Sprache des Lebens.* Paderborn: Junfermann Verlag, 2012.

Wenn wir nun unseren Umgang mit Schuld und Scham genauer anschauen, müssen wir in Betracht ziehen, dass diese Emotionen einen gewissen Stellenwert in einem langen evolutionären Prozess haben. Als Hominiden in kleineren Gruppen lebend, war der Ausschluss aus der Gruppe, die Verbannung, der sichere Tod. So ein mäßig behaartes Wesen ohne große Krallen und Hauer konnte in der Vorzeit nur in der Gruppe überleben. Leben in der Gruppe oder Sippe benötigte ein intensives Regeln der eigenen Impulse im Sinne eines konstruktiven Sozialverhaltens. Daher sind in unserem Frontalhirn – dort, wo der Chef sitzt – umfangreiche Regionen entstanden, die genau das leisten. Eine archaische und sehr starke Emotion, die Scham, ist in dieser Hirnregion (orbitofrontal) verortet. Der Begriff „Scham" ist recht vieldeutig und daher mit vielen Missverständnissen behaftet. Wir müssen also klären, ob wir vom Schutz der eigenen Intimsphäre, den Geschlechtsorganen (auch „Schamregion" genannt), sprechen oder über das starke, quälende Gefühl der eigenen Wertlosigkeit und des sich Zurückziehens in Isolation („Ich schäme mich für …").

Eine interessante Perspektive bietet die Frage, wie es wohl wäre in einer „schamlosen" Gesellschaft zu leben.

Im Selbstmitgefühlstraining des MSC können wir einen besonderen Kreislauf beobachten: Wir tun aus dem Gefühl der Scham heraus genau das Gegenteil, was im ursprünglichen Sinn die Absicht dieser Emotion war, nämlich dazugehören zu wollen, wertgeschätzt und geliebt zu werden. Wir schämen uns, wenn nicht akzeptiert wird, was wir tun oder nicht tun oder wie wir sind. Dabei tangiert Scham unsere gesamte Persönlichkeit. *„Wenn die merken, wie ich wirklich bin, dann können die mich nicht mehr mögen."*, *„Ich bin unmöglich."* Daraus entsteht ein maximal aktiviertes Alarmsystem und Angst. Allerdings basiert diese Selbsteinschätzung auf einer Vorhersage, inwieweit wir mit den Erwartungen der anderen Personen, der Nachbarschaft, der Gesellschaft oder eines Kulturkreises in Einklang sind oder nicht – und das obwohl wir diese ja oft gar nicht kennen.

Das heißt auch: In unterschiedlichen Kulturen wird sich wegen unterschiedlichen Sachen und unterschiedlich stark geschämt. So ist in Asien, wo sich die Menschen mehr an der Gruppe, Familie, Gesellschaft orientieren, die Sorge, das „Gesicht zu verlieren" größer. Die Scham ist das zweitwichtigste Gefühl. In den sehr individualistisch ausgeprägten westlichen Kulturen rangiert die Scham viel weiter hinten.* Der US-amerikanische Anthropologie-Professor Daniel Fessler unterscheidet eine einfache Form der Scham, die der Unterordnung dient, und eine komplexe, verbunden mit Schuldgefühlen, die sich an den Normen und Erwartungen der anderen orientiert. Scham ist eine häufige Ursache oder Grundlage psychischer Symptome. Der hinderliche Kreislauf der Scham funktioniert so: *„Wenn das einer sieht oder herausfindet, dann bin ich unten durch (Das heißt, ich befürchte verbannt zu werden.), also verheimliche ich das besser und schweige beziehungsweise ziehe mich zurück."* Je größer die Scham, desto stärker die Tendenz des Rückzugs und des Verheimlichens. Das führt uns genau in die andere Richtung als die beabsichtigte. Wir wollen doch dazugehören.

Hier kann Selbstmitgefühl ein echtes Heilmittel sein, das uns hilft das Schweigen und Verbergen zu durchbrechen und wieder auf die anderen zuzugehen.

1. Wir üben freundlich mit unseren Schokoladen- und unseren Schattenseiten zu sein.
2. Wir nehmen achtsam wahr: *„Oh ja, das ist Scham. Ich schäme mich, das fühlt sich ganz unangenehm an."*
3. Scham ist universell, jeder Mensch kennt das Gefühl. Es scheint eine besondere Fähigkeit von uns Menschen zu sein und bedeutet eigentlich, dass wir dazugehören wollen.
4. Was brauche ich, um mich in Kontakt, in Bindung zu bringen: Weniger Schweigen und sich eher offenbaren, weniger Rückzug und den Dingen ins Auge zu schauen, die Scham verursachen. Zeigen wir uns doch mit allen nicht perfekten Anteilen, mit allen unseren Macken!

---

* Fessler, D., *Shame in Two Cultures: Implications for Evolutionary Approaches.* In: J Cogn Cult 2004 (4), S. 207–262.

5. Oft sind die Ursachen unserer Scham negative Überzeugungen von uns selbst oder gar destruktive Glaubenssätze. Wir können mit Selbstmitgefühl anerkennen, wie diese entstanden sind und uns dann entscheiden, von welchen wir uns lösen wollen. Wir lösen uns mit mitfühlender Stimme, wie ein guter Freund, der aufzeigt, dass wir neue Glaubenssätze schreiben können im positiven und lebensbejahenden Sinn.
6. Und oft werden wir feststellen, dass wir selbst in unserem Einsamkeitskreislauf der Scham mehr Drama aus Begebenheiten gemacht haben, als der oder die anderen es erlebt haben. Dass es für alle Beteiligten so befreiend ist, sich aus diesen Schweigekammern und Tabuzonen wieder in den Kontakt gewagt zu haben.

Schließlich wünschen wir uns doch genau das von unseren Kindern: Dass sie mit allem was schiefgegangen ist, mit allen „Vergehen und Schandtaten" zu uns kommen, dass sie nicht verheimlichen und aus Angst, dass sie sonst bei unten durch sein könnten, etwas verbergen. Dass sie eben nicht im Kreislauf des Verschweigens steckenbleiben und sie Gefahr laufen, dass wir ihnen das als Lügen anrechnen. In der Elternberatung taucht das immer wieder als heftiger Vorwurf auf: Das Lügen, das Verheimlichen sei viel schlimmer als jedes Fehlverhalten; *„Du weißt doch, dass du mir alles erzählen kannst!"*

Und hier lohnt sich, mit Achtsamkeit zu erforschen, wie ich denn tatsächlich reagiere, wenn mein Kind mir etwas beichtet. Reagiere ich so ruhig und gelassen, dass es eine Einladung ist, selbst mit den schlimmsten Dingen kommen zu können? Oder bin ich schnell außer mir, heftig in meinen emotionalen Reaktionen, so dass es indirekt eher wie eine Einladung für das Kind wirkt, durch Verheimlichen oder Tricksen um eine Strafe herumzukommen?

Ich verweise hier wieder auf das Bild der Sauerstoffmaske. Wenn wir als Eltern einen Umgang mit der eigenen Scham und den eigenen Schuldgefühlen gefunden haben, einen der Kontakt bedeutet statt Verbergen und Verheimlichen, dann haben wir die besten Voraussetzungen geschaffen, diese Haltung auch unseren Kindern anbieten zu können.

Damit schaffen wir den sicheren Hafen, in den das Kind immer zurückkommen kann, egal wie heftig der Sturm auch ist. Dann kommt uns kein „Da solltest du dich aber wirklich schämen!“ mehr über die Lippen und falls es doch mal rausrutscht, finden wir Wege, es zurückzunehmen und zu vermitteln, dass wir unser Kind immer wertschätzen werden, unabhängig seiner Handlungen. Handlungen, auf die wir als Eltern durchaus reagieren müssen, aber eben nicht durch Auslösen von Scham und Schuld, sondern durch ein klares und authentisches Eintreten für das, was hilfreich ist für das Leben, das Leben des Kindes und unser eigenes.

Die Stimmen von Schuld und Scham wollen übersetzt werden in einen freundlichen, durchaus ungeschminkten Ton, der viel besser gehört wird und damit auch hilfreicher ist.

Schuld ist die jüngere Emotion und bezieht sich schon mehr auf das Verhalten als auf die Persönlichkeit als solches. Hier gilt die altbekannte Regel: Bitte nicht „Du bist immer so …“ zurückmelden, denn das geht auf die Person. Sondern ein „Die Tatsache, dass du nicht aufgeräumt hast, /dein Verhalten macht mich ärgerlich.“ Die zweite Regel ist, von der eigenen Person aus zu sprechen, also, was Dinge in uns auslösen und unsere Gefühle nicht mit Schuld zu verknüpfen. Achtsamkeit hilft, diese Dynamik erst einmal klar wahrzunehmen.

In der gewaltfreien Kommunikation wird folgende radikale Grundregel propagiert: Niemand macht unsere Gefühle oder ist dafür verantwortlich, letztlich entstehen sie in uns, abhängig davon, wie wir auf äußere Bedingungen und Reize reagieren, abhängig von unseren eigenen Erwartungen, Wünschen und so weiter. Erkennen wir das in aller Klarheit, können wir auch klar unsere Bedürfnisse äußern und ihnen gemäß handeln – dienlich für unser eigenes Leben und das unserer Kinder.

Damit sind wir bei den wertvollen Chancen, die uns Achtsamkeit und Selbstmitgefühl ermöglichen: Wenn schwierige Gefühle auftauchen, können wir den Beobachterstatus einnehmen, die Zusammenhänge in uns wahrzunehmen und entsprechend versorgen statt aus einem Automatismus heraus zu reagieren. Falls wir doch aus dem Autopilotmodus heraus gehandelt haben, sind wir in der Lage umzusteuern, uns zu entschuldigen, Strafen wieder zurückzunehmen oder zu verändern.

Achtsamkeit und Selbstmitgefühl sind die Chance, dass wir unseren Kindern ersparen, ihre Wunden von Scham und Schuldgefühlen zu lecken. Aber auch diese Chance und den Umgang mit der Sauerstoffmaske wollen wir mit Selbstmitgefühl und ohne Optimierungsdruck und ohne Angst vor eventuellen Folgeschäden anpacken. Konflikte sind unvermeidbar. Wir sind menschlich in unserer Reaktion von Autopilot bis Elternweisheit. Und kleine Risse bieten immer auch die Chance zur Reparatur – nicht zu vergessen, schafft der Prozess von Riss und Reparatur eine starke Verbindung.

> *Mitgefühl beginnt und endet damit, dass wir Mitgefühl mit allen unseren unerwünschten Seiten und Teilen, mit allen unseren Unvollkommenheiten haben, die wir nicht einmal anschauen möchten. Mitgefühl ist keine Art Projekt zur Selbstverbesserung und auch kein Ideal, das wir im Leben zu verwirklichen versuchen.*
>
> **PEMA CHÖDRÖN**, buddhistische Nonne und Schriftstellerin

Die Pein des schlechten Gewissens

Wie oft plagt uns als Eltern ein schlechtes Gewissen: *„Musste das sein?"*, *„Ich weiß, sie würden sich so darüber freuen."*, *„Ich müsste schon längst."* Ein schlechtes Gewissen kann unterschiedliche Ursachen haben: Wir haben etwas schlichtweg vergessen, überhaupt nicht mehr daran gedacht, etwas mitzubringen, oder gar vergessen unser Kind abzuholen. Wir haben ein Versprechen nicht erfüllt, und unsere Kinder sind enttäuscht, sauer, traurig oder alles zusammen. Wir haben ein schlechtes Gewissen, weil durch unser Handeln Schaden entstanden ist oder jemand gekränkt oder verletzt wurde. Oder wir haben ein schlechtes Gewissen, weil wir etwas nicht gemacht machen, zum Beispiel nicht geholfen oder nicht eingestanden sind für jemanden.

Hinter schlechtem Gewissen kann also durchaus eine positive Absicht oder ein gewollter Impuls stecken. Aber Vorsicht, das schlechte Gewissen ist eng verwandt mit der inneren Selbstverurteilung, unserem Scharfrichter. Es kann chronisch werden, zu einem Quälgeist, der uns viel unserer Selbst-Wertschätzung kostet. Die folgende Übung soll helfen, das schlechte Gewissen in eine hilfreiche, mitfühlende Stimme zu transformieren.

ÜBUNG

Umgang mit dem schlechten Gewissen

Sind Sie von einem schlechten Gewissen geplagt – das muss sich auch nicht nur auf unsere Kinder oder Familie beziehen –, kann folgende Übung hilfreich sein:

Nehmen Sie zuerst ein paar ruhige, tiefe Atemzüge. Schenken Sie sich ein wenig Mitgefühl. Ein schlechtes Gewissen fühlt sich gar nicht gut an und es kostet Mut, sich diesem direkt zuzuwenden. Suchen Sie nach klaren Worten oder Kategorien.

Was genau macht mir ein schlechtes Gewissen, welche verletzte Regel, welche Tugend, die nicht ausreichend berücksichtigt wurde, welcher Auftrag, der nicht erfüllt wurde, welche Begehrlichkeit, die nicht befriedigt wurde?

Hören Sie die Stimme des schlechten Gewissens? Ist das vielleicht eine alte Stimme, schon oft gehört und von früher bekannt oder eine neue?

Wer sollte handeln? Mein ideales Selbst mit unbegrenzten Kräften, unbegrenzter Weisheit und unbegrenzten Möglichkeiten?

Was will mir die Stimme des schlechten Gewissens denn eigentlich sagen? Und wie würde es klingen, wenn meine mitfühlende innere Stimme die gleiche Absicht hätte?

Lauschen Sie der Sprache Ihres Herzens:

„Ich sehe die Bedürfnisse der anderen, ich sehe meine eigenen Bedürfnisse und ich sehe die Grenzen meiner Möglichkeiten. Im Moment, wenn ich ganz aus dem Herzen handele, tue ich das, was mir möglich ist – in der sicheren Absicht niemandem schaden zu wollen, weder mir selbst noch anderen. Ich darf nach meinen momentanen Kräften und Möglichkeiten und Wünschen entscheiden/handeln".

Jetzt hören Sie, ob die innere mitfühlende Stimme etwas Konkretes zum Thema und der Absicht sagen will:

„Da braucht jemand viel von dir, Du kannst nur so viel Fürsorge geben, wie du selbst fürsorglich zu dir bist. Du darfst auch auf dich selbst achten."

„Du bist nicht perfekt und allwissend. Alte Muster übernehmen immer wieder mal das Kommando."

„Du bemühst dich nach deinen Kräften und so, wie du denkst, dass es richtig ist."

„Du schadest niemandem absichtlich."

„Pass auf dich auf und sorge für dich und deine Gesundheit; weil du mir wichtig bist, bewege dich bitte mehr, ändere etwas an deinem Essverhalten".

Zufrieden mit dem eigenen Körper?

Gerade die Auseinandersetzung mit unserem eigenen Körper kann oft schwierig sein und Gefühle wie Unzufriedenheit, Scham und schlechtes Gewissen auslösen, etwa über unsere Art zu essen, die Art wie wir Sport treiben und so weiter. Sich selbst und seinem Körper mit Interesse, Zuwendung aber auch Mitgefühl und ohne Optimierungswahn oder schlechtes Gewissen zu begegnen, stellt einen Gegenpol zur alltäglichen „Hintergrundmusik" für unsere Kinder dar. Diese erleben oft in heftiger Weise viele ganz natürliche Auseinandersetzungen, etwa mit Körper, Körperlichkeit und Pickeln in der Pubertät, und die Unzufriedenheit mit den scheinbaren Unzulänglichkeiten. Kommt uns das nicht bekannt vor?

Allerdings sind unsere Kinder noch viel größerem medialen Druck ausgesetzt als wir es waren, sei es hinsichtlich der idealen Körperform und des perfekten Images oder der Frage, ob sie wie ihr Idol aus Musik, Sport und den vielen Serien aussehen. Die Jungs haben hier in den letzten Jahren auf die Mädchen aufgeholt. Es zählen Six-Pack, der am besten gestylte Körper, wer sich am besten in Szene setzt und so weiter.

Dazu nun eine Übung, die Ihnen helfen soll, den eigenen Umgang und die Bedeutung der körperlichen Erscheinung zu reflektieren:

ÜBUNG

Welches Bild habe ich von mir? – Umgang mit meinem Äußeren

Kommen Sie zur Ruhe, setzen Sie sich bequem hin und nehmen Sie einige tiefe Atemzüge. Spüren Sie nach, wie diese durch den Körper gehen.

Lassen Sie dann die Fragen auftauchen: Wie zufrieden bin ich mit meinem Äußeren? Mit meinem Aussehen? Mit meinem Körper? Welches Gefühl bekommen Sie bei der Antwort?

Geben Sie sich etwas Zeit, diese Fragen wirken zu lassen, auch und gerade wenn unangenehme Empfindungen auftauchen.

Jetzt stellen Sie sich einen großen, schönen Platz in einer Stadt vor, die Sie mögen, oder erfinden Sie einen. Nacheinander treten unterschiedliche Menschen auf diesen Platz und versammeln sich. Manche kennen Sie, andere erfinden Sie einfach: Große, kleine, dünne, rundliche, dicke Menschen kommen zusammen, solche mit kantigem Gesicht, mit rundem oder schmalem. Einige haben lockiges Haar oder lange blonde Haare, wieder andere sind rasiert, haben eine dunkle oder rötliche Haut oder sind bleich und besitzen viele Sommersprossen, sind gebräunt, ein paar sind sportlich durchtrainiert, bewegen sich geschmeidig oder behäbig.

Und jetzt gehen Sie durch diese Menschenmenge und überlegen:

- Mit wem würde ich für meine Examen lernen wollen?
- Wen würde ich auf einer Weltreise dabei haben wollen?
- Mit wem würde ich über meine innersten Probleme sprechen wollen?
- Wen hätte ich gerne nach einem Flugzeugabsturz im Dschungel dabei?
- Wem würde ich ein Geheimnis anvertrauen?
- Mit wem würde ich gerne zu einem festlichen Ball gehen?
- Wer dürfte Ihr geliebtes Haustier versorgen?

Jetzt überlegen Sie mal, wie wichtig das Äußere für Ihre jeweilige Wahl und Entscheidung war?

Welche Kriterien genau haben Sie beeinflusst? Und schließlich: Welche Kriterien treffen auf Sie zu, wenn Sie sich selbst einschätzen müssten? Welche Ihrer Eigenschaften und Werte schätzen andere Menschen?

4.10 Ist Selbstfürsorge für uns als Mann, Frau und Paar egoistisch gedacht?

Nach der Entwicklung der eigenen Persönlichkeit, dem Ende der Phase Bildung und Berufsfindung steht die persönliche Verortung in der Gesellschaft und die berufliche Karriere im Vordergrund. Kulturschaffende Aktivitäten und Engagement in Organisationen und Vereinen kommen hinzu. Partnerschaft, Nestbau, finanzielle Sicherheit, Familie und Versorgung werden gleichermaßen wichtig und zu lebensbestimmenden Themen.

Das Familienfeld ist nach wie vor durchdrungen von der Frage des Geschlechts. Väter bleiben meist voll berufstätig, während Mütter überwiegend pausieren und in ihren Beruf später in Teilzeit zurückkehren.*

---

* Quelle: https://www.destatis.de/DE/Publikationen/WirtschaftStatistik/Bevoelkerung/VereinbarkeitFamilieBeruf_112.pdf_blob=publicationFile; 2014

Je nachdem, wie lange die Partnerschaft vor dem ersten Kind bestanden hat, kommt als weiterer möglicher Belastungsfaktor eine riesige Umstellung dazu: Das Leben als Paar mit jeweils großem persönlichen Freiraum unterscheidet sich in der Bindung wesentlich vom Leben als Elternpaar mit kleinen Kindern und der Aufgabe zum Nestbau.

Was fahren wir am ehesten zurück in dieser oft herausfordernden bis überfordernden Zeit? Alles, was nicht lebenswichtig scheint. Das läuft letztlich aber meist darauf hinaus, dass die Dinge hinten angestellt werden, die nicht Pflicht, sondern Kür sind, die aber unser Herz erfüllen und uns erfreuen.

Wir gehen hier wieder einmal unseren uralten Überlebensmechanismen auf den Leim. Diese Strategie ist für akute Bedrohung und für kurze Krisen und Herausforderungen hilfreich, aber sie ist nicht empfehlenswert für länger andauernde Zustände von Anforderungen. Das ist ein wenig wie, wenn ich Kurierfahrer mit einem Elektroauto bin und sage: *„Ach, ich habe jetzt gar keine Zeit an der Ladestation zu halten, ich habe noch so viel zu tun und auszufahren.“* Und irgendwann bleibe ich mit leerem Akku auf der Strecke liegen. Auch wenn Familie und Kinder wunderbare Erlebnisse und einen tiefen Sinn in unser Leben bringen, brauchen wir trotzdem unsere persönliche Ladestationen; das ist wirkliche Notwendigkeit und kein Luxus!

Eltern junger Kinder, die zu mir in die Praxis kommen, schildern oft, dass die Zeit zu zweit extrem reduziert ist beziehungsweise übermüdet im Halbschlaf nach 21 Uhr stattfindet. Elternsein ist eine Zeit, in der die erotische Paarbeziehung besonders viel Schutzgebiete braucht. Für individuelle Momente der Verwirklichung ist oft erst recht kaum mehr Zeit und Platz. Da ist dann nicht nur das Risiko groß, dass wir uns verausgaben, leer fühlen und ausbrennen, sondern wir uns auf der Mann-Frau-Ebene entfremden. Wir stecken buchstäblich nur noch bis zum Hals in Windeln.

Unser intuitiver Drang zur Brutpflege führt dazu, dass wir uns selbst, unsere persönlichen Interessen und Bedürfnisse und die Zweisamkeit beinahe vergessen. Aber sind wir als erschöpfte, von der Tiefenentladung unserer Akkus bedrohte Eltern wirklich gut für unserer Kinder? Wohl kaum. Fürsorge auf Dauer geben können wir nur, wenn wir auch für uns selbst sorgen.

Es gibt das schöne Bild von Fürsorge und Mitgefühl als Wasser in einer Schale. Am besten können wir Fürsorge und Mitgefühl geben und spenden, wenn die Schale überläuft. Wenn wir zu viel davon aus der Schale schöpfen, laufen wir irgendwann trocken und haben gar nichts mehr zu geben. Wirkliche Selbstfürsorge für uns als Eltern bedeutet also ein zutiefst fürsorgliches Geschehen für alle in der Familie. Es braucht wohl diese innere und äußere Erlaubnis, damit das wirklich klar wird und bei uns kein schlechtes Gewissen aufkommt.

ÜBUNG

Ich lade zu einem kleinen Faktencheck ein

Wann waren Sie das letzte Mal allein unterwegs mit Freunden zu einem Mädels- oder Männerabend?

Gibt es Hobbies, die brachliegen, die Ihnen aber immer viel Freude und Befriedigung gebracht haben, als Sie sie noch ausgeübt haben? Wie passt ein wenig Sport und Bewegung in Ihren Zeitplan als Elternteil und Berufstätiger/Berufstätige?

Wann hatten Sie zuletzt die Chance auf einen „Die-Beine-baumeln-lassen-Tag“, oder zumindest „Die-Beine-baumeln-lassen-Stunden“ mit Lesen oder Zeit in der Natur, ohne dabei schauen zu müssen, dass keines Ihrer Kinder in den Bach fällt oder Sie jede Seite viermal lesen müssen, weil die Kleinen ständig etwas Neues entdecken?

Wann hatten Sie das letzte Candle-Light-Dinner mit Ihrem Partner? Wann vielleicht gar ein Wochenende nicht als Eltern, sondern als Liebespaar?

Falls Sie nun öfter entsetzt den Kopf geschüttelt haben, wird es höchste Zeit, sich selbst ein paar Einladungen zu schenken, Gutscheine zu schreiben und sich nach einer guten Babysitting-Lösung umzuschauen. Erobern Sie ein kleines Stück des „Nur-Paarseins" zurück und verführen (im wahrste Sinn des Wortes) am besten gleich Ihren/Ihre Partner/in mit. Und das alles in dem Bewusstsein, dass Aufladezeit sein muss, und in dem beruhigenden Gefühl, dass Sie damit ihren Kindern etwas Gutes tun, wenn Sie für sich sorgen. Was ist schlecht daran, ein erfrischtes, zärtliches und entspanntes Elternpaar zu sein?

Ich erinnere mich gut daran, wie meine Frau und ich einige Versuche gegenseitiger Überzeugung brauchten, als wir unsere jüngste, etwas trennungsängstliche Tochter im zarten Alter von gerade drei Jahren zum ersten Mal drei Nächte allein lassen wollten. Die Kinder waren gut versorgt bei Tanten und es war nur unser eigenes schlechtes Gewissens, das es zu besänftigen galt. Ab dem Folgejahr haben wir dann gleich eine ganze Woche „Ehefrau-Ehemann-Zeit" ausgerufen und verbrachten seitdem ritualisiert jedes Jahr Zeit allein als Paar ohne die Kinder. Mit den Jahren wussten dann auch unsere Kinder, was kommt und schließlich häufte sich die fragende Aufforderung: *„Mensch, wann geht ihr denn (endlich) wieder auf eure Mama-Papa-Zeit?!"*

Uns hat dieses ritualisierte Weg-von-zuhause jedenfalls gut getan und den Auftankeffekt unterstützt. Damit ließ sich auch vermeiden, in der oft geplanten Paarzeit, noch schnell die Büro-Papiere zu sortieren, irgendetwas zu reparieren oder eins von den 1.000 Projekten anzupacken, die seit Ewigkeiten in der Warteschleife hängen. Denn *„Schwupps!"* ist die Paarzeit mit so etwas vertan. Dann doch lieber Verführen, Müßiggang oder Wandern.

Alleinerziehende Eltern sind in Sachen leerer Akku natürlich eine besonders gefährdete Spezies. Einerseits sind sie laut Statistik im Durchschnitt älter als Mütter in Paarhaushalten.* Andererseits können sich

* Quelle: https://www.bmfsfj.de/blob/jump/.../monitor-familienforschung-ausgabe-28-data.pdf; 2012

Alleinerziehende nicht abwechseln. Meist schleppen sie die dreifache Last, im Versuch beide Elternteile zu ersetzen und müssen dazu oft noch viel arbeiten. Die Armutsgefährdung ist in dieser Bevölkerungsgruppe am höchsten. Gar nicht so leicht hier an Selbstfürsorge zu denken. Aber umso notwendiger.

Zum Beispiel können Sie sich mit anderen Alleinerziehenden zusammentun. Oder sich unterstützen und fördern lassen, wo es geht. Schon kleinste Verschnaufpausen vom Dauerjob Elternsein lohnen sich. Es bleibt zu hoffen, dass Ideen, wie Familienpaten, gespendete „Oma-Zeit“ und andere Mehrgenerationenprojekte sich etablieren. Gerade die fitte, ältere Generation könnte jungen „bedürftigen“ Alleinerziehenden helfen, insbesondere, wenn die eigenen Familienbande sie nicht tragen können.

Kapitel Fünf

Im Garten des Lebens

Der einzige Unterschied zwischen den Menschen, die glücklich sind, und denen, die es nicht sind, sind ihre Gewohnheiten.

MARCI SHIMOFF

Wir wissen nun, wie wertvoll Selbstmitgefühl im Umgang mit Herausforderungen und Schwierigkeiten sein kann. Die Selbstmitgefühlspause hilft, wahrzunehmen, was ist, und wie wir in geteilter Menschlichkeit dem Nicht-Perfekten und dem Schmerzhaften begegnen können. In der nächsten Stufe fragen wir nun: Was brauche ich im Moment wirklich? Was tut mir gut? Wie kann ich freundlich mit mir selbst umgehen?

Der US-amerikanische Neuropsychologe Rick Hanson nähert sich diesem Thema in der Einführung zu seinem Training der „Positiven Neuroplastizität" (PNT)* mit einer wunderbaren Metapher. Er schreibt: „Sei im Garten deines Geistes. Beobachte, jäte Unkraut, pflanze Blumen." Und meint:

* Selbstgesteuerte positive Neuroplastizität, auch „Mindful Cultivation"; Neuroplastizität ist die Eigenschaft des Gehirns zeitlebens neue Strukturen und Verknüpfungen zwischen den Nervenzellen herstellen zu können.

1. Sei mit dem, was ist.
2. Verringere das Negative.
3. Verstärke das Positive.

Ihm liegt vor allem der dritte Schritt am Herzen. Wenn ich Kurse gebe, betitele ich Rick Hansons Training gerne als „Achtsames Kultivieren des Positiven“. Gute Erfahrungen zu speichern und zu vernetzen, können wir als Eltern gut gebrauchen, sie werden dadurch zu Stärken und Ressourcen.

Lass sein. Lass los. Lass herein.

Achtsamkeit scheint auf den ersten Blick vor allem für das Beobachten eine Rolle zu spielen. Aber auch beim „Unkraut jäten“ (also dem Verringern des Negativen) und dem „Blumen pflanzen“ (also dem Speichern und Vernetzen des Positiven) ist Achtsamkeit gegenwärtig. „Damit sein, was ist, ist grundlegend, aber nicht genug“, schreibt Rick Hanson in seinem Buch. Wir benötigen ebenso eine „weise Anstrengung“.

Für uns als Eltern ist es ein Balanceakt, die eigenen Wünsche, die Zeit, um zu beobachten und für weise Anstrengungen, mit den Wünschen und Grenzen der anderen Wesen unserer Familie ins Gleichgewicht zu bringen. Lassen Sie uns in diesem Kapitel deshalb ein paar „Blumen des Geistes“ pflanzen und das Positive kultivieren.

5.1 Das Gute wirklich in unser Gehirn aufnehmen

Jeden Tag machen wir eine Menge guter Erfahrungen. Selbst wenn wir als Eltern ständig in unseren Systemen balancieren müssen, überwiegen die guten Erfahrungen. Doch was machen wir damit? Finden diese vielen positiven Erfahrungen einen Niederschlag in unserem Gehirn?

Ich würde behaupten, eher selten. Der schon beschriebene Negativitäts-Bias führt dazu, dass wir kritische gegenüber positiven Erfahrungen im Verhältnis 5 zu 1 gewichten. Außerdem nehmen wir alltägliche, positive Erfahrungen schnell als selbstverständlich hin, als nicht weiter erwähnenswert. Wir pflegen sie schlichtweg nicht ins System ein, sodass uns diese vielen positiven Erfahrungen wie durch ein Sieb verloren gehen, bevor sie Strukturen im Gehirn schaffen.

Hier können wir mit selbstgesteuerter Neuroplastizität etwas dagegen setzen. Das heißt, wir können den Aufbau und die Arbeitsweise unseres Gehirns selbst beeinflussen. Rick Hanson beschreibt das als eine Methode („Installation"), um Gutes in uns aufzunehmen bis eine neue Hirnstruktur daraus entsteht. Bei ihm heißt das „Taking in the Good". In neuropsychologischer Fachsprache wird das als die „absichtliche Internalisierung positiver Erfahrungen in unser implizites Gedächtnis" beschrieben. Einfach ausgedrückt, geht es darum, neben dem Erleben einer positiven Erfahrung, zwei weitere Schritte zu unternehmen, um sie wirklich zu installieren: Zum einen muss sie angereichert werden. Das heißt, wir geben der Erfahrung genug Zeit, damit sie präsent und wichtig bleibt. Anschließend muss sie absorbiert, innerlich aufgenommen und schließlich verankert werden. Und nun noch einmal ganz praktisch:

Morgenspaziergang mit dem Hund

Ich gehe jeden Morgen mit dem Hund spazieren. An diesem Morgen stand die Morgensonne noch tief über dem Feldweg. Im grünen Weizenfeld fielen mir die wunderschönen Klatschmohnblüten auf; leuchtendes, von der Sonne durchschienenes Rot.

Vor meinem eigenen Training in „Positiver Neuroplastizität" hätte ich sie so wahrgenommen: „Ach, wie schön", hätte mich gefreut und wäre weitergegangen.

Jetzt aber, nach dem ersten Schritt (Einfangen der schönen Erfahrung) stellte ich mich vor eine Mohnblume, schaute sie intensiv an, nahm neue Details wahr – die schwarzen Blütenstaubgeäste, die Maserung – spürte die

Sonne auf meiner Haut. Ich roch die Luft in diesem Moment und sah die roten Kleckse im Grün (zweiter Schritt „Anreichern" mit allen Sinnen).

Ich legte die Hand auf mein Herz, schaute die Blüte an und blickte mich um, schloss kurz die Augen und nahm diese Szene/diesen Moment tief in mich auf, ja ich „saugte ihn ein, verteilte ihn in meinem Körper" und stellte mir vor, diese Erfahrung für immer in mir zu haben.

Irgendwann spürte ich, dass ich ganz Teil des Moments, ganz Teil der Erfahrung, ganz Teil der Welt war. Das Gefühl, das mein Herz erwärmte, hielt den Rest des Spaziergangs an (Die Verankerung hatte begonnen).

Die Erfahrung ist sofort wieder da, wenn ich nur darüber schreibe.

Damit eine Erfahrung aus unserem Kurzzeit-Arbeitsspeicher wirklich im Gedächtnis verankert wird, braucht es nicht lange. Je bedeutsamer und je positiver sie aufgeladenen ist, desto intensiver wird sie vernetzt. Das sind die neurobiologischen Fakten. Wir können unsere Vorstellungskraft nutzen, um positive Erfahrungen gezielt und effektiv einzuspeichern. Im Schritt „Anreichern" gehen wir tiefer in alle Sinneserfahrungen, kosten sie aus, baden darin. Das Absorbieren, das „Tief in uns aufnehmen", können wir durch ein passendes Bild unterstützen, eines in das wir gut einsteigen können: *Die Erfahrung in den ganzen Körper einatmen, darin wie in warmen Wasser baden, warmes Licht oder goldenen Sternenstaub auf der Haut spüren und aufnehmen.*

Das geht auch sehr gut zusammen mit Kindern. Die sind Meister der Vorstellungskraft und tun sich viel leichter. Für die Kinder schließt das „Anreichern" direkt an die Übung ‚Fünf Atemzüge Glück einatmen' an (vgl. Kapitel 7).

Sich auf die guten Erfahrungen zu konzentrieren und sie bewusst zu kultivieren, hat nichts mit Schönfärberei zu tun oder damit, nur noch mit der rosaroten Brille herumzulaufen (Rick Hanson würde sagen „no sugar on shit"). Sondern es geht um einen heilsamen Ausgleich zum evolutionär bedingten Negativ-Bias. Wir rücken unsere Wahrnehmung gerade, vollziehen sozusagen aus eigener Vorstellungskraft einen „geistigen Evolutionsschritt".

In der Konsequenz werden diese Erfahrungen dauerhaft ein Teil von uns, auch im neurobiologischen Sinn. Sie werden im Gehirn vernetzt und verändern während der Gedächtnisspeicherung ein klein wenig die dem Netzwerk zugrunde liegende Hirnstruktur. Auf diese können wir Jahre später zurückgreifen.

5.2 Aus Erfahrungen werden Eigenschaften, Stärken, Ressourcen

Wie werden aus Erfahrungen Ressourcen und Stärken? Oder bringen wir die einfach mit? Um sich einer Antwort zu nähern, müssen wir zunächst klären, ob wir ein statisches oder dynamisches Selbstbild haben.

STATISCHES ODER DYNAMISCHES SELBSTBILD

Ein statisches Selbstbild bedeutet, davon auszugehen, dass die eigenen Eigenschaften und Talente eher von Natur aus gegeben sind, zum Beispiel festgelegt durch genetische Anlagen. Kerngedanke des dynamischen Selbstbilds ist dagegen, dass jeder Einzelne die eigenen Potenziale selbst entfalten kann, maßgeblich beeinflusst durch die gemachten Erfahrungen.

Die Sichtweise ist entscheidend für unsere Selbstwahrnehmung und wie wir Neues lernen und Probleme lösen. Sie funktioniert quasi als selbsterfüllende Prophezeiung.

Ein statisch ausgerichteter Mensch empfindet sich als intelligent, wenn er etwas schnell, leicht und fehlerfrei erledigen kann. Er hat weniger Interesse schwierigere Aufgaben anzupacken. Ein dynamisch ausgerichteter Mensch empfindet sich als intelligent, wenn er sich an kniffeligen Aufgaben abarbeiten kann, so dazulernt und seine Fertigkeiten weiterentwickelt, unabhängig vom Ausgang. Er lernt auch von Misserfolgen und ist offen für Neues.

Für die Erziehung ist es spannend, welches Selbstbild die Erziehenden haben. Die Kinder lernen schließlich am Modell der Eltern. Für sie macht es daher einen Unterschied, auf was sie positive Rückmeldungen erhalten. Lob für Talent, Eigenschaften und Erfolge fördert eher ein statisches Selbstbild. Positive Rückmeldung auf die unternommenen Zwischenschritte, um ein Ziel zu erreichen, fördert dagegen mehr das dynamische Selbstbild. Dabei dürfen ruhig auch Fehler passieren, aus denen ja gelernt werden kann.

Eltern und Lehrer, die offen sind, dazuzulernen, die das Gefühl haben, nicht fertig zu sein und sich weiterentwickeln wollen, schaffen im besten Fall eine Atmosphäre von Vertrauen und Akzeptanz statt Beurteilung. So entsteht wiederum Freude bei den Kindern sich weiterzuentwickeln.

Quelle: Dweck, Carol, *Selbstbild: Wie unser Denken Erfolge oder Niederlagen bewirkt.* München: Piper Verlag, 2009. (Carol Dweck ist Psychologie-Professorin an der Stanford-Universität)

Stärken und Ressourcen können also besser mit einem dynamischen Selbstbild aufgebaut werden Wir nehmen uns mehr Entwicklungsraum und Zeit, Potenziale zu entfalten. Das dynamische Selbstbild hat seinen Ursprung in der positiven Neuroplastizität. Es wird durch Selbstmitgefühl gefördert und ist stärker mit dem Fürsorgesystem verknüpft. Das statische Selbstbild ist dagegen eher mit dem Antriebssystem verknüpft und passt zum Wettbewerb.

Leistung können wir sowohl im dynamischen, als auch im statischen Selbstbild erzielen. Aber im statischen ist sie notwendig, um sich wertvoll zu fühlen. Fehler sind gefährlich für den Selbstwert. Im dynamischen Selbstbild dagegen haben auch Irrtümer und Fehler ihren Wert, nämlich um sich weiterzuentwickeln.

Stärken entstehen durch positive Erfahrungen. Diese müssen zuvor aber von der momentanen Erregung in einen etwas längeren Zustand im Gehirn überführt werden, um dort über eine Vernetzung von Nervenzellen wirklich Hirnstrukturen zu verändern. Anfänglich eine flüchtige neue Verbindung wird sie durch weitere Wiederholung und Benutzung gefestigt und immer eleganter in der Ausführung. Nach einer Weile entstehen daraus leichtgängige, schnelle, effektive Kreisläufe und Netzwerke. Oder wie es Donald Hebb, kanadischer Psychologe, 1949 einmal ausdrückte: **„Neurons that fire together, wire together.“** (auf Deutsch: Nervenzellen, die gleichzeitig aktiv sind, vernetzen sich untereinander stärker). Schließlich wird aus einer dauerhaften Verknüpfung auf der Ebene der Nervenzellen eine echte Eigenschaft. Wir können als Eltern in unserem Leben also gezielt Stärken vermehren, die wir für wichtig halten, zum Beispiel die Gelassenheit, die Großzügigkeit, das Durchhaltevermögen, die Toleranz und vieles mehr.

Ein Beispiel: Wir wollen uns nicht mehr so schnell aufregen. Bisher haben wir gelernt, wie wir erste Anzeichen des Aufregens in unserem Körper und Geist frühzeitig erkennen und wie wir den Prozess rechtzeitig wieder unterbrechen. Vielleicht haben wir auch alte Muster entdeckt, die dafür sorgen, dass wir uns besonders schnell aufregen und es ist uns gelungen, diese zu verändern oder zumindest abzumildern. Wir haben also den Garten unseres Geistes beobachtet und wir haben Unkraut gejätet. Jetzt pflanzen wir Blumen. Jedes Mal, wenn wir bemerken, dass wir etwas gelassener waren, uns nicht so aufgeregt haben oder es bereits im Hochfahren geschafft haben, wieder herunterzukommen, ist eine gute Gelegenheit dazu.

1. Wirklich diesen Moment der Gelassenheit wahrnehmen.

2. Das Anreichern: dieser kleinen Erfahrung Zeit und Bedeutung geben.

3. Die Erfahrung als einen Teil von uns aufnehmen.

Wir formen damit ein neues dynamisches Selbstbild: *„Ich kann auch gelassen sein. Das ist ein Teil von mir. Ich habe es immer wieder geschafft, Gelassenheit zu zeigen. Mal schauen, wie es bei der nächsten Herausforderung ist.“* Die Schritte der Installation sind also **H**aben, **E**rweitern, **A**bsorbieren (**HEA**). Es sind keine leeren, positivistischen Affirmationen wie: „Ich bin der Beste.“, „Ich bin super gelassen.“ Es ist das Aufnehmen einer tatsächlichen positiven Erfahrung. Das Ganze kostet uns 25 bis 30 Sekunden. Fünf- bis sechsmal am Tag praktiziert, sind das nur drei Minuten! Auf diese Weise können wir mit guten Erfahrungen ganz zielgerichtet die Stärken ausbauen, die wir gerade entwickeln wollen. Wir verändern dabei aktiv unser Gehirn, flexibilisieren unser Denken und gewinnen neue Eigenschaften. Ich finde das ist immer wieder eine phänomenale Erkenntnis: Mit dem Geist arbeiten, verändert das Gehirn und damit wiederum den Geist und die Wahrnehmung, was wiederum das Gehirn und den Geist verändert und so fort. Wir müssen uns nur bemühen, den ganzen Prozess in gesunden Bahnen laufen zu lassen statt in den negativen.

Wenn wir uns doch mal wieder aufregen, hilft Selbstmitgefühl, um uns nicht zu verurteilen: *„Das mag alles nicht perfekt sein, aber ich bin unterwegs auf einem Weg Richtung mehr Gelassenheit.“* Wir entkommen dieser Alles-oder-Nichts-Falle.

Will ich persönlich eine Stärke weiterentwickeln, hilft mir das Bild eines Leuchtturms, der weit weg von mir seinen Lichtstrahl aussendet. Ich kann immer wieder abgleichen: Bin ich in der richtigen Richtung unterwegs? Mache ich kleine Schritte dorthin? Für mich zählt dann jede Bemühung und nicht, wie viel scheinbar noch fehlt.

DAS HEAL-PRINZIP NACH RICK HANSON

Haben: Eine positive Erfahrung haben, sich an eine erinnern, eine aufsuchen.

Erweitern: Sie mit allen Sinnen erweitern und bedeutsam machen.

Aufnehmen: Sie tief in uns absorbieren und aufnehmen.

Linking: Sie mit alten negativen Erfahrungen vorsichtig in Kontakt bringen, um sie so zu verändern.

Die ersten drei Schritte sind die Installation, das „Taking in the Good“. Der vierte Schritt im sogenannten HEAL-Prozess, das bewusste „Linking“ von alten negativen mit positiven Erfahrungen, ist einen Art Sahnehäubchen für mehr Selbstfreundlichkeit.

In unserem Beispiel würden wir die negative Erfahrung des Aufregens, die ein Stück weit unser Selbstbild prägt, und die bisher erlebten „Gegenerfahrungen“ gleichzeitig aufrufen. Wir spüren noch einmal in diese Tatsache hinein: „Ich habe einen wachsenden Teil der Gelassenheit.“, „Ich kann auch gelassen sein, ich muss mich gar nicht mehr so aufregen.“ Wir verschmelzen nun unsere erfahrene Kapazität zur Gelassenheit ein wenig mit dem Selbstbild „Ich rege mich immer auf.“ Wenn wir das ganz bewusst und gezielt machen, können wir auf Dauer immer mehr gelassene Anteile aktivieren und Anteile unseres alten Selbstbilds loslassen.

5.3 Bin ich am Heißlaufen oder in Balance?

Rick Hanson stützt sich im PNT-Training ebenfalls auf die uns bereits bekannten drei Emotions- und Motivations-Regulationssysteme Rot, Blau, Grün. Er nimmt aber eine interessante Erweiterung vor. Sie hilft uns zu verstehen, wie wir mit konkreten Schritten jedes einzelne dieser Systeme in Balance bringen und in eine heilsame Richtung entwickeln können. Nach dem erweiterten Modell kann sich jedes der drei Systeme in einem hochgefahrenen reaktiven oder in einem ruhigen und anpassungsfähigen Zustand befinden.

→ **Abb. 5.1** Regulationssysteme (erweitert nach Rick Hanson)

Rick verwendet im Original ein Farbschema, das sich mit unserem nicht verträgt. Deshalb führe ich eigene Bezeichnungen ein: Wenn ein System hochgefahren, unruhig, unerfüllt ist, nenne ich das **heiß**. Hält dieser Zustand länger als für eine akute Reaktion an, nenne ich es **überhitzt**. Der Gegenzustand ist überwiegend mit Ruhe verbunden. Dennoch ist es dabei möglich, sich bestimmten Anforderungen anzupassen. Rick nennt ihn daher **anpassungsfähig**; ich bezeichne ihn mit **in Balance.**

Exerzieren wir das anhand unseres *Alarmsystems* einmal durch: Heiß bedeutet, die innere Alarmanlage wird gerade ausgelöst, wir fühlen uns irgendwie bedroht. Wir sind in Sorge, fühlen Angst und/oder Ärger oder Wut. Wir schalten auf Autopilot und unsere archaischen Reaktionen, Kampf, Flucht oder Erstarren werden ausgelöst.

Es könnte auch sein, dass unsere Alarmanlage schon auf der Voreinstellung „hochgefahren“ steht. Sie hat sich im Lauf der Zeit durch unsere ständigen Befürchtungen so sensibilisiert, dass sie dauerhaft Alarmsignale sendet, die schnell falschen Alarm auslösen. Diesen Zustand nenne ich **überhitzt.**

→ **Abb. 5.2** Überhitztes Alarmsystem in Dauerreaktion

Gerade wir als Eltern laufen Gefahr unser Alarmsystem langfristig in diesen Zustand zu bringen. Hegen wir nicht dauernd Befürchtungen und machen uns Sorgen, wenn es um unsere Kinder geht? Unsere Fürsorge kann leicht in ein ständiges Gedankenmachen ausufern – *Ist alles gut? Was könnte schief gehen? Habe ich alles mir Mögliche getan?* –, und weitergehend zum Katastrophisieren führen. Damit erhöht sich die Angst und wir stecken in einem Teufelskreis. Das lässt unsere Alarmanlage heiß laufen und das ganze System überhitzt. Die Folge ist: permanenter Angstzustand. Alles, was jetzt an wirklich Bedrohlichem auftaucht, wird dieses überhitzte System noch mehr hochkochen lassen, den Thermostat über die Voreinstellung nach oben drehen (zum Beispiel die Aussage: „Siehst du, hab ich's doch gleich gewusst").

Ein ständig überhitztes Alarmsystem bedeutet wiederum Risiken und Nebenwirkungen für unser Elterngehirn, unser Gemüt und unseren Körper. Wir riskieren, in einem hohen Anspannungs- und Stresslevel zu enden, sind geradezu „eingelegt" in Stresshormone wie Adrenalin, Noradrenalin und vor allem Kortisol. Das wirkt sich wiederum auf unsere Wahrnehmung aus: Wir machen aus Mücken Elefanten, fühlen uns bedroht und *Schwupps!* sind wir in der nächsten Runde dieser Überhitzungsspirale.

Wie sieht nun der Gegenzustand aus? Wie ist das, wenn die Alarmanlage zwar eingeschaltet ist, aber nicht daueraktiv schrillt? In diesem Fall wird an unseren Geist und Körper Sicherheit vermittelt. Wir sind entspannt, können aber flexibel und passend reagieren, wenn eine Gefahr auf uns zukommt. Statt Angst regiert eine gesunde Vorsicht.

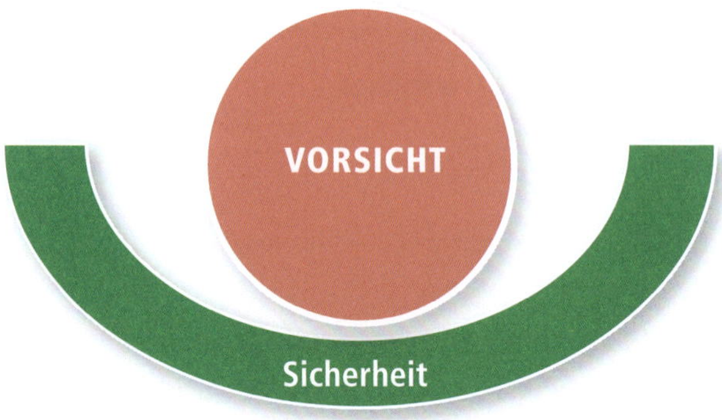

→ **Abb. 5.3** Alarmsystem in der Sicherheitsbalance

Für uns Eltern heißt das: Wir sind nicht völlig heruntergefahren (dafür sorgt schon unser innerer Wächter), sondern immer ein wenig auf der Hut und dabei, Ausschau zu halten. Gleichzeitig fühlen wir uns getragen auf einem Kissen von Sicherheit. Ich vergegenwärtige mir: *„Ja, im Moment sind wir hier alle sicher, meine Kinder sind sicher, es droht keine akute Gefahr"*. Das nenne ich **in Balance.** In dieser Balance können wir viel ruhiger sein und Energie sparen, weil wir nicht ständig Katastrophenbilder oder Befürchtungen erfinden. Darüber hinaus bleiben wir handlungsfähig, wenn es nötig wird.

Ein *Antriebssystem* im überhitzten Modus bedeutet, dass wir wie auf Autopilot immer mehr leisten, immer besser, höher, weiter streben. Dabei werden wir jedoch nicht satt, wir erreichen keine Zufriedenheit und handeln nach dem Grundsatz „Ein wenig mehr geht doch noch." Wir sind schon lange abgekoppelt von der eigentlichen Idee dieses Systems, nämlich uns mit ausreichend Nahrung, Wärme und anderen Bequemlichkeiten sowie heutzutage genügend Finanzmitteln auszustatten.

→ **Abb. 5.4** Überhitztes Antriebssystem in Dauerreaktion

Im blauen System aufzuheizen, ist für uns als Eltern ebenfalls sehr einfach. Denn wir fühlen uns schnell im Wettbewerb mit uns selbst, unseren eigenen Eltern und den anderen Eltern. Hinzu kommt, alle finden es völlig normal, wie wild im blauen System zu heizen.

Wir wollen im Beruf immer die beste Leistung erbringen, alles richtig machen, strengen uns pausenlos an, legen die Latte immer ein Stückchen höher. Das erwarten wir auch von unseren Kindern. Auch sie sollen sehr gute Leistungen in der Schule, im Sport, beim Musikinstrumente spielen und überhaupt erbringen.

Und natürlich soll es für unsere Kinder nur das Beste sein: Wir wollen das beste Nest, wir bemühen uns um die schönsten Spielzeuge, wollen nicht, dass unsere Kinder traurig sind, weil andere mehr haben.

Der Gegenzustand für dieses überhitzte blaue System ist Sättigung oder Zufriedenheit: *„Ich habe gejagt, gegessen und bin satt. Kein Anlass also noch weiter hochgefahren zu sein, mehr und mehr zu wollen. Bin ich wieder hungrig oder tauchen neue Bedürfnisse auf, kann ich jederzeit neue Aktionen starten."* Wir sind dann also nicht im Dauerstressbetrieb. Statt verbissenem Streben erleben wir eine gesunde Vitalität.

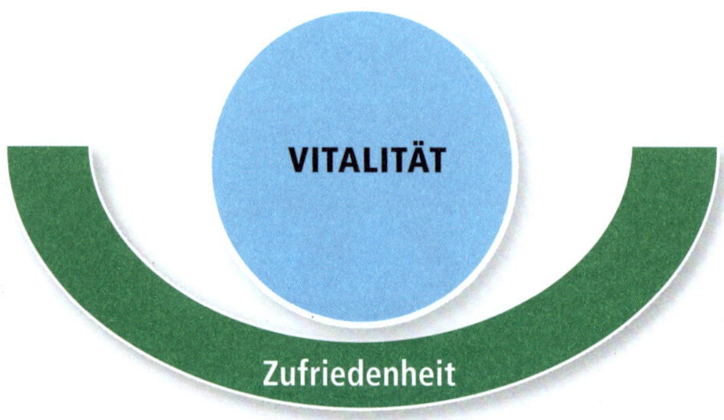

→ **Abb. 5.5** Antriebssystem in Sättigungsbalance

Für uns Eltern heißt das: Wir genießen die Freude. Wir nehmen wahr, wie viel wir aneinander im Alltag haben, erleben Mitfreude, mit dem was unseren Kindern Freude macht – unabhängig, ob es etwas mit Leistung und dem Erreichen von Zielen zu tun hat.

Sich folgende Fragen zu stellen, kann unterstützend sein: *„Brauche ich das wirklich? Macht mich dieses elektronische Gerät, dieses Auto oder diese Flugreise wirklich glücklicher? Lohnen sich die Ausgaben, die ich dafür tätige?"*

Freude und Genuss zu erleben, an dem was ist, hilft Ihnen, Unzufriedenheit zu vermeiden, wenn Sie nicht alles erreicht haben, was möglich wäre oder was Ihnen etwa Werbung, TV und Film alles vorgaukeln.

Schließlich bedeutet es auch, losgelassen zu haben: Wir als Eltern sagen uns davon los, dass das Leben mit Kindern genau so laufen muss, wie wir es als Masterplan in unserem Kopf haben. Wir lassen uns auf den Strom des Lebens ein, statt gegen ihn zu strampeln.

An dieser Stelle eine Übung zum Loslassen von Wünschen und Vorstellungen bezüglich unserer Kinder:

ÜBUNG

Das Idealbild meines Kindes – wieder loslassen

Setzen Sie sich in eine angenehme Position, spüren Sie in Ihren Körper und ankern Sie sich mit einigen ruhigen Atemzügen, solange wie Sie es gerade brauchen.

Stellen Sie sich nun eine schon eigenständige und glückliche „Version" Ihres Kindes vor, vielleicht so im Alter von 30 Jahren. Lassen Sie jetzt Ihrer Fantasie und Ihren Wünschen freien Lauf, als wären Sie eine Fee oder ein Zauberer. Sie dürfen Luftschlösser bauen, so hoch wie Sie wollen.

Was wünschen Sie sich für die Entwicklung Ihres Kindes? An welche Schule und Art von Bildung denken Sie? Gibt es ein Berufsfeld, das Sie sich für Ihr Kind wünschen? Wie und wo lebt es in Ihrer Fantasie, allein oder mit einer eigenen Familie? Welche Vorlieben könnte Ihr Kind entwickeln, welche Vorzüge oder Talente hat es?

Speichern Sie dieses Bild und jetzt schauen Sie noch einmal genau hin. Welche Wünsche erkennen Sie wieder als Wünsche für Ihr Leben? Vielleicht Dinge, die Ihnen sehr wichtig geworden sind, vielleicht auch Dinge, die Sie sich immer gewünscht haben? Vielleicht entdecken Sie auch Anteile, die dem Wunsch entspringen, dass es Ihrem Kind einmal besser gehen soll als Ihnen im Moment? Was lässt in dieser Zukunftsfantasie nur Ihr Kind glücklich sein?

Als zweite Stufe entwerfen Sie jetzt eine weitere, ebenfalls glückliche und zufriedene „Version" ihres eigenständigen Kindes. Diese unterscheidet sich aber von der vorherigen Vorstellung: War Ihr Kind in der ersten Version ein Akademiker, dann lassen Sie es jetzt einen Handwerker sein. War er/sie reich, dann lassen Sie ihn/sie jetzt ein ganz einfaches Leben (ohne Not) führen. Hat er/sie Klavier gespielt oder gemalt, lassen Sie ihn/sie jetzt in einer Punkband grölen. Statt in einem Haus auf dem Land, soll er/sie nun in einem kleinen Appartement in der Großstadt wohnen. Statt eines Lebens mit Familie ist er/sie vielleicht ständig allein als Dokumentarfilmer unterwegs. Entwerfen Sie einfach bewusst eine Gegenversion zur ersten und stellen sich Ihr Kind darin glücklich und zufrieden vor.

Können Sie noch eins drauflegen? Gibt es Lebensentscheidungen, die ihr Kind treffen könnte, die Ihnen gar nicht so recht wären? Es wandert aus, um in Kanada ein ganz einfaches Leben als Selbstversorger zu führen. Es fährt Autorennen. Es entscheidet sich, alle Besitztümer zu verschenken und zieht als Weltenbummler los. Oder andersherum: Ihr Kind entscheidet sich für einen sehr gut bezahlten Job in der Waffenlobby. Es wird Vorsitzender der falschen Partei. Können Sie sich immer noch eine zufriedene „Version" ihres Kindes vorstellen?

Spüren Sie genau hin! Können Sie sich ganz andere „Versionen" Ihres Kindes vorstellen, die völlig konträr zu Ihren eigenen Wünschen sind? Lassen Sie einfach ein wenig los von Ihrem eigenen Idealbild! So schaffen Sie Raum – für sich und für Ihr Kind.

Das Leben birgt viele Umwege in sich.
Die Kunst besteht darin, dabei die Landschaft zu bewundern.

Autor unbekannt

Ein Antriebssystem in Balance spricht überhaupt nicht gegen tolle Leistungen. Sowohl unsere Kinder als auch wir selbst können aus diesem balancierten Stadium heraus richtig Lust haben, etwas bestens zu erledigen, ein hohes Ziel zu erreichen, ein tolles Projekt zu realisieren. Wir alle haben es sogar leichter aus Balance heraus, echte Hochleistung zu erbringen, in den Flow zu kommen, als aus Getriebenheit.

Im Fürsorge-System ist eine Überhitzung ebenfalls möglich. Das geschieht, wenn das System Löcher hat und nicht ausreichend mit Bindung und Beziehung gesättigt ist. Jemand, der sich beispielsweise von der Gruppe isoliert fühlt, strebt dauernd und wahllos nach Verbindung und glaubt, es allen recht machen zu müssen, um nicht ganz so einsam zu sein. Ist das „Loch im Herzen" (Rick Hanson) groß, dann kann es sein, dass wir unseren Kindern die Hypothek auferlegen, dieses Loch für uns zu füllen. Was sie dann natürlich in irgendeiner Weise auch tun.

Überhitzen kann unser grünes System auch, wenn wir überfürsorglich sind. Unsere „Fürsorgeschale" läuft sozusagen leer. Das lässt sich mit einem aus dem Ruder gelaufenen Tend-and-befriend-Modus begründen. Manchmal ist es ein Hinweis darauf, dass wir einen anderen Mangel kompensieren. So gibt es zum Beispiel den Typ „Überhitzter Helfer", der das Verausgaben für seinen eigenen Wert braucht: Dahinter steckt die Angst (rotes System), sonst nichts wert zu sein. Nach außen agiert der überhitzte Helfer manchmal in einer Scheinfürsorge, was vermeintlich ein Ausbrennen im grünen Bereich bewirkt. In Wahrheit laufen dabei Prozesse im blauen System ab, getrieben durch Anteile aus dem roten. Echte Fürsorge und echtes Mitgefühl sind uneigennützig und beinhalten auch Selbstfürsorge und Selbstmitgefühl.

→ **Abb. 5.6** Überhitztes Fürsorgesystem in Daueraktion

Wir als Eltern neigen dazu, unser grünes System überzustrapazieren und uns in der Fürsorge völlig zu verausgaben. Schauen wir genau hin, werden wir jedoch fast immer spüren, dass zu großen Teilen das blaue und rote System dahinter stecken. In Phasen von Krankheit oder schweren Schicksalsschlägen erleben wir dagegen, dass unsere Fürsorge naturgegeben endlich sein kann. Wir haben einfach nicht mehr genügend grüne Kraft, sind überfordert und brauchen viel Selbstmitgefühl und eine starke Verbundenheit mit anderen, die uns (unter)stützen.

In der Regel ist das Fürsorge- und Bindungssystem aber unsere Oase, unser „sicherer Hafen", wo wir auftanken. Wir erleben die Verbundenheit mit uns selbst, mit den anderen und dem Strom des Lebens generell.

Wenn Risiken und Gefahren gebannt sind, wir im Trockenen und Warmen sitzen, genügend Nahrung und andere Vorräte haben, dann ist Zeit für den inneren Frieden, für geteiltes Wohlbefinden, für Spaß und Spiel. Das ist der Boden auf dem wir Kultur pflanzen – Geschichten erzählen, Musik machen, Bilder malen, den Geist schweifen und die Seele baumeln lassen können – sowie Neues entdecken und erfinden.

Als Eltern, die aus diesem System heraus agieren, stellen wir unseren Kindern einen Kreis der Sicherheit zur Verfügung. Und wir sollten ihn, so oft es geht, gemeinsam betreten und die Zeit darin genießen.

Unser eigentlicher Grundzustand, unsere Heimat ist, in dieser Balance zu sein. Die kurzen Phasen des Kriegers und des Jägers sind die Ausnahme.

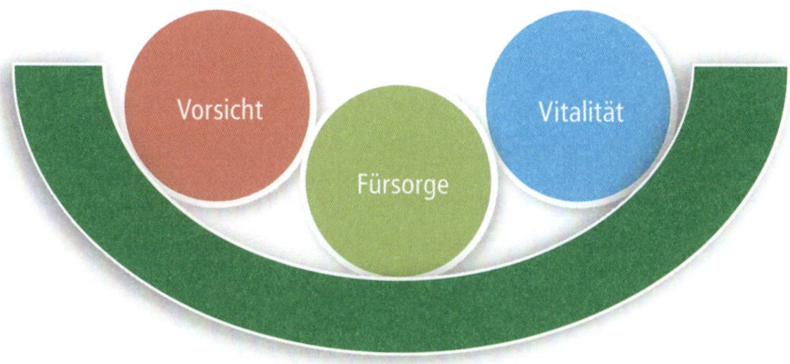

→ **Abb. 5.7** Sicherheit, Zufriedenheit, Verbundenheit

Zusammengefasst, heißt das: Die Zeit, wenn unsere Aktionssysteme in Balance sind, immer bereit auf Veränderungen zu reagieren und nicht automatisch auf Autopilot geschaltet sind, das ist die Zeit in der wir ganz aktiv Frieden, Verbundenheit und Wohlbefinden erleben können. Und als Eltern sollten wir dieses Wohlbefinden als besondere Belohnung empfinden und nutzen, um die Verbundenheit zu diesen kleinen Menschen aus unserem eigenen Fleisch und Blut zu verstärken.

Oft genug in unserem Leben sind wir aber nicht im balancierten Zustand. Was die Regel und was die Ausnahme ist, hat sich verschoben. Wir wissen nicht, wie der „Heimathafen riecht", leben üblicherweise mit überhitzen Systemen und sind nur selten, etwa im Urlaub, wirklich fürsorglich, entspannt und verbunden.

Mithilfe der Meditation können wir uns für den Alltag ein Zimmer in unserem eigentlichen Zuhause einrichten. Ich nutze die Fragen „Bin ich in Balance, bin ich daheim?“ regelmäßig als Mantra. Ich brauche das, um mich nicht in den verschiedenen Tätigkeiten und Projekten zu verlieren. Meine Frau kann ein Lied davon singen. Es hilft uns als Eltern, innezuhalten und sich zu fragen: *Warum mache ich das? Wofür? Wo will ich hin damit, suche ich mehr Frieden? Ist das hilfreich oder bringt es mich eigentlich um mein Zuhause?*

Das gilt natürlich auch für Projekte, in die Zeit und Energie fließen. In meinem Fall habe ich mir öfter solche Fragen gestellt, das vorliegende Buch betreffend. Als Antworten habe ich immer wieder Signale aus dem grün-blauen Bereich bekommen. Das Projekt hat mich immer wieder gepackt, weil es mir wichtig ist, etwas zu teilen und in die Welt zu tragen.

Im Weiteren wollen wir konkrete Schritte erarbeiten, die uns als Eltern helfen, jedes der drei Systeme immer wieder in den balancierten Zustand zu bringen.

5.4 Beruhige den Dino, füttere die Maus, umarme den Menschen

Unseren Bedarf nach Sicherheit, Sättigung/Zufriedenheit und Verbundenheit versorgen

Eine gezielte Pflege jedes Systems und seiner Schlüsselbedürfnisse kann in drei Schritten stattfinden. Wir wollen hier wieder mit der Kraft unseres Geistes arbeiten, mit dem Ziel Hirnstrukturen langfristig zu verändern. Die drei Schritte sind uns bekannt aus dem Abschnitt „Im Garten des Geistes“:

1. BEOBACHTEN, WAS IST:
Sich grundlegend klarmachen: *„Wo stehe ich im jeweiligen System? Was haben wir alles schon erreicht?"*

2. DAS NEGATIVE VERMINDERN:
Realitätscheck in der akuten Situation: *„Höre ich einen falschen Alarm?", „Gibt es eine Wahrnehmungsverzerrung?"*

3. DAS POSITIVE VERMEHREN:
Die eigenen Ressourcen stärken: *„Ich habe schon viel geschafft!", „Ich habe einiges drauf, mit dem ich mich Herausforderungen stellen kann."*

Sicherheit

→ **Abb. 5.8** Beruhige den Dino

Angst ist normal und wichtig, sie dient dazu, Schaden zu vermeiden. Allerdings sind viele Ängste letztlich unbegründet und unnötig. Wir neigen dazu, Bedrohungen zu überschätzen und unsere eigenen Möglichkeiten und Ressourcen damit umzugehen, zu unterschätzen.

Als Eltern agieren wir wie das nervöse Leittier einer Herde; dauernd in Habachtstellung. Wir laufen sogar Gefahr, dass darüber das eigene Futter zu kurz kommt.

Unser Alarmsystem im Mandelkern (*Amygdala*) wird durch die Elternaufgabe noch sensibler. Das ist prinzipiell nicht verkehrt und auch in einer Welt ohne Säbelzahntiger gibt es genug neue Gefahren für die Kleinen. Mütter oder Väter, die nicht in Habachtstellung gehen und ohne Vorsicht handeln, vernachlässigen und gefährden ihre Kinder. Aber es besteht das Risiko, dass wir in einem Teufelskreislauf innerlich ein ständiges Bedrohungsgefühl hochregulieren. Unsere Wahrnehmung verzerrt sich, wir überschätzen die Gefahren, sehen sie hinter jeder Ecke lauern. Das regelt die Alarmanlage weiter hoch und so weiter. Als „Leittier" präsent zu sein, Vorsicht walten zu lassen, aber auch eine basale Sicherheit zu vermitteln, das ist für unsere Kinder sehr wertvoll. Damit bildet sich ihr eigener innerer Kreis der Sicherheit aus.

Hier nun drei konkrete Schritte zum Aufbau und zur Pflege von mehr innerer Sicherheit:

Schritt 1: Der weite Blick

„Wie gefährdet bin ich wirklich? Wie gefährdet ist meine Familie, sind meine Kinder?"

Den Blick weiten und wahrnehmen: Mindestens 95 Prozent des Tages leben wir in einer relativ sicheren Welt: Wir haben ein Dach über dem Kopf, genügend Essen, knüpfen Bande zu anderen Menschen. Um was geht es also wirklich, wenn in uns Alarm ausgelöst wird, sei es durch die nächste Schulaufgabe, die Frage, mit wem das Kind beim Ausflug ins Schullandheim in ein Zimmer darf, sei es durch die nächste Beförderungsrunde, durch die nächste Entscheidung?

Mit ein paar ruhigen Atemzügen können wir uns immer wieder bewusst machen und verankern, dass der Alltag prinzipiell sicher ist (wenn wir nicht gerade in traumatisierenden Umständen leben). Denken Sie daran: „Might not be perfect, but pretty much okay." Sich in der Meditation oder im regelmäßigen bewussten Innehalten für ein paar Momente der grundlegenden, nie alles umfassenden Sicherheit zu vergewissern, heißt ja nicht, sich ins Schlaraffenland zu phantasieren. Es schafft eine innere Stabilität im Alarmsystem: Wie oft pro Tag, Woche oder Jahr waren wir wirklich existentiell gefährdet?

Wenn Sie hier Ereignisse finden, dann nehmen Sie sie ernst und wenden viel Selbstmitgefühl für diese schweren Zeiten an. Falls nicht, machen Sie Ihrer Alarmanlage klar, dass ein gewisses Maß an Vorsicht, also der anpassungsfähige Modus ausreicht. Für das Restrisiko des Lebens gilt: Alles ist ständig in Veränderung, egal wie sehr Sie sich dagegen stemmen, und alles ist unweigerlich vergänglich. Da hilft nur der vierte Lebensfreund, Gleichmut oder Gelassenheit; kurz, die Akzeptanz, dass dies zum Geschenk des Lebens einfach dazugehört.

Schritt 2: Faktencheck, wenn die Alarmanlage losgeht

Was in unserer Macht steht, ist der Abgleich mit der Realität. Achtsamkeit hilft, die auftauchenden Fragen zu hören: *„Was ist wirklich los? Bin ich am überreagieren? Gibt es eine Verzerrung meiner Wahrnehmung? Bin ich übertrieben darauf ausgerichtet, was alles schief gehen könnte? Falls alles schief gehen würde, wie schlimm sind die Folgen?“*

Ein nützliches Tool ist Folgendes: Was würde ein guter Freund oder eine gute Freundin tun? Vielleicht haben Sie auch jemanden in ihrer Verwandtschaft oder ihrem Freundeskreis, der eine Art Vorbild für Gelassenheit und Stärke sein kann. Jemand mit der Gemütsmischung „Krieger und Notarzt“, der auch unter Druck wenig aufgeregt ist und ruhig bleibt, entschlossen reagiert und handelt, ohne in Panik zu geraten. Falls Ihnen so jemand einfällt, nehmen Sie ihn oder sie in Ihren Inneren Rat der Beschützer auf und ziehen Sie ihn zu Rate, wenn bei Ihnen die Nerven flattern: *„Was würde X jetzt denken, sagen und tun? Kann ich mir eine Scheibe von seiner Gelassenheit und Entschlossenheit abschneiden?“*

Schritt 3: Aktive Pflege der eigenen Stärken, Sicherheit sammeln
Dazu gehört, sich erst einmal in Ruhe klarzumachen: *Ich habe schon so einige Krisen und brenzlige Situationen gemeistert. Ich habe diese Fähigkeit. Ich habe Ressourcen und Stärken, um mit Bedrohung und Gefahr umzugehen.* In der Anwendung heißt das nicht: *„Alles wird gut“*, sondern: *„Hey, ich hab' auch was drauf, mal schauen wie es diesmal läuft!“*

Dazu kommt das regelmäßige Einpflegen, das „Taking in the good“, wenn Krisen oder Bedrohliches im weitesten Sinne bewältigt wurde. Oft wollen wir nichts mehr damit zu tun haben, springen erleichtert weiter zum nächsten Tagesordnungspunkt. Wir verschenken damit aber die wertvolle Gelegenheit, innerlich unsere Fähigkeit zur Zuversicht wachsen zu lassen. Es gilt, die bewältigte Schwierigkeit in Form einer guten Erfahrung in unserem Gehirn zu verankern und so Körnchen für Körnchen Zuversicht anzuhäufen.

Also halten Sie bewusst inne: *„Ja, ich habe das richtig eingeschätzt, ich habe mein Kind vom Klettergerüst geholt, vorher geklärt, wo es übernachten will, diese brenzlige Situation bei der Arbeit wirklich gemeistert.“* Reichern Sie die Erfahrung an, treten Sie sie noch einmal wirklich breit und lassen Sie sie zu einem Teil von sich werden: *„Ja, das ist eine Kompetenz, eine Ressource, eine Stärke, die ich habe.“*

Dieses Training baut den eigenen „Sicherheitsmuskel“ auf und hilft bei Bedrohung im balancierten anpassungsfähigen Modus des Alarmsystems, also vorsichtig und handlungsfähig, zu bleiben. Der gesunde Erwachsene in unserem Gehirn bleibt am Steuer, wägt ab und trifft die Entscheidungen. Und schaut wie weit er damit kommt.

Die drei Schritte, in der Praxis immer wieder regelmäßig angewendet, kosten nur ein paar Minuten Zeit pro Tag. Damit legen wir eine Art Journal der gelösten Probleme, der Bewältigung von kleinen oder großen brenzligen Situationen, letztlich der eigenen Problemlösefähigkeiten an. Das schon Erreichte wird auf diese Weise dauerhaft im Gehirn vernetzt. Langfristig haben wir ein Gegenmittel zur Angst im Arsenal parat.

DER INNERE MITFÜHLENDE COACH

Hey, mach mal langsam!
Es geht nicht um Leben oder Tod.
Ich habe schon viele Krisen bewältigt, mal sehen wie es mit dieser läuft.
Ich kann mich schützen.

SELBSTREFLEXION

Was hilft mir, um Sicherheit zu erleben?
Was hilft mir, ruhig und besonnen zu bleiben und überlegt zu handeln, wenn Dinge mich ängstlich, wütend oder hilflos zu machen drohen?
Welche inneren Stärken habe ich bereits, die mir dabei helfen? Welche möchte ich noch weiter ausbauen?

Sättigung

→ **Abb. 5.9** Füttere die Maus

Wir sind aufgrund unseres Homo sapiens-Gehirns ständig getrieben von Neugier, Weiterentwicklung und Fortschritt. Das ist wertvoll, und erklärt zum Teil den Erfolg unserer Spezies auf diesem Planeten. Es ist darüber hinaus eine der Säulen des Wohlbefindens, etwas zu erreichen.

Allerdings macht es einen Unterschied, ob wir ein Ziel/eine Sache vordringlich mit Neugier, also auch mit einer gewissen Leichtigkeit, angehen. Oder wir aus einer Sorge heraus handeln, nicht genug zu haben (und ich meine nicht die Zustände der wirklichen Not). Oder wir davon getrieben sind, alles auch nur ansatzweise Unangenehme von uns fernzuhalten. Wir haben schon erfahren, wie wir unsere archaische Krieger- und Jägernatur jetzt im Wettbewerb ausleben und in Form von Ehrgeiz auch auf unsere Kinder übertragen. Das Risiko für uns als Eltern ist, dass wir glauben, uns ständig im To-Do-Modus bewegen zu müssen – selbst im Ruhemodus.

Schritt 1: Der weite Blick

„Welche Dinge umgeben uns? Was haben wir an Bequemlichkeiten, an Ausstattung, an Versorgung, an Einkommen? Sicher, irgendwo gibt es Leute, die mehr haben, aber haben wir nicht eigentlich wirklich genug, um anständig zu leben? Sind wir existenziell von einem Mangel bedroht?"

Wenn Sie die letzte Frage mit Ja beantwortet, dann am besten den nächsten Abschnitt überspringen und bitte viel Selbstmitgefühl aufbauen und noch einmal in Ruhe beginnen mit: *„Was kann ich tun, um den Mangel schrittweise zu verringern?“*

Die meisten von uns werden feststellen, dass sie grundlegend versorgt, also gesättigt sind – „Might not be perfect, but pretty much okay.“ Ein Vergleich mit anderen Ländern dieser Welt kann auch hilfreich sein.

„Was fehlt mir also wirklich, um Wohlbefinden und Glück zu erreichen? Bin ich, mit dem was da ist, bereit, Freundschaft zu schließen und Wohlbefinden anzustreben? Kann ich Wünsche und Ziele aus dem balancierten Modus heraus angehen? Bin ich aus dem inneren Gefühl der Sättigung, zufrieden mit mir und dem, was ich bin und habe?“ Dann setzen Sie Ihren Weg fort, weil Sie es wollen. Die Chancen stehen gut, dass der Prozess fließt, wie im „Flow“ abläuft.

„Oder handele ich aus einer Getriebenheit, weil mir zum Glück etwas zu fehlen scheint? Weil ich nur dann komplett, gut, erfolgreich bin, wenn ich das Traumauto oder Haus gekauft, diese Reise gemacht, jene Karrierestufe erklommen habe?“

Wir leben in diesem Höher-Weiter-Mehr-System. Es ist gar nicht leicht, sich auf Sättigung und Zufriedenheit, mit dem was vorhanden ist, auszurichten.

Schritt 2: Faktencheck in der akuten Situation

Wenn wir spüren, dass das Antriebssystem hochregelt, bewusst innehalten: *Brauche ich das wirklich? Was ist mein wirklicher Antrieb hinter dem „Haben-wollen“ oder dem „Dorthin-wollen“? Was ist der Preis dafür? Wie viel Energie, Zeit, Verbundenheit wird es mich kosten? Ist es das wert?*

Das ist nun kein Aufruf zum Konsumboykott und zur Karriereverweigerung, aber einer zu mehr Achtsamkeit im Umgang mit dem Antriebssystem. Der Unterschied zwischen Mögen und Wollen kann das vielleicht deutlich machen. Mögen bedeutet genießen, bevorzugen, schätzen; es ist schön da zu sein oder eine bestimmte Sache zu haben. Wollen bedeutet Druck, „Haben-müssen“; es muss sein, sonst fehlt etwas. Es gibt ein

„Mögen, ohne zu wollen", dann ist unser Antriebsystem in Balance. Es gibt ein „Wollen, ohne zu mögen", dann sprechen wir von einem überhitzten Antriebssystem. Liegen „Mögen und Wollen" gleichzeitig vor, gibt es mehrere Möglichkeiten: Es kann auf der einen Seite sehr anregend sein, wenn der Lebensfreund des Gleichmutes ein bisschen mithelfen darf. Andererseits kann ein ungebremstes Verlangen und Abhängigkeit entstehen, wenn die Lebensfreunde der Mitfreude und des Gleichmutes fehlen.

Schritt 3: Aktive Pflege der eigenen Stärken, Zufriedenheit sammeln

Hier ist der Blick wichtig, auf das, was Sie schon alles erreicht haben, was alles schon da ist und was Ihnen wirklich Zufriedenheit verschafft. Ich verweise an dieser Stelle auf Äußerungen von Bronnie Ware, die in einem Buch fünf Dinge zusammengetragen hat, die Sterbende am meisten bereuen:*

1. **Ich wünschte, ich hätte den Mut gehabt, wahrhaftig mein Leben zu leben und nicht das Leben, das andere von mir erwartet haben.**

2. **Ich wünschte, ich hätte nicht so viel und so hart gearbeitet.**

3. **Ich wünschte, ich hätte den Mut gehabt, meine Gefühle klarer zu zeigen und auszudrücken.**

4. **Ich wünschte, ich hätte mich mehr um meine Freundschaften mit mir wichtigen Menschen gekümmert.**

5. **Ich wünschte, ich hätte mir erlaubt, glücklicher zu sein.**

---

* Ware, Bronnie, *5 Dinge, die Sterbende am meisten bereuen: Einsichten, die Ihr Leben verändern werden.* München: Goldmann Verlag, 2015.

Wenn das nur unser Antriebssystem rechtzeitig begreifen könnte und nicht erst auf dem Sterbebett! Wir haben als Eltern die wichtigsten Dinge direkt vor der Nase und es ist die große Kunst, sich nicht zu sehr ablenken zu lassen und nicht heißzulaufen: Das Wichtigste und Einzige, was wir wirklich als Grundlage zum Leben brauchen, sind wir selbst. Unsere Dankbarkeit und Zufriedenheit nähren wir mit dem, was vorhanden ist und sich im Laufe der Zeit im Geschenkkorb des Lebens ansammelt. Das ist ein so wichtiger Schritt, dass daraus ein eigenes Kapitel wurde: Dankbarkeit. In gewisser Weise liegt der Schlüssel zum Leben mit Wohlbefinden darin, uns selbst zu helfen, die Dinge zu *wollen*, die tatsächlich hilfreich und heilsam sind. Bei den meisten Sachen können wir im Bereich des genussvollen Mögens bleiben.

DER INNERE MITFÜHLENDE COACH

Ich kann etwas erreichen und werde satt.
Ich habe schon viel erreicht, ich versorge mich.
Wie viel mehr brauche ich wirklich?
Und was würde es mich an Aufwand und Zeit kosten?

Die schönsten und die wertvollsten Dinge in der Welt
kann man nicht sehen oder anfassen.
Sie müssen mit dem Herzen gefühlt werden.

HELEN KELLER
taubblinde US-amerikanische Schriftstellerin

Verbundenheit

→ **Abb. 5.10** Umarme den Menschen

Hoffentlich ist Verbindung nicht das Hauptproblemfeld für uns als Eltern, wir haben ja Kinder. Verbundenheit ist für die meisten Menschen die Grundlage zum Wohlbefinden schlechthin – die wichtigste der fünf Säulen: wahrgenommen werden, in Verbindung stehen, Bindung anbieten können, Wertschätzung, Liebe und Mitgefühl geben und empfangen. Trotzdem kann es hilfreich sein, diese Schlüsselressource gezielt anzureichern und verstärkt in sich aufzunehmen. Aber Vorsicht: Ähnlich wie Schmerz aus Unverbundenheit kann es einen Schmerz geben, der aus zu viel Verbundenheit entsteht.

Solange aber Selbstmitgefühl wirkt, kann es gar nicht zu viel Verbundenheit geben. Selbstmitgefühl schützt auch davor, sich zu verausgaben. Das kann durchaus passieren, wenn zu viel Verbundenheit eingefordert wird, beispielsweise, wenn wir geliebte Menschen leiden sehen, die Lieben schwer krank sind oder gepflegt werden müssen. Die Kernmeditation aus dem MSC-Kurs „Mitgefühl geben und empfangen" bietet in solchen Fällen eine Übung zur Mitgefühlsbalance an (vgl. Audio). Für uns als Eltern ist die Meditation „Die Grenzen meiner Möglichkeiten" (Kapitel 4.5 und Video/Audio) sinnvoll. Sie ermöglicht unsere Liebe zu stärken, indem wir lernen, unsere Grenzen zu akzeptieren.

Gerade wenn in Ihrer Lebensgeschichte zeitweise ein gewisser Mangel an Verbundenheit vorgelegen hat, ist es wichtig, diesen Bereich besonders zu pflegen und anzureichern. Als Erwachsene und Eltern mit uns selbst in Verbundenheit zu kommen, bewahrt uns vor dem Fehler, die Kinder zu benutzen, unser Loch im Herzen flicken zu lassen.

Es gibt drei Schritte, die Sie gehen können, sollten Sie sich einsam, unverbunden oder ausgelaugt fühlen.

1. Beobachten, was ist

„Wie verbunden bin ich wirklich? Mit wem bin ich in Kontakt? Welche alten Freundschaftsbeziehungen habe ich, die ich zwar nicht jeden Tag sehe, die aber mein Herz erwärmen? Will ich diese Kontakte wieder aktivieren?" Telefonieren, Mailen, Chatten, Video-Calls lassen uns heute enge Verbindungen über den ganzen Erdball aufrechterhalten. *„Wie pflege ich Verbundenheit zur Natur? Zu meinem Haustier? Nehme ich alle Bindungen, die ich in meinem Leben aufgebaut habe, wirklich wahr und genieße sie? Nicht zuletzt, wie pflege ich meine Partnerschaft?"*

2. Das Negative vermindern

Realitätscheck in der akuten Situation: *„Gibt es wirklich einen dramatischen Mangel an Verbindung in meinem Leben?"* Wenn ja, dann ist Selbstmitgefühl statt Selbstanklage ein erster Schritt.

Wenn ich mich ausgelaugt und ausgesaugt fühle: *„Was sind die positiven Qualitäten der Beziehungen, in denen das passiert? Habe ich das Positive auch im Blick, wenn es um meine Verbindung zum Kind, bedürftigen Partner oder Freund geht? Habe ich mich selbst ausreichend in Blick, mein Recht und meine Pflicht auf Selbstfürsorge und Selbstmitgefühl?"* Ausgelaugte Eltern sind weniger verbunden, weniger ruhig und ausgeglichen als Eltern, die sich immer wieder um das Aufladen der eigenen Akkus kümmern – auch wenn sie in dieser Zeit nicht zur Verfügung stehen.

3. Das Positive vermehren

Hier können Sie wie folgt vorgehen: *Was bringe ich selbst als Stärke mit? Welche Ressourcen habe ich, um Verbundenheit herzustellen?"* Wichtig ist, zu betonen: *„Ich habe schon einiges geschafft!"* Auch die Fragen *„In welchem Maß will ich eine bestimmte Verbindung noch weiter ausbauen? Welche alten Herzensdinge will ich wiederbeleben?"* sind hilfreich. Noch ein paar Tipps:

- Dinge in Gemeinschaft: Singen im Chor, Mannschaftssport, Laufgruppe
- Zeit mit der Familie: Haben Sie schon an eine Familienfreizeit gedacht? Das ist besonders wichtig, wenn Sie alleinerziehend sind.
- Mehr Zeit in der Natur verbringen: Legen Sie einen Garten an. Das geht auch mit Urban Gardening oder in gemeinsamen Gartenprojekten, sollten Sie selbst keine Fläche haben.
- ein Haustier

Wichtig ist, dass Sie sich jeden Moment der Verbundenheit im „Taking in the Good" präsent machen, anreichern und tief in sich aufnehmen – als Teil Ihrer Person, Ihrer Realität und der Welt.

DER INNERE MITFÜHLENDE COACH

Ich kann für mich sorgen und bin verbunden.
Ich erlebe Fürsorge und ich gebe Fürsorge, mir selbst und an anderen.
Ich bin nicht allein und lebe geteilte Menschlichkeit und Mitgefühl.
Die Verbundenheit ist wichtiger als alle anderen Ziele.

Die wichtigsten Dinge in unserem Leben sind nichts
Außergewöhnliches oder Großartiges.
Es sind jene Momente, in denen wir uns
von einem anderen angerührt fühlen.

JACK KORNFIELD

Bei der Pflege und Weiterentwicklung der eigenen Stärken und Ressourcen in den drei Systemen geht es nicht darum, sich ein dickeres Fell aus Wattebäuschen zuzulegen, für den Fall, dass wir uns irgendwann mal wieder ängstlich, stressig oder einsam fühlen.

Vielmehr gewinnen wir durch Achtsamkeit deutlich an Sicherheit und können uns besser versorgen und verbinden, als wir das sonst mit unserer gewohnten negativen Wahrnehmungsverzerrung könnten. Wir machen alle viel mehr positive Erfahrungen am Tag als negative, nur nehmen wir das oft nicht wahr. Zu selten lassen wir Positives tief in unser Gehirn einsinken, vernetzen und Teil unseres Geists werden.

Fünf- bis sechsmal am Tag, 30 Sekunden „Taking in the good" und wir verändern uns selbst, verspricht Rick Hanson. Das klingt Ihnen zu einfach?

Probieren Sie es aus. Es ist kein großer Aufwand, allerdings bedarf es einer regelmäßigen Einladung an sich selbst. Ich kann wirklich bestätigen, dass diese kleine informelle Übungsform eine echte Auswirkung auf mein Wohlbefinden hat. Sie hat einen fruchtbaren Boden im „Garten meines Geistes“ bereitet. Mein Blick ist offener geworden, für die Dinge, die schon sind und ich nehme die guten Dinge besser wahr. Ich finde, das ist ein faires Gegenmittel gegen den evolutionären Negativitäts-Bias. „Taking in the good“ lässt sich gezielt anwenden, wenn Sie in einem der roten, blauen und grünen Regulationssysteme einen besonderen Bedarf feststellen. Nach und nach können Sie so selbst die Löcher in Ihrem Herzen füllen.

5.5 SELBSTWERT-Schätzung oder Selbst-WERTSCHÄTZUNG? – Das ist hier die Frage!

Wir als Eltern mit dem Wunsch nach einer achtsamen Erziehungshaltung wollen natürlich, dass sich unsere Kinder in ihrer Haut wohlfühlen. Aber wie entsteht eine Wertschätzung für uns selbst? Spüren Sie einige Momente folgenden Fragen nach:

Wann fühle ich mich wert-voll? Was heißt Wert im Zusammenhang mit mir selbst? Was finde ich wann wert-voll an meinen Kindern? Was kann ich tun, dass meine Kinder sich wert-voll erleben und fühlen?

SELBSTWERT

Ein höherer Selbstwert und den Selbstwert stützen sind seit langer Zeit zentrale Ziele in der Psychotherapie, der Pädagogik und Erziehung. Es gilt als gut belegt, dass ein hohes Selbstwertgefühl mit „sich wohlfühlen“ korreliert. Aber es ist gar nicht klar, ob das Selbstwertgefühl dieses Wohlbefinden verursacht oder ob anders herum, Menschen, die ein hohes Wohlbefinden erleben auch einen stabileren, positiveren Selbstwert entwickeln.

In der Literatur tauchen unterschiedliche und oft etwas diffuse Definitionen von Selbstwert auf. Hier nur ein paar Auszüge:

Kristin Neff orientiert sich in ihrem Buch Selbstmitgefühl" an William James (1842 – 1910), einem der US-amerikanischen Urväter der Psychologie, der Selbstwert als „Produkt der wahrgenommenen Kompetenzen in wichtigen Bereichen" definiert. Abraham Maslow (1908 – 1970), ebenfalls US-amerikanischer Psychologe, dem das Thema der Selbstverwirklichung ein Anliegen war, unterschied „Inneren Selbstwert" im Sinn von Selbstliebe, Selbstvertrauen, Fähigkeiten, Begabung versus „Externen Selbstwert", gegründet auf Respekt durch andere, Anerkennung und Erfolg.

In der deutschen Sprache stehen sich mehrere „Selbst-Wörter" recht nahe, die Grenzen sind teilweise fließend: Selbstwert – Selbstbewusstsein – Selbstvertrauen – Selbstsicherheit.

Selbstbewusstsein in seiner ursprünglichen Bedeutung beschreibt neutral eine Fähigkeit: Wir können uns unserer Selbst bewusst sein; also uns selbst wie ein Objekt wahrnehmen und beobachten. Das ist eine grundlegende Fähigkeit des menschlichen Geistes. Sie ist die Grundlage der Achtsamkeit und bedeutet, eine Beobachterrolle für unsere eigenen Körperempfindungen, Gedanken, Gefühle und Handlungsimpulse einzunehmen. Wobei wir in der Achtsamkeit ja versuchen, gerade nicht zu bewerten.

Umgangssprachlich bekommt das Wort eine andere Bedeutung: Hohes Selbstbewusstsein verstehen wir nicht als besonders intensive Selbstbeobachtung, sondern verbinden damit, dass jemand etwas von sich hält und bestimmt und sicher nach außen auftritt. Hier kommt eine klare Wertung hinein. Nicht wenige Coaching-Ansätze für den Arbeitsmarkt haben den Schwerpunkt, „selbstbewusstes" Auftreten zu vermitteln.

Selbstwert vom Wortsinn her bedeutet, sich selbst einen Wert zu geben. Der Wert hängt davon ab, welche Kriterien und welche Wertmaßstäbe ich anlege: *Was erscheint mir wichtig? Mit wem vergleiche ich mich, um einen*

Wert zu erkennen? Beziehe ich das Ergebnis dieses Vergleichs auf meine gesamte Person oder auf einzelne Aspekte?

Ich kann zum Beispiel ein hohes Selbstwertgefühl als Redner haben und ein lausiges als Musiker. Angenommen, ich wäre in einer südamerikanischen Drogengang groß geworden, würde ich wohl ganz andere Kriterien für meinen Selbstwert heranziehen als in meiner jetzigen „Version" als in Deutschland arbeitender Arzt und Therapeut.

Selbst-Wertschätzung bekommt eine ganz andere Bedeutung. Was hilft mir, eine Wertschätzung für mich selbst zu entwickeln, so wie ich bin?

Bedingter versus bedingungsloser Selbstwert

Wenn wir als Eltern wollen, dass sich unsere Kinder langfristig als wertvoll empfinden, dann lohnt es sich zu schauen, ob ihr innerer Wert vordringlich aus dem roten, blauen oder grünen System gespeist wird. Zielen wir als Eltern besonders auf eines der Systeme ab?

Ein stark motiviertes und aktives rotes oder blaues System führt zu einem bedingten Selbstwert. Der ist abhängig davon, zu welchem Ergebnis eine Handlung führt. Im grünen System wird dagegen eher ein bedingungsloser Selbstwert vermittelt.

Mit dem **roten System** reagieren wir auf die Bedrohung unserer Person. Im urzeitlichen Sinne wird hier der Selbstwert des „Kriegers" auf die Probe gestellt: Ich wehre mich erfolgreich gegen die Bedrohung und es gelingt mir, im Kampf zu siegen. Der „Krieger" ist ein evolutionärer Archetyp, der uns heutzutage in vielen Filmen, Spielen und Büchern begegnet. Für uns ist er gleichbedeutend mit dem Bild des Helden. Auf der anderen Seite kann auch eine erfolgreiche Flucht selbstwertsteigernd wirken. Totstellen führt nicht zu mehr Selbstwert, sondern im Gegenteil zur Traumatisierung.

Meiner Meinung nach finden wir heute den Helden im **blauen System** wieder. Den archaischen Kampfreaktionen entsprechen in modernen Zeiten die von uns selbst geschaffenen Wettkampfbedingungen, in denen es vordringlich um Belohnung geht. Dahinter steckt oft ein Alles-oder-nichts-Prinzip, also Sieg oder Niederlage. Sport und Wettkampf als gesellschaftlich akzeptierter Kampf sind Beispiele dafür.

Die Angst aus dem roten System pulsiert dabei häufig nur knapp unter der Oberfläche, gerade bei hohem Erwartungsdruck. Das ist ein wichtiger Hinweis für sehr ehrgeizige Eltern, gerade weil Trainer und Lehrer teilweise bewusst hohen Leistungsdruck im Sport- oder Musikunterricht oder anderweitig kultivieren. Es gilt daher achtsam zu sein, ob bei unseren Kindern unter Druck nicht eher Angst aktiviert wird. Denn schnell entsteht für sie aus einer Drucksituation eine gefühlte Angst vor dem „Untergang".

Der bedingte Selbstwert im blauen System hat noch weitere Auslöser: Leistungen müssen erzielt, Entwicklungsschritte erreicht, gute Noten und Auszeichnungen gesammelt werden. Später müssen Ausbildungsstufen erklommen, lukrative Jobs an Land gezogen und Erfolge auf der Karriereleiter vorgezeigt werden. Ein Gradmesser des Selbstwerts sind zudem materielle Errungenschaften. Wie groß ist mein Haus? Welches Auto fahre ich? Wo habe ich meinen letzten Urlaub verbracht? Wie teuer sind meine Klamotten? Wer hat das coolere Smartphone?

Als Eltern können wir in die Falle „Mein Kind ist besser als deins" tappen. In unserem Herzen sind natürlich *unsere* Kinder die Allerbesten und das ist völlig okay. Wenn wir uns aber mit ihren Leistungen identifizieren und uns im Vergleich zu anderen Eltern damit selbst dekorieren, dann sind wir schon in die Tiefen des blauen Systems abgedriftet. Das ist gefährlich und kann uns anstacheln, unsere Kinder zu weiteren Leistungen und Medaillen zu drängen – nicht für sie selbst, sondern für uns, für unser eigenes Ranking und unseren „Wert" als Eltern. Das ist dann fern von jeglicher Fürsorge.

Im Wettbewerb zählt, wer sich im Vergleich zu den anderen besser behaupten kann: *„Liege ich im Vergleich zu anderen vorne?"* Das führt zu einem sehr bedingten Selbstwert. Aber es können nun mal nicht alle vorn liegen oder gewinnen, so wie es in einer Herde nicht nur Anführer geben kann. Das heißt, immer nur sehr wenige Menschen generieren auf diese Weise ihren Selbstwert.

Ein Vergleich ist auch immer abhängig von der Vergleichsgruppe. Steigt etwa ein Verein in die nächsthöhere Liga auf, muss er eventuell wieder von hinten anfangen. Wie steht es dann mit dem Selbstwert der Spieler? Sind Sie nichts mehr wert, nur weil das Team auf dem letzten Platz steht oder im Mittelfeld landet? Schnell erleben wir das so, der eigene Wert wird hauptsächlich mit einem bestimmten Rang/einer Position verbunden.

Ich will gar nicht gegen jeglichen Wettbewerb argumentieren. Wettbewerb ist zum Teil ein natürlicher Antrieb und eine Quelle für Motivation. Es macht aber vor allem in Bezug auf Kinder einen großen Unterschied, ob es um das spielerische Wetteifern geht. Kinder „konkurrieren" schon früh ganz von selbst. Das erinnert allerdings mehr an das Gerangel von Hundewelpen oder Löwen-Babies. Es werden Kräfte gemessen, die eigenen Fähigkeiten ausprobiert und Grenzen ausgelotet. Dabei geht es um den Spaß, den anderen zu übertreffen, ohne Drama, wenn man mal unterlegen ist.

Problematisch wird es dann, wenn ehrgeizige Eltern den Wettkampf übermäßig ankurbeln, Leistung und Gewinnen zur Maxime machen, zum ultimativen Wert erklären. Dieser Selbstwertgenerator auf Basis der Erfolge im blauen System ist hochgradig instabil, wird ständig abgeprüft und hat das Scheitern schon einprogrammiert. Eine Auszeichnung zu erreichen, kann sicherlich eine große Motivation sein und beachtliche Kräfte freisetzen. Aber das Nichterreichen kann gleichzeitig schnell den Absturz ins gefühlte Nichts bedeuten.

Elternstolz auf die Leistungen der Kinder ist völlig natürlich und in Ordnung. Allerdings geht es um die Balance und die kritische Selbstüberprüfung. Ob wir unseren Kindern auch dann die Wertschätzung, die Bindung, den Trost und die Anerkennung schenken, wenn sie nichts gewonnen und keine besondere Leistung erzielt haben. (Sie erinnern sich, rund 69 Prozent der Kinder sind ganz durchschnittlich). Und wie deutlich wir ihnen das zeigen.

ÜBUNG

Mitfreude statt Konkurrenz

Für uns selbst können Selbstmitgefühl und die Mitfreude gute Gegenkräfte sein, falls wir zu sehr in die Falle des Vergleichens als Grundlage unserer Selbstbewertung geraten. Wenn dieses leicht ungute Gefühl im Bauch aufkommt, weil die Nachbarn jetzt so ein tolles neues Auto haben, die Freunde ein Traumhaus gebaut haben, die Schwester im Traumurlaub war oder das Kind der Bekannten etwas Herausragendes geleistet hat, kann uns das schnell hineinziehen in ein: *„Och, das will ich auch haben!"* oder gar in ein *„Mir fehlt was"*.

Als „Gegenmittel" können Sie drei Schritte unternehmen:

1. Ein wenig Verständnis für uns selbst, dass eine Spur von Neid aufkommt; es ist nur unser alter Reflex im Gehirn: *„Mehr vom Angenehmen", „Haben will"*
2. Etwas Selbstmitgefühl anwenden, dass wir ständig mehr Wünsche produzieren als wir erfüllen können, und uns erinnern, dass unser eigener Wert rein gar nicht von den Errungenschaften der anderen abhängt.
3. Uns an die Qualität der Mitfreude erinnern und bewusst Hineinspüren in die Freude der anderen. Wir üben uns selbst darin, ihnen mit ganzem Herzen zu gönnen und uns mit ihrer Freude mitzufreuen. Das erzeugt ein angenehmes Gefühl im Bauch.

Im **grünen System** können wir uns mit Mitgefühl und Verbundenheit begegnen. Wir verzichten auf den Wettkampf. Die bedingungslose Elternliebe ist für unsere Kinder dann die Quelle für den **bedingungslosen Selbstwert.** Wir zeigen unseren Kindern dabei, dass ihr Wert für uns gar nicht davon abhängt, was sie erreicht haben oder leisten.

Wir Menschen sind per se wertvoll, weil wir unsere Menschlichkeit teilen, weil wir spüren, was der andere spürt und darüber tief miteinander verbunden sind. Wertschätzung für uns selbst bedeutet, dass wir unsere Schokoladenseiten und unsere Schwächen, Erfolg und misslungenes Ausprobieren, und auch Scheitern, annehmen.

„Ich bin was wert, weil das Leben ein Wunder ist und weil das Leben als Mensch ein noch größeres Wunder ist und ich der Einzige im Universum bin, der genau so ist wie ich bin – eben einzigartig!“ *Und auf einmal spiele ich Musik „im Flow“, zeichne wie aus einem Guss oder rausche mit dem Rad eins mit mir den Berg hinunter. Es geht nicht mehr darum, ob ich es besser kann als andere, sondern, dass es fließt, dass ich in diesem Moment spüre am richtigen Platz auf dieser Welt zu sein.*

Selbstmitgefühl ist ein wichtiger Schlüssel, um an diese bedingungslose Wertschätzung für uns selbst heranzukommen, vor allem, wenn wir selbst eher im roten oder blauen System groß geworden sind und uns bislang stark auf den bedingten Selbstwert gestützt haben.

Wir können uns selbst die Hand aufs Herz legen und erkennen: *„Ich mag mich nicht nur unter gewissen Bedingungen. Ich mag mich nicht nur, wenn ich maximal ‚performe‘, Dinge zur höchsten Zufriedenheit erledige und alle Erwartungen erfülle. Ich mag mich einfach als der Mensch, der ich bin.“* Wir können uns vergeben und verzeihen. Wir können lernen, freundlich auf unsere Macken und Kratzer als Spuren des Lebens zu blicken. Wir können das in kleinen Schritten entwickeln. „Möge ich lernen, mich so anzunehmen, wie ich bin. – Möge ich beginnen, zu lernen, mich so anzunehmen, wie ich bin.“

Der Blick auf bedingten und bedingungslosen Selbstwert heißt nicht, dass wir Seiten an uns, die wir nicht so prima finden, nicht auch in liebevoller Weise verändern können, etwa unter Anleitung einer mitfühlenden inneren Stimme. Und es heißt auch nicht, dass wir gar nicht mehr auf Erfolge, Siege und Auszeichnungen unserer Kinder reagieren. Das würde das Kind mit dem Bade ausschütten. Vielmehr sollten wir sie natürlich in uns schwingen lassen und als elterliche Mitfreude ausdrücken. Das fühlt sich für alle Beteiligten wunderbar an. Echtes, vorbehaltloses Mitfreuen als Teil der „Vier Lebensfreunde“ ergänzt sich gut:

- mit Mitgefühl, wenn es nicht so recht geklappt hat,
- mit liebevoller Güte, jenseits der Erfolge sowie
- mit Gelassenheit, die zeigt, dass es gar nicht so sehr auf Erfolg ankommt, sondern aufs Sein.

Im Folgenden finden Sie eine Übung für die eigene Wertschätzung:

ÜBUNG

Meditation der Selbst-WERTSCHÄTZUNG

(aus „Mindful Self-Compassion – MSC" nach Neff & Germer)

Setzen Sie sich in eine ruhige Position und spüren Sie in Ihren Körper hinein. Schließen Sie im Folgenden nach jeder gelesenen Instruktion die Augen und spüren innerlich nach.

Nehmen Sie sich einige Momente Zeit, um an zwei oder drei Dinge zu denken, die Sie an sich selbst schätzen. Etwas, dass Sie wirklich aus dem Innersten heraus an sich mögen. Sie müssen keinem verraten, welche Dinge das sind, Sie dürfen also ehrlich sein!

Manchmal fällt es uns leichter, uns selbst wertzuschätzen, wenn uns bewusst wird, dass Eigenschaften mit Hilfe anderer Menschen, gewachsen sind. Gibt es Menschen, die daran beteiligt waren, dass Sie diese oder jene gute Eigenschaft entwickeln konnten? Vielleicht Freunde, Eltern, Lehrer oder vielleicht sogar Bücher von anderen Menschen? Wenn dem so ist, dann denken Sie doch an jeden Einzelnen und senden etwas Dankbarkeit und Wertschätzung an diese Person.

Wenn wir uns selbst Wertschätzung schenken, dann schenken wir sie gleichzeitig allen Menschen, die uns gefördert und genährt haben!

Kosten Sie es aus, dass Sie etwas an sich mögen! Lassen Sie es auf sich wirken!

5.6 Die Säulen des Wohlbefindens

Wir suchen als Eltern häufig Rat und Unterstützung, weil wir die Anstrengungen des Elternseins von Schlafmangel über die ständige Habachtstellung bis hin zum „Immer im Dienst“ so gut kennen. Aber wir haben mit dem Geschenk der Elternschaft auch beste Voraussetzungen alle fünf Elemente des Wohlbefindens zu entwickeln. Der US-amerikanische Psychologe Martin Seligmann, Begründer der „Positiven Psychologie“, stellt sie in seinem Buch „Wie wir Aufblühen – Die fünf Säulen des persönlichen Wohlbefindens“ vor und liefert eine Analyse darüber, was zu wirklich dauerhaftem inneren Glück im Sinne eines persönlichen Wohlbefindens führt.

Die fünf Elemente des Wohlbefindens nach Seligmann:

- Positive Emotionen spüren
- Sich für etwas engagieren
- Sinn erleben; etwas, das größer ist als unser Ich
- Erfolg: Etwas bewegen können; Zielerreichung
- Positive Beziehungen und Verbundenheit

Kommt uns das fürs Elternsein nicht sehr entgegen? Sich für die Kinder in positiver Beziehung und enger Verbundenheit engagieren, dabei viele positive Emotionen spüren und einen Sinn erleben, der über uns selbst hinausgeht? Wir haben auch schon viel darüber reflektiert, wie sich „Erfolg und Zielerreichung“ für uns als Eltern als heilsam erfahren lässt. Die Gene weitergeben, Leben schenken, ist ein archaischer Antrieb, der uns über uns selbst hinauswachsen lässt und tief befriedigt. Wenn er durch unerfüllten Kinderwunsch einfach nicht gelebt werden kann, löst das oft viel Leid aus.

Gleichzeitig, und da schauen wir Eltern uns alle wissend an, ist dieser Antrieb manchmal mit viel Stress verbunden und bereitet uns Sorgen. Aber durch Elternschaft an den Säulen des eigenen Wohlbefindens bauen zu können, lässt all das verblassen.

Schauen wir uns nur einmal die Seligkeit der Großelternschaft an, diese Verbundenheit, das Herzerfüllende und die bedingungslose Liebe der Enkel, ohne den Verantwortungsdruck.

Als Vater und Mutter haben wir die Möglichkeit durch die eigene Entwicklung von Achtsamkeit und Selbstmitgefühl schon ein wenig dieser Großelternqualität anzuzapfen. Haben wir auf diese Weise von zu viel Angst und Sorgen losgelassen, von zu viel Streben, vom Druck, unsere eigenen Ideale zu erfüllen, können wir achtsamer die Potenziale und Vollkommenheit unserer Kinder wahrnehmen.

Nicht vergessen: Unser Elterngewächshaus steht auf dem Fundament von Achtsamkeit, Mitgefühl und Selbstmitgefühl, Liebevoller Güte, Mitfreude und Gelassenheit. So können wir getrost Stein für Stein die Säulen des Wohlbefindens in die Höhe bauen. Es ist hilfreich, sich, vor allem wenn es gerade kräftezehrend ist, immer wieder zu vergewissern, was für ein dreifaches Geschenk es ist, Kinder zu haben: für uns selbst, für die Kinder und für die Welt.

Die meisten hetzen dem Glück so atemlos hinterher,
dass sie es völlig verpassen.

DALAI LAMA

ÜBUNG

Der innere mitfühlende Coach: Sonderform der Selbstmitgefühlspause für Eltern in der Überforderung

1. Ja, es ist gerade richtig anstrengend, es ist alles sehr viel und ich fühle mich erschöpft.
2. Ich bin sicher gerade nicht die einzige stöhnende Mutter/der einzige stöhnende Vater. Und es ist doch immer wieder ein großes Geschenk diese Kinder zu haben, ihnen das Leben geschenkt zu haben und sie begleiten zu dürfen.
3. Möge ich freundlich zu mir sein. Was kann ich jetzt besonders brauchen? Sein lassen – Los lassen – Herein lassen? Was kann mir und meinem Kind helfen, uns zu erden, die Tatsache des Geschenks wieder zu spüren?

Wohlbefinden und Intensität der Emotionen

Forschungsergebnisse von Emma Seppälä zeigen einen interessanten Zusammenhang zwischen der Intensität von Gefühlen und dem Wohlbefinden auf. Emotionen werden einerseits aufgeteilt in die Dimensionen „positiv“ (freudig, heiter) und „negativ“ (wütend, traurig). Zusätzlich wird aber jedes dieser Felder noch einmal in „hoch intensiv“ und „gering intensiv“ unterteilt.* So drückt sich meine positive Emotion der Freude in freudig aufgeregt oder ekstatisch aus oder in heiter und zufrieden.

Wenn man Amerikaner fragt, wie sie sich am liebsten fühlen würden, wählen sie gemäß den Untersuchungsergebnissen eher die hoch intensive Variante „freudig erregt“ oder „euphorisch“ und weniger die gering inten-

* Seppälä, Emma, *Der Trick mit dem Glück: Mehr erreichen durch weniger tun.* München: Knaur Verlag, 2016.

sive Variante „entspannt“ oder „zufrieden“. Die Gefragten glauben auch, dass es diese hoch intensiven Gefühle braucht, um erfolgreich zu sein. Dagegen schätzen Menschen aus ostasiatischen Kulturkreisen mehr die gering intensiven positiven Emotionen wie Gelassenheit oder Friedlichkeit.

Wie wir unsere positiven Emotionen wertschätzen, scheint mir ein wichtiger Faktor zu sein. Ich verorte einen Teil meiner hoch intensiven Gefühle, zum Beispiel Euphorie, Enthusiasmus, erregte Begeisterung, Für-etwas-brennen, eher im blauen System. Bei diesen Gefühlen sorgt der Neurotransmitter Dopamin für einen kurzfristigen Kick. Das „Sensation Seeking“ (Drang nach Abwechslung und neuen Erlebnissen) können wir ebenfalls in Blau einsortieren. Ruhe, Heiterkeit, Friedlichkeit, Gelassenheit passen hingegen gut ins grüne System. Bei diesen Gefühlen werden wir eher mit Endorphinen und Oxytocin geflutet. Wenn Menschen aus ostasiatischen Kulturkreisen also gering intensive Gefühlslagen höher wertschätzen, rührt das vielleicht von Weisheitslehren her, die dort schon länger im alltäglichen Leben verankert sind.

Noch eindrücklicher werden Seppäläs Ergebnisse, betrachten wir die drei uns bekannten Dimensionen zur Einordnung einer Erfahrung: angenehm, unangenehm, neutral. Wenn schon „gering intensiv angenehm“ nicht reicht zum Wohlbefinden, wie geht es uns dann in „neutral“? Wie ordnen Sie selbst eine Erfahrung ein, die eher neutral ist? Ist die Kategorie „neutral“ für Sie ein halb volles oder ein halb leeres Glas?

Ich möchte an dieser Stelle eine Lanze für neutrale Gefühle brechen! Neutral ist immerhin die Abwesenheit von Unangenehmem oder Leidvollem. Das ist doch schon eine ganze Menge. Vielleicht ist es auch eine Altersfrage? In unserer Sturm- und Drang-Phase verlangen wir nach hoch intensiven, emotionalen Erfahrungen. Dazu kenne ich keine Studiendaten. Auf jeden Fall wird in meinem Alter das Aufwachen in einem Körper, der sich neutral anfühlt, statt an allen möglichen Ecken zu zwicken und weh zu tun, immer mehr zum Luxus.

Liegt da letztlich ein wichtiger Schlüssel zu mehr Wohlbefinden? Sollten wir uns also eher fragen, welche Dimension an Intensität wir brauchen, um uns wohlzufühlen?

5.7 Dankbarkeit

Außerhalb von akuten Belastungen scheinen wir Menschen eine persönliche Voreinstellung bezüglich unserer Grundlinie des Wohlbefindens zu haben. Der Optimist bleibt optimistisch, auch nach Fehlschlägen und Verlusten. Der Pessimist kehrt auch nach dem Lottogewinn relativ zügig wieder zu seinem Grundlevel zurück und macht sich Sorgen und Gedanken. Basierend auf der Glücksforschung hat sich nur eine Möglichkeit gezeigt, wie diese persönliche Grundlinie durch Übung nachhaltig in die positive Richtung verschoben werden kann: mit den sogenannten Dankbarkeitsübungen. Vielleicht klingt Dankbarkeit für einige von Ihnen ein wenig angestaubt oder hat einen faden Beigeschmack, weil Sie in der Vergangenheit gezwungen wurden, immer wieder Danke zu sagen. Aber wer sich tiefer auf Dankbarkeit einlässt, kann erkennen, dass sie über die schlichte positive Wertschätzung hinausgeht und das Herz erwärmt. Es braucht auch niemanden, dem gegenüber wir dankbar sind, Dankbarkeit können wir ohne Adressaten leben. Gleichwohl kann es für Menschen mit einer religiösen oder spirituellen Ausrichtung einfacher sein, jemanden oder etwas zu haben, dem sie danken können.

Eine regelmäßige Praxis führt zu mehr neuroplastischer Vernetzung und wirkt nachhaltiger auf das Wohlbefinden. Überhaupt ist der Nutzen der Dankbarkeitsübungen größer, je regelmäßiger und länger sie praktiziert werden. Im Grunde genommen braucht es keine Anleitung zum Dankbarsein, das kann jeder von uns. Andererseits haben sich gewisse Übungen bewährt. Aus der Literatur und Studien ist die „aufwändige“ Form bekannt, regelmäßig einen Brief der Dankbarkeit zu schreiben (auch ohne die Briefe je wegzuschicken). Das kann eine Niederschrift über alle Erfahrungen des Tages sein, für die Sie dankbar sind. Adressat kann ein wichtiger Mensch aus Ihrem aktuellen Leben sein oder jemand, der Ihnen früher einmal wichtig war.

Eine sehr schöne und praktikable Form vermittelt der Psychologe und Achtsamkeitslehrer Christopher Germer:

ÜBUNG

Die 10-Finger-Dankbarkeitsübung

Sie haben doch zehn Finger. Zählen Sie einmal am Tag zehn Punkte auf, für die Sie heute dankbar sein können. Wenn es schwer fallen sollte, die Finger voll zu bekommen, schauen Sie nicht nur auf die großen Highlights des Tages. Denken Sie auch an die vielen kleinen Dinge: ein Lächeln, Sonne auf der Haut, eine schöne Blume, und vergessen Sie nicht die ganz alltäglichen „Selbstverständlichkeiten“: sauberes Trinkwasser, eine warme Dusche, kostenfreie Bildung für Ihre Kinder.

Falls Sie sehr schnell die Finger durchgezählt haben, nehmen Sie doch die Zehen zur Hilfe oder fangen wieder von vorne an.

Diese Übung bietet sich sehr gut als abendliches Ritual vor dem Zubettgehen an und bringt unser Gehirn in den adäquaten Modus für das Schlafen. In schwierigen Zeiten ist es vielleicht nicht einfach, sich die „Brille“ der Dankbarkeit aufzusetzen. Aber auch an einem völligen Sch***-Tag lassen sich garantiert zehn Finger Dankbarkeit zusammenbringen und so die düsteren Gedanken aufhellen.

Bei regelmäßiger Anwendung wird es Ihnen recht bald passieren, dass Sie schon morgens sagen: *„Dieses Lächeln meiner Tochter, Ups!, da ist ja schon der erste Finger des Tages.“, „Dieses Licht am Himmel auf der Fahrt zur Arbeit, schon wieder einer.“* Wir laden mit der Dankbarkeitsübung unsere Wahrnehmung ein, positive Erfahrungen zu sammeln, werden quasi magnetisch dafür. Immer wenn Zeit und Möglichkeit ist, lohnt es sich, daher gleich noch 30 Sekunden „Taking in the Good“ zu praktizieren oder die Übung „10 Atemzüge Glück tanken“.

So gut ich die positive Wirkung dieser 10-Finger-Übung selbst kenne, so gut kenne ich auch die Probleme damit. Dann fällt mir auf: „Mensch, jetzt hast du wieder tagelang keine 10-Finger-Übung gemacht.“ Wie bei allen Meditationen und regelmäßigen Übungen gilt: Jeder Tag ist ein guter Tag, um wieder damit anzufangen.

Hierfür noch eine Anregung, die es leichter macht, eine gewisse Regelmäßigkeit zu erreichen, zumindest für alle, die gerne mal etwas aufschreiben. Ein Dankbarkeitstagebuch zu führen, hat sich sehr bewährt. Schreiben Sie zum Beispiel jeden Tag drei Punkte auf, für die sie dankbar sind, gerne auch nur als Stichpunkte. Das geht schnell. Drei Minuten am Tag für mehr Wohlbefinden. Über das Niederschreiben reichern Sie das Positive an, im nochmaligen Durchlesen lässt sich leicht ein „Tief in sich aufnehmen" praktizieren. Das Buch am Nachttisch und darin die möglichen Lücken zu sehen, unterstützt eine regelmäßige Praxis.

Eine besonders schöne Form ist ein Dankbarkeitstagebuch für drei Jahre. Darin gibt es für jeden Kalendertag eine Seite und Rubriken für Einträge. Der Charme ist, dass bei guter Ausdauer und regelmäßigem Eintragen uns die Ereignisse aus früheren Jahren wieder und wieder begegnen. Das führt zu verstärktem Anreichern und motiviert, sich fürs Folgejahr mehr vorzulegen.

Eine Bezugsquelle für ein schönes dreijähriges Dankbarkeitstagebuch mit zusätzlichen anregenden Gedanken und Impulsen finden Sie auf *www.we-mind.life.*

Die 10-Finger-Übung ist auch sehr gut geeignet, um sie mit Kindern durchzuführen: *„Was war schön heute? Wofür bist du dankbar? Machen wir doch die „10 Finger Dankbarkeit."* Für den Tagesrückblick mit Kind im Bett rate ich, die großen Probleme des Tages außen vor zu lassen. Diese sollten in einer Extrazeit vorher besprochen werden.

Je nach Alter können Sie den Kindern vermitteln, die Übung selbst zu praktizieren, wenn wir nicht mehr alles hören sollen, wofür sie dankbar sind.

5.8 Heute schon gefreut? – Ein Plädoyer für die Freude

Gib jedem Tag die Chance, der schönste deines Lebens zu werden.

MARK TWAIN

Auch Freude ist kultivierbar. Wir können im Garten des Lebens achtsam warten, bis Momente der Freude ganz von allein auftauchen und diese dann genießen. Wir können aber auch gezielt Samen ausstreuen, gießen, die entstandenen Sämlinge weiter auspflanzen, damit sie Luft und Sonne bekommen, und sie beim Wachsen beobachten.

Lassen Sie uns eine kleine Übung zur Selbsterforschung machen:

ÜBUNG

Auf der Suche nach der Freude

Halten Sie mindestens eine Minute inne, nehmen Sie ruhige tiefe Atemzüge und spüren Sie ganz offen, was von Moment zu Moment in Ihrer Wahrnehmung auftaucht. Und nun lassen Sie folgende Fragen auf sich wirken. Geben Sie jeder Frage Zeit genug, um nach den ersten Gedanken noch etwas tiefer zu gehen und Dinge auftauchen zu lassen.

1. Bei was verspüren Sie Freude am Tun? Welche Tätigkeiten machen Ihnen Freude? Bei was erleben Sie Vorfreude, bis Sie es wieder tun dürfen?
2. Wann erleben Sie Freude einfach als Spaß haben, ohne dass es um ein Ziel geht, einen Nutzen haben, einem Zweck dienen muss?
3. Wann erleben Sie Freude am Spiel? Wie, wo, mit wem?
4. Gibt es Dinge, die Ihnen früher viel Freude bereitet haben und die jetzt eingeschlafen sind? Suchen Sie alte Inseln der Freude auf; vielleicht wollen Sie die eine oder andere wieder ansteuern? Vielleicht gibt es sogar die Möglichkeit, alte Inseln der Freude mit Ihren Kindern oder der Familie zu besuchen?

Haben Sie den Eindruck, dass es genügend Raum und Zeit für Freude gibt in Ihrem Leben? Wenn ja, wunderbar! Genießen Sie es. Falls es doch noch ein wenig mehr sein dürfte, dann laden Sie die Freude ein; geben Sie ihr die volle Priorität.

Eltern, die Freude haben, sie zeigen und vorleben, geben ein ganz wunderbares Vorbild für ihre Kinder ab. Ganz egal, ob es eine stille, kontemplative Freude über eine Pflanze im Garten ist oder eine enthusiastische über einen gelungen Kuchen oder ein Projekt, das sie mit freudiger Aktivität füllt. Kultivieren Sie Momente der Freude. Nehmen Sie es als Tagesziel auf, den Momenten der Freude ausreichend Raum und Zeit zu geben, und nicht erst wenn ALLES Notwendige abgearbeitet ist. Den alten Spruch „Erst die Arbeit und dann das Vergnügen", motten Sie ein und nehmen „Ich will mit Freude leben" als neuen Leitsatz auf.

Wenn sich die To-do-Listen häufen und in den Vordergrund drängen, diese oder jene zusätzliche Freizeittätigkeit für eins der Kinder noch wünschenswert wäre, die nächste Verpflichtung naht, lassen Sie etwas davon sausen und tragen Sie eine Verabredung mit der Freude in Ihren Terminkalender ein. Es sind überlebenswichtige Termine, die sich lohnen einzuhalten.

Nutzen Sie die Gelegenheit, dass Sie weise Lehrer der Achtsamkeit und des Spielens in Form Ihrer Kinder vor sich haben, die der Ernst des Lebens noch nicht völlig im Griff hat. (Wenn ich diesen „Ernst" je erwische!). Nutzen Sie die Mitfreude, die entstehen kann, wenn Ihre Kinder ins Spiel vertieft sind und sich ihre eigenen Welten schaffen – manchmal Traumwelten, manchmal Gegenwelten. Und nutzen Sie die Gelegenheit immer wieder mitzuspielen, nicht als belehrender Erwachsener, sondern mit dem eigenen „glücklichen Kind" in sich. Das kann spielen (oder darf jetzt endlich mal), kann Spaß haben, muss nichts vermitteln oder beibringen. Es ist schön anzusehen, wie ältere Kinder oder Jugendliche beim Besuch von kleineren Kindern wieder ihre alten Lieblingsspiele auspacken und ganz losgelöst und „klein" sein dürfen, wie sie es sich sonst mit Gleichaltrigen nie erlauben würden.

Das können wir Erwachsene auch und die Kinder werden es von Herzen aufsaugen und genießen.

In einer kleinen, absolut nicht repräsentativen Umfrage, unter Freunden und Bekannten, mir zehn Punkte zu nennen, die toll und bereichernd sind an der Elternschaft und zehn Punkte, die problematisch oder sorgenvoll sind, wurde von fast allen genannt: Die Welt wieder mit den Augen der Kinder zu sehen und spielen zu dürfen. (vgl. Anhang)

Ich spreche da selbst als eine Art Halb-Laie, Leidtragender und Sehnsüchtiger. Spielen um des Spielens willen, das habe ich nicht wirklich von zu Hause gelernt. An die Rommé-Kartenspielrunden im Schwarzwald bei den Großeltern erinnere ich mich noch gut. Da wurden Punkte aufgeschrieben und am Ende in ein Sparschwein gezahlt. Und ich wollte natürlich immer gewinnen. Überhaupt war ich immer sehr ehrgeizig und überhaupt kein guter Verlierer, dann habe ich schnell das Spiel sein lassen. Das Spielen um des Spielens willen stand in der Generation meiner Eltern (und mein Vater ist 1912 geboren) nicht im Zentrum.

Schnell hatte Spielen für mich etwas von Wettbewerb, gewinnen oder besser sein zu wollen, sich zu messen. Aber es fallen mir Inseln ein, die Kinderbande im Quartier der Wohnblocks in Würzburg zum Beispiel. Später haben wir uns jeden Nachmittag in den Parkanlagen am Spielplatz zum Basketball getroffen. Als ich das als Vereinssport gemacht habe, bin ich irgendwann vom ursprünglichen Verein gewechselt, bei dem es um Leistungsorientierung, Aufstieg, Bayernauswahl ging, weil ich vordringlich Spaß am Spielen haben wollte. Später war Tischtennis mein Sport, an einer öffentlichen Platte am Jugendtreff. Das habe ich nie im Verein auf Leistung trainiert, sondern dort erlernt und einfach gespielt. Mit einem Freund, weit hinter der Platte stehend, einfach zum Spaß lange Ballwechsel hinzubekommen, Top-Spins zu ziehen und zu schmettern, sich auszupowern und keine Punkte zu zählen, das war Bewegung, fast Tanz, echter „Flow“. Und alle Wut war nach so einem Nachmittag weggeschmettert. So ähnlich fühle ich mich jetzt manchmal, wenn ich mit dem Mountainbike unterwegs bin: Einfach auf einem Single-Trail bergab rauschen, rollen lassen, das ist ein Gefühl wie „Fliegen“ im Bauch.

Auch Meditieren bietet manchmal solche Momente des unbeschwerten „Flows“, insbesondere die Meditation des „Liebevollen Atmens“ (Audio), die ich mit der Freude am Geschenk des Lebens als solchem verbinde. Immer wieder habe ich beim Anleiten Gänsehaut, wenn ich mich ganz darauf einlasse.

Draußen in der Natur klappt das auch immer gut. Wir können uns gar nicht oft genug beim Beobachten des nächtlichen Sternenhimmels verlieren, allein oder noch besser mit den Kindern; Sternschnuppen zählen, die Milchstraße entlang fahren. Es sind diese Momente, in denen wir gleichzeitig die Großartigkeit des Lebens und die Bescheidenheit spüren, dass wir mit unserer Erde ein winziges Flackern unter so unendlich Vielen sind und jeder von uns nur eine Person von sieben Milliarden auf diesem Rund ist. Wir sind gleichzeitig ein Universum und nur ein Sandkorn. Alles und Nichts.

Reaktivieren Sie alte Inseln der Freude. Auch solche, die Sie einfach als Mann oder Frau aufsuchen oder gar als Paar. Wann waren Sie das letzte Mal tanzen?

Also los, aufgestanden und in den Kalender den wichtigsten Termin des Tages eintragen, die Verabredung mit der Freude!

Frage nicht, was die Welt braucht. Frage dich selbst,
was dich lebendig macht und gehe und tue das.
Was die Welt braucht, sind Leute, die lebendig geworden sind.

HOWARD THURMAN, amerikanischer Philosoph,
Bürgerrechtsaktivist und Mentor von Martin Luther King jr.

Zur Vertiefung des Themas sei James Baraz' Buch und Online-Programm „Awakening Joy" (deutsch: „Freude") empfohlen. Im Folgenden nun seine 10 Schritte zum Kultivieren der Freude, vielleicht kommt Ihnen manches bekannt vor:

1. Den Geist für Freude empfänglich machen.
2. Achtsamkeit – fürs Leben da sein
3. Dankbares Herz – freudvolles Herz
4. In schweren Zeiten Freude finden
5. Das Glück der Schuldlosigkeit
6. Die Freude des Loslassens
7. Sich selbst lieben zu lernen
8. Die Freude, andere zu lieben
9. Mitgefühl – der natürliche Ausdruck eines freudvollen Herzens
10. Die Freude, einfach da zu sein.

Quelle: Baraz, James und Soshana, Alexander, *Freude*. München: Nymphenburger Verlag, 2011.

Was wirklich zählt

Das einzig Wichtige im Leben sind die Spuren der Liebe, die wir hinterlassen haben.

ALBERT SCHWEIZER

Eine abschließende Übung. Sie soll uns in Zeiten helfen, in denen mal wieder die vielfältigen Aufgaben und Dinge des Alltags auf uns einstürzen, uns die To-Do's fest im Griff haben. Damit schaffen wir es, den Blick zu weiten und uns auf das wirklich Wichtige zu fokussieren – auf das, was für uns von ganzem Herzen zählt:

ÜBUNG

Was wirklich zählt?

(angeregt und modifiziert nach der Übung „Unsere Grundwerte entdecken" aus: Germer, C. und Neff, K., *Teacher Guide,* 2016.)

Kommen Sie im Sitzen zur Ruhe. Wenn es angenehm für Sie ist, legen Sie für einige Atemzüge die Hand auf den Herzbereich. Versuchen Sie nun, eine wohlwollende und warmherzige Haltung einzunehmen.

Stellen Sie sich selbst als rüstigen Großvater oder rüstige Großmutter vor. Sie sitzen auf einem Familienfest und schauen mit Freude Ihren Kindern und Enkelkindern zu.

Wenden Sie aus dieser Perspektive des alten Menschen den Blick zurück auf Ihr bisheriges Leben bis zum jetzigen Moment: Was werden Sie alles erlebt haben, dass ihr Leben als Großvater oder Großmutter in diesem Moment erfüllt? Was hat wirklich gezählt? Was hat Ihnen Freude und Befriedigung geschenkt? Welche Werte haben Ihrem Leben Sinn und Zufriedenheit gegeben? Was hat Ihr Herz wirklich erfüllt?

Wenn Sie wollen, schreiben Sie sich diese Punkte auf.

Schauen Sie nun darauf, wie Sie gegenwärtig leben. Gibt es konkrete Beispiele, wo Sie nicht im Einklang mit diesen Grundwerten und Sinnstiftern sind oder sein können? Taucht so etwas auf, dann forschen Sie etwas tiefer nach den Hindernissen, die Ihnen im Weg stehen?

Welche äußeren Hindernisse nehmen Sie wahr; zum Beispiel zu wenig Zeit oder fehlendes Geld? Gibt es Verpflichtungen, die Sie sehr in Anspruch nehmen? Oder ganz andere Gründe?

Erkennen Sie innere Hindernisse? Es könnte die eigene Angst oder Sorge sein, etwas verkehrt zu machen oder zu versagen, die davon abhält, mehr in Übereinstimmung mit den eigenen Grundwerten zu leben oder das Warten auf die richtige Gelegenheiten oder die richtige Person.

Können Ihnen Selbstfreundlichkeit und eine innere mitfühlende Stimme irgendwie helfen, sich auf den Weg zu machen? Vielleicht sagt Ihnen Ihre innere mitfühlende Stimme: *„Habe ein wenig Verständnis für deine Furcht vor Neuem“*? Vielleicht kann sie Ihnen ein wenig Mut machen und Zutrauen schenken, um die nächsten Schritte zu wagen.

Falls es Hindernisse gibt, die im Moment unüberwindbar scheinen, schenken Sie sich viel Selbstmitgefühl. Vielleicht kann Sie Ihre innere Stimme ermutigen, die eigenen Grundwerte nicht aufzugeben und sich im weiteren Lebensweg an ihnen zu orientieren, so gut es eben geht.

Rufen Sie noch einmal das Bild auf, dass Sie als Großvater oder Großmutter zeigt. Spüren Sie den inneren Frieden und schauen sich um, was Ihnen wirklich das Herz erwärmt.

5.9 Weisheit und Selbstvertrauen als Eltern

Fühlen Sie sich am Ende dieser gemeinsamen Selbst-Erforschungsreise in unseren Eltern-Geist etwas weiser? Ich weiß, Weisheit ist ein einschüchternder Begriff. Wir stellen uns weißhaarige, alte Menschen vor, denen wir mit Ehrfurcht begegnen.

Aus dem Lernen der Achtsamkeitspraxis und Meditation kenne ich folgendes Bild: Weisheit und Mitgefühl sind die zwei Flügel eines Vogels. Es gilt beide zu entwickeln, um wirklich gut im Leben fliegen zu können. Das Bild kann ich guten Gewissens übernehmen für die Elternschaft. Mitgefühl ohne Weisheit fehlt etwas und Weisheit ohne angewandtes Mitgefühl fehlt besonders viel im Elternalltag. Der Körper des Elternvogels braucht als Verbindung besonders das Selbstmitgefühl, sonst helfen ihm auch die Flügel nichts. Anders gesagt, mit einem schwachen Körper an Selbstmitgefühl helfen auch die Flügel nichts.

In einem Workshop mit Christopher Germer und Ronald Siegel ging es im September 2016 in Freiburg um „Weisheit und Mitgefühl in der Psychotherapie“. Dort wurde ebenfalls angesprochen, dass Weisheit oft als weit entfernt schwebend gilt und es als unbescheiden und anmaßend gelten kann, sich selbst als weise zu bezeichnen. Ronald Siegel fragte in diesem Zusammenhang: *„Wenn wir aber die Gegenrechnung aufstellen, würden Sie lieber zu einem unweisen Psychotherapeuten gehen, zu jemand der keine Weisheit hat?“*

Der Einwand ist berechtigt und die Weisheit, auf diese Weise zu betrachten, gibt dem Wort eine andere Richtung, holt es in den Alltag. Daher frage ich Sie: „Wollen wir gerne unweise Eltern sein? Wie agiert eine Mutter oder ein Vater ohne Weisheit?“ Ich glaube an eine innere Weisheit in jedem von uns Eltern, in der Wissen, Einsicht, Begreifen und Spüren vereint sind. Die aber auch mit einer klaren Sicht auf die Dinge – Wo stehe ich selber im Leben, wie verstehe ich das Leben und meine Aufgabe als Vater und Mutter – verbunden ist. Das finde ich ist eine Weisheit, die stückweise von jedem von uns entwickelt werden kann. Sie darf momentbezogen sein und sollte immer wieder auf dem Prüfstand stehen. Im Laufe der Zeit entsteht daraus eine Art Eltern-Weisheit, die über das reine Wissen hinaus geht, die sich nicht anlesen lässt, in die unser Herz einbezogen ist.

Mit „Herzgeist“ begreifen, was wirklich wichtig ist, was ich weitergeben will, was ich nicht leisten kann für ein gutes Leben meiner Kinder und mich selbst; das alles steckt in uns. Wir müssen es nur wahrnehmen und leben, vielleicht manchmal auch etwas freischaufeln oder ausgraben. Und was braucht es dann mehr?

Vielleicht noch eine gute Portion Selbstvertrauen. Das werden wir brauchen, weil wir unsere Weisheit immer wieder hochhalten, rechtfertigen, gar verteidigen müssen gegenüber all den vielen Besserwissern um uns herum, die in einer Welt des Richtig und Falsch leben, seien es die eigenen Eltern, Schwiegereltern, Lehrer, Nachbarn oder Arbeitskollegen.

Möge ich die Gelassenheit haben,
Dinge anzunehmen, die ich nicht ändern kann,
den Mut, Dinge zu ändern, die ich ändern kann,
und die Weisheit das eine vom anderen zu unterscheiden.

Weisheitsgebet

Nun ist die Reise in Buchform getan. Wer diese Qualitäten der Achtsamkeit, des Selbstmitgefühls und des Mitgefühl weiter vertiefen will, findet in der Zwischenzeit viele Möglichkeiten und Angebote in Form von Kursen, Büchern und Audio-CDs (vgl. auch Kapitel 7 und Anhang). Im folgenden Kapitel 6 stelle ich ein konkretes Programm für einen selbstgeleiteten 8-Wochen-Kurs vor.

Kapitel sechs

8-Wochen-Kurs Mindful Compassionate Parenting MCPar: *Elternschaft mit Achtsamkeit und Selbstmitgefühl*

Elternschaft findet ja nun mal nicht auf dem Meditationskissen statt, sondern in der Vollkontaktzone. Für diejenigen, denen aber die bisherige Lektüre des Buches Lust gemacht hat, eine eigene Achtsamkeitspraxis zu installieren und vor allem Selbstmitgefühl im Elternsein zu vertiefen, wird hier ein 8-Wochen-Kurs-Programm speziell für Eltern zum Üben für zuhause vorgestellt.

Das Programm bietet einen Ablauf von Meditationen, Übungen und Selbstreflexionen. Die Meditationen und Übungen stammen aus Achtsamkeitstrainings des MBSR sowie Selbst-/Mitgefühltrainings des MSC und MBCL, aus Mindful Parenting (MP) und PNT, teilweise sind sie modifiziert, manche sind von mir neu entwickelt.

Es gibt formale Meditationen, informelle Übungen und spezifische Parenting-Übungen. Alle Praktiken wollen wir als „Geschenke für die Woche" begreifen.

Zur Wiederholung wird auf Übungen zu bestimmten Selbstreflexionsthemen aus dem Buch hingewiesen. Im Videokurs (🎥) werden die Übungen für die jeweilige Woche aktiv angeleitet, manchmal wird das Führen eines Protokolls oder einer Art Tagebuch empfohlen. Vorlagen können Sie von der Webseite *www.we-mind.life* herunterladen.

Um einen solchen 8-Wochen-Kurs allein durchzuführen, braucht es viel Kraft und Ausdauer. Sie müssen sich immer wieder einladen zu diesen sich selbst „geschenkten Zeiten" – gerade Sie als Eltern in Ihrem trubeligen Alltag. Es gibt daher zum Teil Hinweise auf verkürzte Formen. Falls Sie gerade die formalen Meditationen, die im Idealfall fünf- bis sechsmal pro Woche durchgeführt werden sollten, zeitlich überfordern, gilt folgender Leitsatz: Regelmäßig ein bisschen üben ist besser als eine ausufernde, intensive Sitzung ab und zu. Durch den Kurs soll schließlich keine neue Überforderungssituation entstehen oder noch ein Punkt auf der To-Do-Liste werden, der ein schlechtes Gewissen bereitet. Das ist nicht im Sinne des Selbstmitgefühls. Gleichwohl lebt das Training des „Achtsamkeitsmuskels" und des „Selbstmitgefühlsmuskels" von der Regelmäßigkeit wie ein körperliches Training auch. Sich in einer Art Ritual zurückziehen, kann so zu einem echten Geschenk an sich selbst werden. Am besten hängt dann das Schild „Mama/Papa meditiert" an der Zimmertür.

Für die sehr verkürzte Form fangen Sie formal mit fünf Minuten am Tag an: Anstelle des Body Scan spüren Sie fünf Minuten im Stehen, Sitzen oder Liegen in Ihren Körper. Nehmen Sie wahr, was es an Körperempfindungen gibt. Praktizieren Sie anstelle der Sitzmeditation fünf Minuten Atemraum, im weiteren Verlauf fünf Minuten liebevolle Wünsche. (Als Einstieg können Sie sich die Audio-Anleitung anhören.) Führen Sie zusätzlich die informellen Übungen durch, die Sie keinerlei Extra-Zeit kosten. Denn es geht um die Haltung bei alltäglichen Geschehnissen.

Die „Parenting-Geschenke" bieten Nachdenk- und Reflexionsimpulse und bieten sich besonders zum Austausch mit dem Elternpartner an, falls es einen gibt. Überhaupt hilft es sehr, sich einen oder mehrere Partner zum Mitmachen zu suchen, gerne den anderen Eltern- oder Stiefelternteil. Es können aber auch befreundete Eltern sein. Es kann durchaus motivierend sein, diese acht Wochen gemeinsam zu erleben und zu teilen.

Als weitere Unterstützung wird zu diesem hier dargestellten MCPAR-Kursprogramm ein Videokurs unter dem Titel EMAUS – Elternschaft mit Achtsamkeit und Selbstmitgefühl angeboten. Dieser ist für eine geringe Gebühr unter *www.we-mind.life* zu beziehen. Hier wird in acht Einheiten zuerst eine kurze Zusammenfassung zu den jeweiligen theoretischen Grundlagen des Wochenthemas vorgestellt. Daneben werden Übungen zur Selbsterfahrung und Reflexion angeleitet, die natürlich sehr viel leichter von der Hand gehen, als wenn Sie permanent erst selbst die Instruktionen durchlesen, um die Übung anschließend durchzuführen. Künftig wird es zusätzliche Übungen im Videoformat zur Vertiefung geben. Sie können damit als Elternpaar bestens im Thema bleiben und haben die großartige Möglichkeit, sich jede Woche darüber auszutauschen. Jeder schaut sich die Übungen einfach dann an, wenn es passt, zum Beispiel einer vormittags, wenn die Kinder versorgt sind, der andere spät abends. Mit dem Video-Kursformat können Sie aus einem 8-Wochen-Kurs auch einen 16-Wochen-Kurs machen und sich mehr Zeit lassen. Dabei können Sie jeweils pro Woche nur die Hälfte der informellen Aufgaben zur Selbstbeobachtung und zum Parenting machen. Ebenso ist es möglich, mit einem Freund oder einer Freundin in einer anderen Stadt zusammenzuarbeiten, sich gegenseitig zu unterstützen und wöchentliche Impulse zu geben.

Meiner Meinung nach am sinnvollsten ist, einen durch einen Lehrer/in angeleiteten Kurs mit anderen Eltern zu besuchen, zum Beispiel die 8-Wochen-Kurse „Mindful Parenting“ oder „Mindful Compassionate Parenting“ oder „Mit Kindern wachsen – Elternkompass“.

Ein erfahrener Kursleiter, der persönliche Kontakt, der Erfahrungsaustausch in der Gruppe und die erlebte geteilte Menschlichkeit sind einfach sehr wertvoll.

Im Folgenden stelle ich Ihnen nun einen klassischen 8-Wochen-Kurs mit formalen Meditation vor, die 30 bis 45 Minuten Zeit erfordern. Diese sind als Audio-Dateien zum Anhören oder zum freien Download auf der

Webseite *www.we-mind.life* sowie auf meiner allgemeinen Seite *www.achtsamkeitundselbstmitgefuehl.de* unter dem Reiter „Materialien“ zu finden.

Seiten- und Kapitelangaben zu Selbstreflexionsübungen beziehen sich auf das vorliegende Buch. **A** weist auf eine Audio-Datei hin, **V** auf eine Anleitung im Videokursformat.

1. WOCHE

THEMA: Unser Elterngehirn zwischen Säbelzahntiger und Smartphone

„Der Wandel der Zeiten“; Wir haben es nicht leicht; Wir sind ausgerüstet mit einem trickreichen Gehirn, unsere Regelsysteme zu Emotion und Motivation.

- Theorie in Kapitel 1
- Achtsamkeit für den Körper
- Atempause

GESCHENKE FÜR DIE WOCHE:

formal: Bodyscan (MBSR) (A Langform 45 min, Kurzform 30 min, liebevoller BSC 34 min)

informell: eine achtsame Mahlzeit am Tag, verkürzt: achtsamer Beginn, zum Beispiel der erste Schluck Kaffee/Tee, die ersten Bissen vom Frühstück

PARENTING:

1. Selbstbeobachtung: Bin ich in rot, blau oder grün?, Schwerpunkt: Wann geht mein Alarmsystem los?, gerne zusätzlich Protokoll oder Tagebuch
2. mehrmals die Atempause aus Kapitel 3.4 üben, verkürzt: Innehalten für drei Atemzüge, insbesondere bei akut aktiviertem Alarmsystem

2. WOCHE

THEMA: Achtsam raus aus den Optimierungsfallen

„Der Autopilot im Stress"; Wir wollen das Beste; die Gefahr der Optimierungsfallen

- Theorie in Kapitel 2
- Atemmeditation mit Verbundenheit (V: Stress am Morgen)

GESCHENKE FÜR DIE WOCHE:

formal: liebevolles Atmen (MSC) (A)

informell: Achtsamkeit im Alltag fortsetzen; Atemraum; Innehalten für drei Atemzüge

PARENTING:

Mein Kind als Edelstein neu betrachten (V)

1. Dein Kind diese Woche mehrmals wahrnehmen und für 5 min unauffällig beobachten. Stell dir vor, es ist als kostbarer Edelstein gerade vom Mars gefallen; du hast es noch nie gesehen. Jetzt schaust du ohne Vorbehalt, ohne deine typischen Muster wie auf ein neues Wunder. Schau mit Anfängergeist! Was könntest du alles entdecken, wenn du dieses Wesen gar nicht kennen würdest? Wie ist das Gesicht geschnitten? Wo gibt es Grübchen? Welche Gesten macht dieses Wesen? Wie bewegt sich dieser Schatz? Welche Laute gibt es von sich?

2. Rot, Blau oder Grün: Schwerpunkt Antriebssystem; Ab welchem Punkt strebe ich? Nach was strebe ich? Was muss unbedingt sein oder was muss ich unbedingt haben?, gerne zusätzlich Protokoll oder Tagebuch

3. WOCHE

THEMA: Die eigene Freundlichkeit und das eigene Mitgefühl pflegen
Selbstmitgefühl, Lernen sich selbst ein guter Freund zu sein, die mitfühlende Stimme kultivieren

- Theorie in Kapitel 3
- Einstieg in die Meditation der liebevollen Güte (Metta)
- Selbstmitgefühlspause aus Kapitel 3.6

GESCHENKE FÜR DIE WOCHE:

formal: liebevolle Güte für einen geliebten Menschen (MSC) (A)
informell: Selbstmitgefühlspause aus Kapitel 3.6, mehrfach durchführen in schweren, schmerzhaften oder widrigen Momenten

PARENTING:

1. Wann meldet sich der innere Kritiker und macht Selbstvorwürfe? Wann bedrohe ich mich selbst? Wie komme ich wieder ins grüne System, vor allemv wenn Sachen nicht klappen?
2. Rot, Blau Grün: Schwerpunkt grünes System der Verbundenheit; Wann fühle ich mich verbunden? Wann fühle ich mich nicht verbunden oder allein?, zusätzlich gerne Protokoll oder Tagebuch

ZUR WIEDERHOLUNG UND IM VIDEOKURS:

- Übung „Wie gehe ich mit einem Freund/einer Freundin um“ aus Kapitel 3.1

4. WOCHE

THEMA: Was ist im Herzen wirklich wichtig?

Eine innere fürsorgliche Instanz schaffen, Grundwerte: Der Blick zurück aus der Großeltern-Perspektive, Hindernisse und Blockaden

- Theorie in Kapitel 3.7 bis 3.9
- der Innere Rat der Beschützer
- sich mit mitfühlender Stimme motivieren
- „Was wirklich zählt"

GESCHENKE FÜR DIE WOCHE:

formal: Wohlfühlort mit Besuch eines Gefährten (MSC/MBCL) (A)

informell: Innehalten und 5 Atemzüge bei Herzenserlebnissen

Wenn Sie von etwas angerührt/innerlich berührt sind, verweilen Sie 5 Atemzüge lang und nehmen alle körperlichen Empfindungen, Gedanken, Gefühle wahr (verkürzt mit Kindern sind es „5 Atemzüge Glück tanken" aus Kapitel 7).

PARENTING:

1. Ein Positiv-Tagebuch für sich selbst führen: Notieren Sie sich mindestens drei positive Erfahrungen pro Tag, gerne mehr. Notieren Sie wie Sie diese positive Erfahrung erlebt haben: körperlich, Gedanken/Bilder, Gefühle, Handlungsimpulse und Handlungen (Muster Tagebuch-Tabelle als Download)

2. Rückblick mit dem Kind: Was war heute für dich wichtig? Das Kind „sich gefühlt" erleben lassen; es geht um seine Perspektive der Welt. Wir als Eltern gehen oft „nur" in wohlmeinende Resonanz, wollen Erziehen, eine Message vermitteln.

ZUR WIEDERHOLUNG UND IM VIDEOKURS:

- Übung „Der Rat der Beschützer" aus Kapitel 3.7 (V)
- Übung „Uns mit Mitgefühl motivieren" aus Kapitel 3.9 (V)
- Übung „Was wirklich zählt" aus Kapitel 5.8 (V)

5. WOCHE

THEMA: Die vier Lebensfreunde

Wir kennen schon die liebevolle Güte und das Mitgefühl. Neu kommen nun Mitfreude und Gleichmut hinzu; mit Mitgefühl innere Muster erkennen und besänftigen, Schema-Modi

- Theorie in Kapitel 3.2, Kapitel 4.1, Kapitel 4.2, Kapitel 4.9

GESCHENKE FÜR DIE WOCHE:

formal: liebevolles Atmen, Body Scan und Wohlfühlort, wechselnd nach eigenen Vorlieben (A)

informell:

1. Schema-Modi erkennen: Wann handele ich als das verletzte oder wütende Kind?, Wann schalte ich auf fordernden oder strafenden Elternteil?, zusätzlich gerne Protokoll zu Auslösern, eigener Reaktion, Nachbearbeitung (Vorlage zum Download)
2. Drei Atemzüge nehmen, wenn eine Schema-Reaktion erkannt wurde

PARENTING:

1. Selbstbeobachtung: Welchen der vier Lebensfreunde kann ich gerade am meisten gebrauchen? Welchen will ich besonders kultivieren?
2. Eine alltägliche Verrichtung mit den Kindern ganz bewusst, achtsam und präsent durchführen, zum Beispiel Vorlesen, Haare bürsten, beim Anziehen helfen, bei den Hausaufgaben begleiten.

ZUR WIEDERHOLUNG ODER IM VIDEOKURS:

- Mitfreude aus Kapitel 5.5 (V)
- Faktencheck Selbstfürsorge aus Kapitel 4.10 (V)

6. WOCHE

THEMA: Konflikte und Versöhnung

Entschuldigung, Riss und Reparatur, Kultivieren der Ressource Sicherheit

- Theorie in Kapitel 4.6

GESCHENKE FÜR DIE WOCHE:

formal: Bergmeditation für Eltern (MP) (A)

informell:

1. Achtsame Selbstbeobachtung: Wann werde ich ärgerlich oder spüre Wut?
2. Atempause oder Selbstmitgefühlspause in diesen Situationen anwenden

PARENTING:

1. Wann bin ich herausgefordert durch mein Kind, wann komme ich in Konflikt? Dabei bewusst versuchen, die Perspektive des Kindes wahrzunehmen, zusätzlich gerne mit Protokoll oder Tagebuch. Nach Konflikten gezielt Reparatur betreiben (Riss und Reparatur aus Kapitel 4.6 (V)): Gibt es etwas, für das ich mich entschuldigen will? Möchte ich eine Änderung der angedrohten Konsequenzen vornehmen? Kann ich mit ein wenig Abstand vom Konflikt die Perspektive meines Kindes anerkennen und ihm das auch mitteilen?
2. eine gesonderte Spiel- und Spaß-Zeit einrichten, sie nutzen und genießen (Kapitel 4.3)

ZUR WIEDERHOLUNG ODER IM VIDEOKURS:

- Umgang mit dem Wolf der Wut aus Kapitel 3.10
- schlechtes Gewissen aus Kapitel 4.9 (V)

7. WOCHE

THEMA: Mit Grenzen leben

Mit Liebe Grenzen spüren, das Kind als Leihgabe des Lebens, die Grenzen meiner Möglichkeiten, Kultivieren der Ressource Sättigung und Zufriedenheit

- Theorie in Kapitel 4.7

GESCHENKE FÜR DIE WOCHE:

formal: Eins für mich, eins für dich: Mitgefühl geben und empfangen (MSC) (A)

informell:

1. Selbstbeobachtung: Achtsamkeit auf meine Grenzen, nicht nur in der Elternschaft; Wann nehme ich meine Grenzen wahr? Wann werden sie von wem überschritten? Wie merke ich das? Wie gehe ich damit um?
2. Selbstmitgefühlspause, wenn meine Grenze überschritten wurde

PARENTING:

1. Genusserlebnisse mit dem Kind wahrnehmen, ein Entdeckerspaziergang mit Kinderaugen, Einladung zum Spielen annehmen und aussprechen, körperlichen Kontakt pflegen: große Kinder gezielt in den Arm nehmen, mit kleinen Kindern am Boden rollen und „balgen"
2. Meditation: Die Grenzen meiner Möglichkeiten aus Kapitel 4.5 und (A)

ZUR WIEDERHOLUNG ODER IM VIDEOKURS:

- Grenzen spüren aus Kapitel 4.7 (V)
- Immer die gleiche Leier aus Kapitel 4.8 (V)
- Das Idealbild meines Kindes wieder loslassen aus Kapitel 5.3

8. WOCHE

THEMA: Wohlbefinden kultivieren

Dankbarkeit; positive Erfahrungen anreichern und absorbieren, Kultivieren der Ressource Verbundenheit, Partnerschaft pflegen

- Theorie aus Kapitel 4.10, Kapitel 5.4

GESCHENKE FÜR DIE WOCHE:

formal: Strom des Gewahrseins (MBCL) (A)

informell:

1. täglich mehrmals „Taking in the Good" praktizieren
2. Selbstbeobachtung: Wann sind wir eigentlich in Sicherheit?, „Ich muss gar nicht mit so viel Alarm reagieren" (Kapitel 5.4 Sicherheit)
3. Wie gesättigt sind wir eigentlich? Was brauchen wir wirklich noch?
4. Wie verbunden bin ich mit wem?

PARENTING:

1. für Elternpaare: Die Paarbeziehung als Mann und Frau pflegen; eine offizielle Einladung an den Partner geben, für ein Candle-Light-Dinner oder eine andere Unternehmung als Mann und Frau, Austausch über Kinder und Erziehung in dieser Zeit streng verboten!
2. für Alleinerziehende: Einladungen an mich selbst: Ich will mit dir ausgehen und Spaß haben! Ich will Momente finden, um einfach die Seele baumeln zu lassen

**Und diese Geschenke der Woche
können den Rest des Elternseins weitergehen!**

Weitere Empfehlungen für zu Hause:

- Die 10-Finger-Dankbarkeitsübung regelmäßig für sich allein durchführen; kann auch als Tagesrückblick mit dem Kind eingeführt werden (Dankbarkeit aus Kapitel 5.7 (V)).
- Mitfühlende Briefe erstellen, um sich in schwierigen Momenten leichter an die Qualitäten der Selbstfreundlichkeit und des Selbstmitgefühls zu erinnern (vgl. Kapitel 8).
- Eine Liste erstellen, wie weiter geübt werden soll: Was passt zu mir? Will ich künftig eine oder mehrere formale Meditationen praktizieren? Welche informellen Übungen will ich im Alltag praktizieren? Welche meiner Ressourcen will ich anreichern?

Zur Wiederholung oder im Videokurs:

- Selbst-WERTSCHÄTZUNG aus Kapitel 5.5 (V)
- Auf der Suche nach der Freude aus Kapitel 5.8 (V)

Kapitel Sieben

Kleine Achtsamkeitsübungen mit der Familie

Als ich mich selbst zu lieben begann,
habe ich verstanden, dass ich immer und bei jeder Gelegenheit
zur richtigen Zeit am richtigen Ort bin
und dass alles, was geschieht, richtig ist –
von da an konnte ich ruhig sein.
Heute weiß ich: Das nennt man VERTRAUEN.

Als ich mich selbst zu lieben begann,
konnte ich erkennen, dass emotionaler Schmerz und Leid
nur Warnungen für mich sind, gegen meine eigene Wahrheit zu leben.
Heute weiß ich: Das nennt man AUTHENTISCH SEIN.

Als ich mich selbst zu lieben begann,
habe ich aufgehört, mich nach einem anderen Leben zu sehnen
und konnte sehen, dass alles um mich herum eine Aufforderung zum Wachsen war.
Heute weiß ich, das nennt man REIFE.

Als ich mich selbst zu lieben begann,
habe ich aufgehört, mich meiner freien Zeit zu berauben,
und ich habe aufgehört, weiter grandiose Projekte für die Zukunft zu entwerfen.
Heute mache ich nur das, was mir Spaß und Freude macht,
was ich liebe und was mein Herz zum Lachen bringt,
auf meine eigene Art und Weise und in meinem Tempo.
Heute weiß ich, das nennt man EHRLICHKEIT.

Als ich mich selbst zu lieben begann,
habe ich mich von allem befreit, was nicht gesund für mich war,
von Speisen, Menschen, Dingen, Situationen
und von Allem, das mich immer wieder hinunterzog, weg von mir selbst.
Anfangs nannte ich das „Gesunden Egoismus"
Aber heute weiß ich, das ist SELBSTLIEBE.

Als ich mich selbst zu lieben begann,
habe ich aufgehört, immer recht haben zu wollen,
so habe ich mich weniger geirrt.
Heute habe ich erkannt, das nennt man DEMUT.

Als ich mich selbst zu lieben begann,
habe ich mich geweigert, weiter in der Vergangenheit zu leben
und mich um meine Zukunft zu sorgen.

Jetzt lebe ich nur noch in diesem Augenblick, wo ALLES stattfindet,
so lebe ich heute jeden Tag und nenne es BEWUSSTHEIT.

Als ich mich selbst zu lieben begann,
anerkannte ich, dass mich mein Denken
armselig und krank machen kann.
Als ich jedoch meine Herzenskräfte anforderte,
bekam der Verstand einen wichtigen Partner.
Diese Verbindung nenne ich heute HERZENSWEISHEIT.

Wir brauchen uns nicht weiter vor Auseinandersetzungen,
Konflikten und Problemen mit uns selbst und anderen fürchten,
denn sogar Sterne knallen manchmal aufeinander
und es entstehen neue Welten.
Heute weiß ich: DAS IST DAS LEBEN!

nach: MCMILLEN, KIM, *When I loved myself enough*, 2001.

Es geht in diesem Buch vordringlich um uns als Eltern und um die Entwicklung unserer eigenen Haltung von Achtsamkeit, Selbstmitgefühl und Mitgefühl. Erleben wir dies für uns als hilfreich, liegt es natürlich nahe, dass wir das gerne auch gemeinsam in der Familie praktizieren wollen. Erinnern Sie sich an die Sauerstoffmaske im Flugzeug: erst einmal bei uns selbst anfangen, kein Missionieren, kein Fabulieren ohne es authentisch zu leben und vor allem NICHT als Erziehungsmittel einsetzen. Gelebte Achtsamkeit und Selbstmitgefühl haben eine Auswirkung und ziehen Kreise wie die kleinen Wellenkreise, nachdem ein Kiesel ins Wasser geworfen wurde.

Es gibt eine ganze Reihe von Büchern und Programmen, die sich speziell der Achtsamkeit mit Kindern widmen. Im Anhang finden Sie eine Liste und einige Empfehlungen von mir.

Daher hier nur einige wenige und ganz einfache Vorschläge für das Ausprobieren und Einüben in der Familie. Es ist hilfreich, es nicht beibringen zu wollen, also nicht die Rolle eines Lehrers gegenüber den

Kindern (oder dem Partner) einzunehmen. Bieten Sie die Übungen als Experimente, als Forschungs- oder Detektivaufgaben an. Wunderbar ist, wenn die Kinder Achtsamkeit und Selbstmitgefühl selbstständig bei jemand anderem lernen können. Es macht einen Unterschied, als Kind mit neuer Weisheit aus einem Kurs oder einer Freizeit zurückzukommen und diese Juwelen den Eltern „beizubringen". Das Kind wird sich dann auch leichter tun: „Hey Mama/Papa, jetzt wäre wohl mal 'ne Atempause oder „Dein eigener bester Kumpel sein" dran!

Nach und nach wachsen die Angebote im deutschsprachigen Raum. (vgl. Anhang)

ÜBUNG

Achtsam Atmen mit Kindern

Als kleine, altersgemäße „Meditationseinheit" empfiehlt sich eine Übung im Liegen. Jeder benötigt dafür ein Stofftier. Es sollte kein riesiges sein.

Legt euch entspannt auf den Rücken und das Stofftier auf den Bauch. Wir schauen erst einmal nur zu, wie sich das Stofftier mit jedem Atemzug bewegt.

Nun wollen wir das Tier ganz sanft in den Schlaf wiegen mit ruhigen, tiefen, langsamen Atemzügen.

Ist das Tier schon eingeschlafen?

Wollen wir das Tier mal wieder aufwecken? Schauen wir doch mal, ob es einen Hopser machen kann oder wir es anderweitig mit unserem Bauch wecken können? Falls es herunterfällt, legen wir es wieder auf den Bauch.

Und nun lassen wir es ganz langsam wachwerden, ein klein wenig einfach auf dem Bauch sitzen und die Welt beobachten.

ÜBUNG

Kleine Atempause mit Kindern

Für die Kleineren (Am besten machen Sie diese Übung zusammen):

Innehalten und dreimal so einatmen, dass der Bauch wie ein Luftballon aufgeblasen ist. Der Bauch ganz herausgedrückt ist. Und dann die Luft wieder herauslassen.

Für die Größeren reicht die Selbstinstruktion:

Dreimal tief ein- und ausatmen oder dreimal ganz tief durchatmen.

Wichtig ist, die Atempause als ein gutes Hilfsmittel einzuführen, falls das Dino-Gehirn in Aktion ist oder die Aufregung zum Vulkan werden will. Sie soll etwas sein, dass die Kinder herunterbringt, damit ihr Gehirn merkt: *„Okay, keine Gefahr mehr da."* Etwas, dass sie selbst wieder mehr in die Lage versetzt, der Chef zu sein und das zu tun, was sie wirklich wollen. Es soll nicht darum gehen, Kinder zum Bravsein zu zwingen oder das sie pflegeleicht werden. Vielleicht wollen sie trotzdem schimpfen, laut sein oder dem Bruder das Spielzeug wieder entreißen.

Kinder müssen ihren eigenen Vorteil aus der Atempause spüren. Gerade mit älteren Kindern machen wir als Eltern dieses Mittel schnell kaputt mit einer Aufforderung wie *„Hey, jetzt mach' mal Atempause und reg' dich ab."*

Aber den folgenden Kommentar vom Kind bitte unbedingt aufgreifen und sich nicht wehren: *„Hey Mama, ich glaube jetzt brauchst du mal deinen Atemraum."* Das ist eine klasse Vorlage und hilft bestimmt, ihn tatsächlich zu nehmen.

Ist die Grundübung des achtsamen Atmens schon ein wenig bekannter, gelingt es öfter tatsächlich, gemeinsam in eine Atempause zu gehen. *„Komm lass uns das Diskutieren oder Streiten mal kurz unterbrechen und für drei Minuten hinsetzen und eine Atempause machen."*

Das Atmen dient aber nicht nur der Stressbewältigung. Es kann auch die guten Erfahrungen vertiefen und in uns einsinken lassen.

ÜBUNG

Fünf Atemzüge Glück tanken

Bei einem schönem Erlebnis oder innigen Momenten, einer Begegnung mit Menschen, Tieren oder etwas Faszinierendem in der Natur können wir mit dieser Übung gemeinsam versuchen, das Gute wirklich in uns aufzunehmen. Ein Frühlingsspaziergang, die Sonne scheint durch die ersten sich entfaltenden, hellgrünen Blätter, Vögel zwitschern – „Ach, wie ist das schön", kommt uns vielleicht gegenüber unserem Kind über die Lippen. Jetzt können wir folgende Mini-Übung machen:

„Hey, nehmen wir doch fünf ruhige, tiefe Atemzüge und genießen das Schöne ganz und gar. Wir können das Glück mit jedem Atemzug ganz fest in uns aufnehmen. Wir sind ganz in diesem Moment und tanken das Glück voll in uns rein."

Für jüngere Kinder empfehlen sich diese fünf Atemzüge. Als Eltern können Sie sich ruhig auch „10 Atemzüge Glück tanken" gönnen. Das sind bei ruhigen fünf bis sechs Atemzügen pro Minute dann immerhin zwischen anderthalb und zwei Minuten.

ÜBUNG

Achtsam Hören

Achtsames Hören kann eine schönes und kleines, alltägliches Training des geistigen Achtsamkeitsmuskels sein; eine Abwechslung von der Achtsamkeit auf den Atem, die sich auch wunderbar anbietet mit Kindern – *„Komm", lass uns lauschen".*

Diese Übung können sie überall praktizieren: *Innehalten, wenn es passt, Augen schließen und einfach hören. Die Töne und Geräusche kommen ganz von allein; es ist keinerlei Anstrengung nötig.*

Sie funktioniert für uns Erwachsene aber auch kurz im Büro, im Auto (Bitte mit Augen offen!) oder länger in der formalen Meditation: Richten Sie einfach Ihre Aufmerksamkeit auf das Hören!

Im Haus oder in der Wohnung können Sie achtsam mit den Kindern hören: *Still sein und lauschen. Was macht das Haus alles für Geräusche? Welche Geräusche macht mein Körper? Welche kommen von außen?*

Haben Sie eine Glocke, Zimbel oder Klangschale, kann achtsames Hören ein wunderbares, kleines Ritual werden: *Anschlagen, klingen lassen und Lauschen, solange bis Sie den Klang nicht mehr wahrnehmen können. Wer ihn nicht mehr hört, macht die Augen auf. Prima mit Kindern.*

Gehen Sie für eine kleine gemeinsame Übung mit Ihren Kindern in die Natur, einfach „innehalten und lauschen." *Wer hört was? Welche Vögel sind zu hören? Hören Sie den Wind? Unerwartete Geräusche in der Nähe oder Ferne?* Sie können anschließend austauschen, wer welche Töne und Geräusche gehört hat.

ÜBUNG

Achtsames Sehen

Setzen, stellen oder legen Sie sich hin. Ihre Augen sind nun die eines Künstlers und blicken auf einen gerahmten Ausschnitt der Realität. Was können Sie entdecken, wenn Sie den Blick wandern lassen? Welche Objekte, Muster, Farben?

Gehen Sie nun mit dem Blick ganz nah heran wie mit einem Kamera-Zoom, einer Lupe – was für Einzelheiten entdecken Sie? Jetzt gehen Sie weit weg, nehmen mit einem weichen Blick alles wie aus der Ferne wahr: Was für ein Gemälde oder Bild haben Sie vor sich? Nun gehen Sie wie ein Detektiv auf die Suche nach etwas Neuem, einer Einzelheit, die Sie bisher vielleicht noch gar nicht bemerkt haben. Wer mag seine Entdeckungen zeigen?

Wollen Sie zum Abschluss eine gemeinsame Phantasierunde machen? Welche Tiere, Gesichter oder andere Objekte sehen Sie auf Ihrem Bild? Der Baum da ist wie ein Pirat mit großer Nase. Da ist ein Hund, ein Hase, eine Blume. Diese Wolke ist ein Elefant, diese ein Drachen etc.

ÜBUNG

Achtsames Zuhören

Achtsam Zuhören ist vor allem eine gute Übung für uns Eltern. Wie oft meinen Sie, schon zu wissen, was Ihnen Ihr Kind sagen will? Sie haben selbst als Kind angefangen, Laute zu üben und natürlich viel Vorsprung.

Nicht selten bilden Sie sich während des Zuhörens, bevor das Kind überhaupt fertig gesprochen hat, eine feste Meinung. Vielleicht äußern Sie sofort Ihre direkte emotionale Empfindung: *„Das geht gar nicht!", „Auf keinen Fall!", „Du wirst schon auch einen Anteil daran haben", „Aber der Lehrer hat das bestimmt ganz anders gemeint."*

Was meint nun achtsames Zuhören: Absolut präsent bei dem bleiben, was gesagt wird, nur aufnehmen, die eigene Resonanz spüren. Wirklich Anteil nehmen, an dem, was und wie es unser Kind sagt. An seinen Emotionen, seiner Sicht der Dinge, seinem Erleben. Sie sollten vermeiden, sich frühzeitig mit Kommentaren und Gesten einzumischen, kein *„Ach, ja das kenne ich." oder „Die Freundin hat das doch auch."*

Einer der Schlüssel zur „Elternschaft mit Achtsamkeit" ist, unserem Kind und seinem Standpunkt aufmerksam zuzuhören, auch wenn wir eine ganz andere Meinung dazu haben. Dies schafft in der Folge eine positivere Beziehungsgrundlage, gerade auch zu heranwachsenden Kindern und hat eine protektive Wirkung.*

* Studie mit 615 Eltern und eines ihrer Kinder im Alter von 3 bis 17 Jahren (Parent, J. et al., *The Association of Parent Mindfulness with Parenting and Youth Psychopathology Across Three Developmental Stages.* In: Journal Abnorm Child Psychol 2016 (1), S. 191–202.)

Achtsames Zuhören kann geübt werden. Eine gute Gelegenheit für uns als Eltern sind Unterhaltungen mit dem Partner. Beide richten sich ganz darauf aus: „*Ich will hören, was du sagst, spüren, was du meinst, und wissen, was du fühlst.*" Sie nehmen dabei die eigene Resonanz wahr, aber fokussieren sich beim Zuhören mehr auf das Wahrnehmen der anderen Perspektive.

Dieses Modell lässt sich als ein Rahmen für achtsame Kommunikation bei Meinungsverschiedenheiten zwischen uns als Eltern oder uns als Paar sehr gut nutzen. Sie beide einigen sich dazu vorher auf eine Redezeit für jeden Einzelnen, zum Beispiel fünf Minuten. Das Gegenüber stellt in seiner Zeit seine Sicht der Dinge vor. Sie machen keine Kommentare, verwickeln nicht in Diskussionen. Sie üben sich nur im achtsamen Zuhören und im Verstehen-wollen der anderen Position. Es kann sein, dass Sie Widerspruch, Ärger, Protest, Verletzung spüren, aber davon lassen Sie sich nicht zu Reaktionen hinreißen.

Danach sind Sie dran, stellen Ihre Sicht der Dinge vor, gehen aber auch jetzt nicht kommentierend auf das ein, was Ihr Gegenüber zuvor gesagt hat, Sie bleiben ganz bei sich.

Als dritte Einheit können Sie sich anschließend mit Ihrem Gegenüber in langsamer Geschwindigkeit über das Gesagte austauschen, reflektieren. Dabei sollten Sie beide versuchen mit Mitgefühl dem Gehörten nachzuspüren: Was wurde in Ihnen angeschwungen, wie fühlt es sich an?

Achtsames Zuhören ist eine bewährte Methode, die klassischen, ineffektiven Ping-Pong-Spiele von Streitgesprächen auszuhebeln. Schnell sind wir als Paar oder Eltern in reaktiven Mustern, wie Angriff/Verteidigung oder beim Auflisten aller Verfehlungen der letzten Zeit: „*Nein, so ist das aber nicht gewesen*", „*Aber du hast mich auch verletzt.*"

Die Regeln des Achtsamen Zuhörens und Achtsamen Sprechens aus dem eigenen Herzen können auch von Kindern eingeübt werden, um beispielsweise eine konstruktivere Familienkonferenz zu führen. Sie müssen nur altersgemäß erklärt werden. Bei jüngeren Kindern hilft die Idee des Hörens wie ein Detektiv. Der Detektiv versucht herauszufinden, was der andere wirklich meint und ob er vielleicht mehr meint als er sagt, also ein Geheimnis hat.

ÜBUNG

Selbstmitgefühlspause für Kids

Nehmen wir das Beispiel eines Zwölfjährigen, der sich leidlich aber nicht übertrieben auf sein anstehendes Referat vorbereitet hat. Er fängt an das Referat vor der Klasse zu halten und kommt irgendwann ins Stolpern über die eigenen Worte, stockt, sein Gesicht wird heiß und er schwitzt. Die Gedanken bleiben hängen und er kommt überhaupt nicht mehr weiter. Er stammelt hilflos noch ein paar Abschlusssätze und dann ist alles rum. Ganz wesentliche Teile seines vorbereiteten Textes hat er ausgelassen.

Als er daheim darüber erzählt, ist gut zu spüren, wie sehr ihm das alles unter die Haut geht. *„Das war so peinlich, das war eine solche Blamage. Ich kann mich dann nie wieder sehen lassen. Ich bin einfach ein fürchterlicher Volltrottel.“* Wie schnell versuchen wir jetzt aus Instinkt und dem mitleidenden Elternherz heraus zu trösten: *„Ach komm, das ist doch nicht so schlimm“.*

Aber für den Zwölfjährigen ist es eben verdammt schlimm!

Die erste Stufe: Achtsamkeit – Wahrnehmen, was ist.
Das fühlt sich schlimm an – ohne Kosmetik, ohne Beschönigung.

Als Mutter könnte ich sagen: *„Hey, das muss sich echt schlimm für dich anfühlen.“*

Zweite Stufe: Geteilte Menschlichkeit
Beispiel-Dialog: *„Was meinst du wie viele Schulen gibt es in Deutschland?“*

Antwort: *„Keine Ahnung, Tausende?“*

„Wie viele Referate wurden heute wohl gehalten?“

Antwort: *„Na auf 100 bis 200 Referate kommen wir bestimmt.“*

„Was meinst du, wie viele haben das glänzend hingekriegt? Wie viele so lala und bei wie vielen hat es irgendwo gestockt und es war überhaupt nicht so, wie sie es haben wollten?

Antwort: *„Okay, da werden schon etliche dabei gewesen sein. Weil das gehört einfach dazu."*

„Es gibt Dinge, da taucht ein Haken auf und sie gehen schief. Das passiert uns allen und ist einfach menschlich, wir sind ja keine Automaten. Aber es fühlt sich mies an."

Stufe drei: Selbstfreundlichkeit
(Das klappt oft nicht so gut auf direkten Weg, daher spielen wir lieber über Bande.)

„Jetzt stell dir vor, dein bester Kumpel kommt und sagt: „Mann, habe ich heut' Scheiß gebaut. Ich sollte ein Referat halten und das ist völlig in die Hose gegangen. Ich bin ins Stocken gekommen, rot angelaufen wie eine Laterne und am Ende stand ich da wie ein Depp vor der Klasse. Mann, ich hab mich so peinlich gefühlt, ich glaube, ich kann mich nie wieder sehen lassen in der Schule!"

Was würdest du denn jetzt wohl zu ihm sagen? Bestimmt: *„Ja du bist ja auch ein Vollpfosten! Wie kann man nur so versagen? Das ist ja das allerletzte! Du hast recht, da kannst du nie wieder hin, da bist du unten durch!"*

Der Zwölfjährige: *„Nein, nein! Natürlich würde ich so sicher nie mit meinem Kumpel reden!"*

„Ja was würdest du ihm denn sagen?"

Antwort: *„Na ja, ich würde ihn schon irgendwie trösten, aufbauen, zeigen, dass es beim nächsten Mal bestimmt anders läuft und dass er deswegen kein Depp ist, sondern mir was wert und mein lieber Freund."*

„Ach so, gegenüber einem Freund geht es also ganz gut, dieses Mitgefühl zu spüren und zu zeigen. Wie wäre es jetzt, wenn du dein eigener guter Kumpel bist? Hast du nicht das gleiche Recht?"

Zum Beispiel: *„Okay, da hat was nicht geklappt. Das fühlt sich blöd an. Aber es bedeutet nicht die Welt und ich bin nicht mein Referat."*

Was tue ich jetzt, das mir gut tut und mir wieder Kraft gibt? Raus auf den Bolzplatz?

Kapitel 8

Mitfühlende Briefe

Sich selbst einen mitfühlenden Brief schreiben

Bei allem Training in Selbstmitgefühl kann es sein, dass wir manchmal keine mitfühlende Haltung finden. Ein gutes Hilfsmittel, um Selbstmitgefühl in wirklich schwierigen Zeiten anwenden zu können, ist es, uns selbst mitfühlende Briefe zu schreiben. Dies kann ein allgemeiner Brief sein, der ausdrückt, dass wir es gut mit uns meinen, alle unsere Ecken und Kanten und Macken anerkennen und Frieden mit ihnen schließen. Wichtig ist, dass es ein wirklich wohlmeinender Brief ist, wie von einem guten Freund geschrieben, der keine versteckte Kritik enthält.*

Wir können mehrere solche Briefe aus den verschiedenen Perspektiven unseres Rats der Beschützer verfassen: Was würde der versorgende Teil, was der motivierende und was der weise uns schreiben?

Wir können diese Botschaften auch schon auf Vorrat anlegen für bestimmte Situationen, die immer wieder vorkommen: Wenn wir traurig

* In einer Studie wurde gezeigt, dass dies ein wirkungsvoller Weg ist, längerfristig Wohlbefinden zu fördern und depressive Verstimmungen zu reduzieren. (Shapira, L. und Mongrain, M., *The benefits of self-compassion and optimism exercises for individuals vulnerable to depression.* In: Journal of Positive Psychology, 2010 (5), S. 377–389.)

sind, wenn wir uns allein fühlen, wenn es um Verlust geht, wenn es Streit mit dem Partner gab oder wenn wir uns ganz hilflos und inkompetent fühlen, wenn wir meinen, versagt zu haben, wenn die Welt der Kinder und der Familie eine Nummer zu groß scheint und uns über den Kopf zu wachsen droht. Im Notfall haben wir dann einen Stapel mitfühlender Briefe in der Schublade. Von diesen ehrlichen Briefen, die wir bei klarem Verstand an uns geschrieben haben, können wir den passenden auspacken und lesen. Das unterstützt unsere innere mitfühlende Stimme sehr.

Nachfolgend biete ich eine Reihe an liebevollen und mitfühlenden Briefen für bestimmte besondere Familienkonstellationen an.

Mitfühlender Brief an alle Stiefväter und Stiefmütter

» Ihr Armen,

ihr kommt schon mit diesem Namen ganz schlecht weg und wollt gar nicht gern so genannt werden. Dauernd müsst ihr euch mit diesem fürchterlichen Image aus Märchen auseinandersetzen.

Euer Zusammenkommen als neue Patchwork-Familie bedeutet einen Riesenschritt. Ihr seid damit heutzutage zwar keine Exoten mehr, das ist schon fast der Regelfall. Trotzdem seid ihr etwas Besonderes, etwas, das es so noch nie gegeben hat. Die Umwelt nimmt das meist gar nicht so wahr. Außenstehende sehen nur, dass jetzt, oh Glück, der fehlende Puzzle-Stein gefunden wurde und alles wieder komplett ist, wie in einer normalen Familie. Das Konzept „normale Familie" wird von euch erwartet und gefordert.

In Wirklichkeit ist aber vieles anders. Du als Stiefvater oder Stiefmutter hast die Kinder als Komplett-Paket zu deiner Liebe dazu bekommen. Die Kinder haben sich dich nicht ausgesucht. Du bist ihnen sozusagen vor die Nase gesetzt worden, weil du deiner Liebe so wichtig geworden bist. Da kommst du nun auf die Bühne geschneit und willst gleich noch eine Hauptrolle übernehmen. „Hey, das Stück läuft schon seit geraumer Zeit, und zwar ohne dich!" Meist gab es auch schon wirklich schwierige Akte, zum Beispiel als die Lücke entstand, die du nun scheinbar füllen sollst.

Die Aufgabe lautet, eine ganz neue Beziehung mit den jungen Menschen zu knüpfen und dich in deiner neuen Rolle zu beweisen. Aber, in welcher Rolle? Du magst dich fragen: Was soll ich denn eigentlich sein, ein Vater oder mehr ein Onkel oder Pate? Bin ich ein WG-Mitglied? Bin ich der Verwalter einer Jugendherberge? Was habe ich zu sagen, was zu tun und was zu lassen?

Es lohnt sich mit der Erwachsenen-Chefabteilung mal über diese Rollenerwartungen zu sprechen. Alles ist möglich, aber macht langsam, lasst es wachsen! Auch, wenn der eine froh ist, dass er endlich wieder etwas abgeben kann von dieser Doppelpack-Aufgabe Elternsein (Und Stiefmütter haben große Chancen gleich das ganze Alltagspaket herübergeschoben zu bekommen). Manches wollen die Kinder aber gar nicht so schnell abgeben, einige Dinge wollen sie nur mit ihrem wirklichen Elternteil austragen.

Beziehungen können nur langsam wachsen, man kann sie nicht auf die Schnelle einseitig aufblasen, und manchmal kann das ganze Wachstumsschmerzen mit sich bringen.

Du hast die Chance, aus deiner Position mit etwas mehr emotionalem Abstand ein guter Coach für deinen Lebenspartner zu sein. Du hast aber auch die Chance, alles penetrant besser zu wissen und nicht zu verstehen, wie archaisch diese Herzensbindung im Elternsein ist, wie Dinge aus Liebe gemacht werden, die vielleicht nicht immer im Erziehungshandbuch stehen und trotzdem wichtig und gut sind für die Bindung.

Vielleicht kannst du ja mit Forschergeist diesen Menschen aus dem fremden Stamm begegnen und je weniger du vorher weißt, wie es sein müsste und wie sich alle eigentlich zu verhalten haben, desto besser. Dann kannst du immer wieder Neues entdecken. Zeige Respekt, dieser Stamm hat seine Sitten und Gebräuche schon längere Zeit gepflegt, und fange nicht gleich an, alles umzukrempeln zu wollen.

Lass mich aus eigener Erfahrung auf ein paar besondere Stolpersteine hinweisen:

Achtung, wenn die Kinder ihren abwesenden Elternteil vergöttern, auch wenn der vielleicht gar nicht so viel einbringt. Lass sie das tun! Das fällt auch deinem Partner oft gar nicht leicht, weil der noch seine eigenen Fehden auszutragen hat und den Weggegangen entzaubern will. Lasst ihn beide da stehen auf seinem Denkmalspodest, die Kinder brauchen das für ihre innere Bühne. Haltet das einfach aus, ohne zu konkurrieren. Baut eure eigene neue Welt. Die Kids werden im Lauf der Zeit ihre Fragen stellen und ihre Beziehungen klären.

Achtung, als Stiefelternteil bist du besonders verwundbar und leicht zu kränken weil deine Stellung noch nicht so gefestigt ist. Vor allem wenn Kinder in der Pubertät sind, wird jede Verunsicherung ausgenutzt und alles und jeder bis aufs Blut getestet. Die archaischen Herzens-Seile, die bei dieser Extremklettertour oft hilfreich sind, hast du nicht. Aber das gibt dir auch die Freiheit auszuprobieren und kreativ zu sein, einen „anderen" Erwachsenen anzubieten. Lass dich infrage stellen, auch wenn du hörst: „Du hast mir doch gar nichts zu sagen".

Vertrau auf das, was du an Leben bereits gelebt hast. Dein Leben bevor du auf diese Bühne getreten bist, ist oft ein weißer Fleck auf der Landkarte für die Kinder. Sie wissen oft nicht viel über dich.

Plane mal ein paar längere Spaziergänge oder ein Zusammensitzen am Lagerfeuer und erzähl deinen Stiefkindern etwas aus deinem Leben. Zeige ihnen, was du früher gemacht hast, wie du aufgewachsen bist, wo du als junger Erwachsener unterwegs warst, welche Abenteuer du erlebt hast und welches Scheitern du zu überstehen hattest. Zeig' ihnen was dir im Herzen wichtig war und jetzt noch ist – fürs Leben, nicht für die Erziehung.

Lass dir auch von den Kindern erzählen, was sie alles erlebt haben in der Zeit, bevor du aufgetaucht bist und mit wem. Frag' sie, ob jetzt etwas anders geworden bist, seit du da bist.

Viel Freude und viel Geduld damit, dass ihr keine normale Familie seid. Und nutzt es eure Einzigartigkeit zu gestalten. Formt eure eigene Art der Beziehungen und erschafft sie immer wieder neu.

Mitfühlender Brief an Eltern von psychisch kranken Kindern

„Liebe (Mutter), lieber (Vater),
das Leben mit Kindern, die eine psychische Erkrankung haben, kann wirklich manchmal sehr fordernd und anstrengend sein. Ihr seid in der besonderen Situation, dass euch als Eltern jedes Hin und Her und jede Stimmungsschwankung eures Kinds intensiv unter die Haut geht.

Das Gefühl Eltern zu sein, setzt sich bei Euch schichtweise zusammen, wie bei einer Torte:

- Obenauf, als Glasur, ist eine hoch sensible Schicht an Empathie. Ihr verfolgt jeden Gesichtsausdruck genau, schwingt mit jeder noch so feinen Gefühlsveränderung mit, weil ihr so geeicht auf die Sendefrequenz eures Kindes seid und gelernt habt, wachsam zu sein.
- Es folgt eine cremige Schicht aus Sorgen und Befürchtungen, was alles Schlimmes passieren könnte. Alle denkbaren Katastrophen sind wie Früchte quasi schon eingebaut.
- Darunter kommt eine große Schicht an Mitgefühl, innerem Miterleben des Leidens und der große Wunsch, es verringern zu können und etwas dafür tun zu müssen.
- Getragen wird der obere Teil von einer festen Schicht als Mutter und Vater für das Wohlergehen des Kindes verantwortlich zu sein.
- Und zu guter Letzt stößt du immer wieder auf einen harten Boden an gefühlter Schuld; den Eindruck, dass du die Ursache bist für all die Schwierigkeiten und das Leiden deines Kindes, weil du es ja großgezogen hast.

Es ist oft sehr schwer zu glauben, dass manche Dinge, die bei eurem Kind komisch und besonders anstrengend ablaufen, tatsächlich Teil seiner Erkrankung sind und nicht die Folge eurer Erziehung und Ausdruck des Versagens als Mutter oder Vater. Ihr nehmt das alles verständlicherweise sehr persönlich.

Es kann helfen, in Gedanken einmal aus der eigenen Haut auszusteigen, sich die ganze Geschichte vorzustellen, als würde sie eure beste Freundin über ihr Kind erzählen. Das gibt manchmal den Blick frei, dass euer Kind eigene Anlagen für das Leben mitbringt, eine eigene Persönlichkeit ist, eigenständig handelt und nicht nur Dinge tut und sagt, die ihr als schwierig, überreagierend oder einfach „daneben“ empfindet oder gar als typisch für diese oder jene psychische Erkrankung.

Gleichzeitig wollt ihr manchmal die Erklärung, das lässt sich auf die psychische Krankheit zurückführen, gar nicht mehr hören und wünscht euch von ganzem Herzen, dass es eben vielleicht doch nur eine schwierige Entwicklungsphase ist.

Dann ist ja auch eine Zeit lang alles wieder gut, euer Kind handelt vielleicht als Jugendlicher oder junger Erwachsene selbstverantwortlicher. Bis dann die nächste Phase beginnt, alles wieder losgeht und ihr nicht wisst, ob ihr euer Kind wie ein Kleinkind behandeln sollt oder wie einen Erwachsenen. Wenn dann noch eine Selbstgefährdung im Raum steht und ihr ernsthaft Angst um das Leben eures Kindes habt, dann könnt ihr gefühlt einfach nichts richtig machen.

Vielleicht kann die Selbstmitgefühlspause in solchen Situationen ein wenig hilfreich sein. Die drei Stufen sind Wahrnehmen, was ist – geteilte Menschlichkeit – Selbstfreundlichkeit:

- Es sind leidvolle, schwere Momente, die sich oft einfach nicht lösen lassen, für euch als Vater oder Mutter nicht, und ebenfalls nicht nur für das Kind.
- Doch ihr seid nicht allein. Es gibt andere Menschen, die diese Dinge auch kennen. Und psychische Erkrankungen sind Teil unserer menschlichen Natur.
- Nun die Frage: Wie könnt ihr etwas für euch selber tun? Wie könnt ihr eure Kräfte auftanken, für euren Trost sorgen und auch euch selbst das Recht auf Fürsorge und Freundlichkeit gewähren?

Gelegentlich reicht eine Schulter zum Anlehnen und Weinen. Oft hilft es einfach radikale Akzeptanz zu üben: So ist das jetzt eben, mein Kind ist mein Kind und es hat eine psychische Erkrankung, die manches besonders und anders macht, mehr nicht. Vielleicht ist aber auch die Meditation „Die Grenzen meiner Möglichkeiten“ hilfreich, um sich die eigenen Grenzen immer wieder mal vor Augen zu führen. Schau nach, Ihr könnt sie hören. (Kapitel 4.5). Wie jeder Mensch ist letztlich jeder von euch für sich selbst verantwortlich. Die Möglichkeiten, anderen zu helfen, selbst eurem Kind, sind begrenzt. Gleichwohl handelt ihr aus dem Herzen heraus und mit allen Kräften, die euch zur Verfügung stehen.

Nicht zu vergessen: Kinder, je älter sie werden, wollen oft die Sicherheit des Heimathafens gar nicht mehr, auch sie wollen ihre eigenen weiten Fahrten unternehmen mit allen Konsequenzen.

Seid umarmt!

Liebevoller Brief an Väter und alle Männer, die es noch werden wollen

» Lasst Euch sagen, es lohnt sich, dieses Vatersein, und ich rate Euch, lasst euch darauf ein mit Haut und Haar.

Unser männliches Fürsorgesystem mag mit etwas mehr körperlichem Abstand in die Elternschaft eigestiegen sein, so ohne Schwangerschaft und Geburt am eigenen Leibe erlebt zu haben. Aber auch uns Männern ist alles möglich an Fürsorge, Bindung und Herzenswärme. Nur offensichtlich räumen wenige von uns dem wirklich einen zentralen Platz und volle Zeit und Aufmerksamkeit im Leben ein. Für die meisten bleibt Vaterschaft ein Nebenjob.

Unsere Arbeitswelt ist auch noch nicht wirklich darauf eingerichtet, dass Väter genauso selbstverständlich für ein Jahr oder mehr nach der Geburt eines Kindes ausfallen können wie die Mütter. Es wird Zeit, dass sich das ändert. Ich will euch hiermit motivieren, setzt das durch. Nehmt nicht nur diese zusätzlichen zwei bezahlten Monate Elternzeit, sondern teilt Euch diese wertvolle Zeit mit den Müttern.

Ich möchte mein Jahr Elternzeit, das sich über das gesamte erste Lebensjahr meiner älteren Tochter erstreckt hat, um nichts in der Welt missen. Ich war damals sogar traurig, als meine Frau bei der zweiten Tochter gerne selbst länger zuhause bleiben und nicht direkt nach dem Mutterschutz zurück in den Beruf wollte.

Zugegeben, Bügeln ist nun wirklich nicht meine persönliche Herzensangelegenheit. Aber ich habe verklärte Erinnerungen an Vormittage am Bügelbrett und im Fernsehen lief „Flying Doctors“. Besonders wertvoll war mir, auf dem Teppich liegend, Zeit mit meiner Tochter zu verbringen, einfach zu Sein mit diesem kleinen Wunderwesen. Ihr zuschauen zu dürfen, wie sie Spielzeug greifen will, wie sie versucht, sich zu drehen, krabbeln will, zu erleben, wie sie Töne macht. Sie bei den ersten Schritten an der Hand zu führen – was für ein Geschenk.

Ich würde diese Zeit gegen nichts in der Welt eintauschen, auch nicht gegen zusätzlich erklommene Karrierestufen, weil eine Biographie mit Elternzeit und später Teilzeit für Männer nicht zum Horizont der Arbeitgeber passt. Sie gehört zu meinen tiefgreifendsten Erlebnissen.

Ich hatte mir als Junge mal geschworen, dass die Arbeit nicht etwas vom Alltagsleben getrennt sein soll und wenn ich einmal Kinder habe, dass ich sie wirklich aufwachsen sehen und alltägliche Zeit mit ihnen haben will. Letztlich hat es relativ gut geklappt, diese Ziele zu verwirklichen. Auch wenn ich ehrlich zugeben muss, dass unterm Strich meine Frau doch mehr zur Elternschaft und vor allem wesentlich mehr zum Haushalt beigetragen hat als ich, und immer noch beiträgt.

Liebe Väter, die Entwicklungsschritte unserer Kinder rasen nur so dahin. Es ist doch schade, das erst als Großvater wirklich zu bemerken und zu bereuen. Es sind nicht wiederholbare Zeiten, in denen wir Väter Karriere machen wollen, während zu Hause gekrabbelt und gezahnt wird, gelitten und gefreut, geklettert und gefallen, Hausaufgabekriege bestritten und Erfolge erzielt werden.

Es ist eine besondere Art der Achtsamkeit und der Selbstfürsorge, wirklich Vater zu sein, mit allem Drum und Dran den Geschehnissen im Alltag mit unseren Kindern ausgesetzt. Ich glaube sogar, dass es zum Frieden in der Welt beiträgt, wenn mehr von uns hauptamtlich eine Zeit lang Kinderwagen schieben, einkaufen gehen, kochen und versorgen. Damit hätten mehr Frauen die Möglichkeit, in die politischen und wirtschaftlichen Geschehnisse der Welt einzugreifen. Es lohnt sich!

Mitfühlender Brief eines Pubertierenden an seine Eltern

» Liebe Eltern,

ich weiß, ihr habt es nicht leicht in der Pubertät, eine Zeit, in der alles durcheinander geht. Und nicht nur meine Hormone schwanken, eure sind ja auch schon bald in der Umstellung. Es ist eine Zeit großer Veränderungen für euch. Da habt ihr ein Kind großgezogen, für das ihr lange der Zeit wie der liebe Gott wart, alles was ihr gesagt habt, habe ich geglaubt. Vieles habe ich gemacht, nur damit ihr zufrieden und stolz seid, dass ihr euch freut.

Und auf einmal ändert sich alles: Ich suche meinen Weg, Ihr werdet getestet, infrage gestellt und ich finde eure „Schwächen". Vor allem seid ihr überhaupt nicht gewohnt, auf all die kleinen Inkonsequenzen hingewiesen zu werden, die es in eurem Leben gibt. Auf all die Punkte, wo ihr Ordnung predigt und Regeln vertretet und selber nicht immer danach handelt. Ich verstehe schon, das ist echt unbequem. Da war die Welt viel einfacher, als ihr noch wie der liebe Gott für mich wart. Ich verstehe auch, dass ihr lieber auf meine Macken hinweist als auf eure eigenen zu schauen.

Eine echte Herausforderung ist es außerdem, dass ihr nun nicht mehr wisst, wer euch gegenübersteht. Der, der sich schon ganz groß und erwachsen fühlt, der gleiche Rechte will und meint, schon alles zu verstehen. Oder der, der sich gerade ganz klein fühlt, schwach und bedürftig, der Angst hat, aber das nicht wirklich zeigen kann. Das ist ein Ratespiel, ein permanenter Fasching mit unterschiedlichen Verkleidungen und Masken. Wenn ihr mich als den „Kleinen" entdeckt, aber zur falschen Zeit, kann es sein, das ich das heftig abstreite. Dass ich schreie, dass ich gar nichts brauche und ihr mich in Ruhe lassen sollt. Und doch will ich im Grunde meines Herzens am liebsten in den Arm genommen und einfach fest gedrückt werden.

Allerdings haue ich manchmal Sachen raus, die euch treffen und wehtun. Das mache ich scheinbar mit Absicht, aber oft weiß ich nicht, wie mir geschieht. Ich sehe die Stelle, die euch schmerzt und haue mit Worten genau in diese Kerbe. Vielleicht finde ich manchmal keinen anderen schmerzfreien Weg, um die Nabelschnur zu lösen.

Ihr wisst so viel und schaut immer um drei Ecken nach vorne voraus und macht euch Sorgen. Manchmal verpasst ihr dabei völlig den Moment, um Spaß am Leben zu haben. Ach, und immer wollt ihr Recht haben, mir die Welt zeigen und mir alles Mögliche beibringen, aber ich will die Welt doch selber entdecken! Ihr wollt mich vor allen Gefahren beschützen, aber ich will doch hoch hinaus fliegen und selber auf die Schnauze fallen. Und wenn ihr dann mit „Hab ich es doch gleich gewusst!“ kommt, ist der Ofen aus. Wer will denn ein vorgekautes Leben haben? Ich muss das alles selber checken und eigene Wege gehen. Wenn's dann mal nicht klappt, dann lasst bitte eure Altersweisheit einfach stecken. Ich probier' dann, mir selbst ein guter Kumpel zu sein, gerade weil es nicht gut gelaufen ist. Das könntet ihr auch mal lernen, aber deswegen lest ihr ja das Buch.

Aber bitte gebt nicht auf in diesen schwierigen Zeiten! Am Ende geht es darum, dass ich spüre, wie wichtig ich euch bin, selbst unter all den Masken. Ihr müsst nicht herumdrucksen und mich dauernd zufrieden haben wollen; es ist halt eine Zeit der Unzufriedenheit im Leben. Aber nur so findet sich Neues und nur so finde ich zu mir selbst.

Ich hoffe, Ihr kommt einigermaßen gut durch die Pubertät. Irgendwann ist es ja vorbei damit!

Euer Kind

Liebevoller Brief an einen Teenager mit ADHS

Lieber Tom,

wir haben dir ein ADHS, eine „Aufmerksamkeitsdefizitstörung mit Hyperaktivität“ diagnostiziert. Entschuldige bitte den Begriff Störung. Wir Psychiater meinen, das hört sich besser an als Krankheit. Stimmt das? Irgendwie klingt in deinen Ohren bestimmt beides blöd. Vor allem wollen wir nicht, dass du das Gefühl hast, *du* bist gestört. Du bist vollkommen okay. Was heißt Störung überhaupt? Deine Mutter hat auch eine; sie hat eine Brille auf der Nase und somit eine Sehstörung. Gemeint ist, dass irgendeine Funktion nicht genauso klappt, wie wir es für normal halten.

Du bist also ungeduldiger und schneller unruhig bei etwas Neuem, als wir Erwachsene das für altersgemäß halten. Du bist impulsiver und deine Gefühle wechseln schneller von sonnig auf Gewitter und wieder zurück, als wir Erwachsene das gewohnt sind. Du siehst, das hängt (trotz aller wissenschaftlicher Hilfsmittel) ganz gewaltig davon ab, wie wir Erwachsene die Welt sehen, wie wir drauf sind und was wir uns von Kindern wünschen.

Wir müssen uns entschuldigen. Wir organisieren die Welt leider überhaupt nicht so, wie es für dein Naturell passend wäre. Scheinbar wollen viele von uns keine Kinder, sondern kleine Erwachsene, die prima funktionieren. Wir wollen, dass sie stundenlang auf ihrem Hintern sitzen, obwohl wir Menschen Bewegungstiere sind. Lernen in der Schule soll meist nur mit den Gedanken passieren und selten mit Anfassen, Erleben, mit wirklichem Begreifen. Und da ist jemand wie du, der sich beim besten Willen nicht so lange ruhig hinsetzen kann und immer wieder neue Ideen hat. Schnell wirst du zu jemanden, der „stört". Damit bekommt „Störung" eine vollkommen neue Bedeutung: Dein ADHS ist nämlich für die anderen eine Störung und das lassen sie dich spüren.

Schon deinen Kumpels im Kindergarten hat es nicht gefallen, wenn du mit riesiger Energie und viel Motivation, aber nicht so viel Geschicklichkeit, ihre stolz erbauten Türme umgeworfen hast, weil Du dabei sein wolltest. Ich weiß, dass du dich heute oft selber ärgerst, wenn dir mal wieder das über die Lippen kommt, was dir als erstes einfällt, und nicht das, was du wirklich meinst. Wir Großen sollten dir eine Welt zum Wachsen und Lernen anbieten, die abwechslungsreich ist, die dich mit allen Sinnen anspricht, dich herausfordert und interessiert. Das wäre dann eine Welt, die auch allen anderen zum Lernen zugute kommt. Schon wieder müssen wir uns entschuldigen. Wir Erwachsene glauben, alles besser zu wissen und sind leider mehr damit beschäftigt, zu sortieren, was normal ist, zu bewerten und einzuteilen, vor allem euch Kinder.

Lass dir nicht einreden, dass du gestört bist. In jedem Überlebensteam braucht man einen wie dich, der Grenzen testet und überschreitet, etwas Neues ausprobiert, schneller ist, und wenn es drauf ankommt 150 Prozent bei der Sache. Du kannst dir ja mal einen Spaß machen und auflisten, was den anderen alles nicht gefällt. Vieles von dieser Liste wirst du in anderen Worten auf der Profilliste für Chefs, Manager und Entwickler wieder finden. „Wir suchen einen Mitarbeiter, der originell, spontan und vielseitig ist, bereit Neues zu denken und viel Energie und Durchsetzungskraft mitbringt, Ideen umzusetzen". Du musst also nur lange genug durchhalten bis du selber bestimmen kannst, in welcher Umwelt du arbeiten willst, welche abwechslungsreiche und herausfordernde Tätigkeit zu dir passt und wo du dein eigener Chef sein kannst.

Dein Naturell ist wie ein spritziger Sportwagen, nur dass du in der Schule damit in einer engen historischen Altstadt klarkommen musst. Ich wünsche dir, dass du dich lieben und wertschätzen lernst, trotz der vielen Strafzettel, die du gerade einheimst. Ich wünsche mir für dich auch, dass du deinen Flitzer verantwortungsvoll fahren lernst, nicht permanent andere umfährst oder ihn an den Hausecken der Erwachsenen verbeulst. Wir brauchen dich!

Manchmal geben wir Psychiater Medikamente aus, damit die Schaltzentralen im Gehirn, die helfen, dass alles etwas geordneter ist, besser arbeiten können und wir den Überblick behalten. Das soll helfen, dass du mit deinem Flitzer besser durch diese engen alten Gassen kommst, deshalb bist du nicht gestört. Erwachsene (auch ohne ADHS) reagieren übrigens ganz ähnlich, wenn sie starken Stress haben. Das hast du bestimmt schon bei deinen Eltern festgestellt, davon handelt dieses Buch. Die können manchmal mit Achtsamkeit und Meditation etwas gegen den Stress und gegen die schnellen Handlungen tun, die von dem Dinogehirn in ihnen gelenkt werden. Leider beschäftigen sich noch nicht viele damit, diese Tricks auch an Kinder mit ADHS zu vermitteln. Vielleicht sprichst du mal mit deinen Eltern, die dieses Buch lesen. Die Sache mit dem Dinogehirn könnte ganz spannend für dich sein.

Und zum Schluss noch ein Geheimnis über Erwachsene: Die können einfach nicht gut damit umgehen, wenn Kinder schneller denken können als sie.

Alles Liebe und lass dich nicht verbiegen!

Mitfühlender Brief an alle Adoptiv- und Pflegeeltern

„Liebe Adoptiv-/Pflegemutter, lieber Adoptiv-/Pflegevater,
ihr habt einen besonderen Weg zum Elternsein gefunden. Ich befürchte aber, ihr seid auch besonders gefährdet durch Optimierungsfallen und Selbst-Überforderung. Wie alle Eltern wollt ihr alles perfekt machen und mehr noch; ihr wollt es besser machen als die biologischen Eltern eurer Kinder, ja als alle leiblichen Eltern zusammen. Ihr wollt der ganzen Welt beweisen, dass ihr echte Eltern seid und wie gut ihr das könnt. Zusätzlich macht ihr euch Druck aufgrund eurer Vorgeschichte mit dem Eltern-Wunsch. Als Pflegeeltern seid ihr außerdem noch anderen Menschen verpflichtet als nur euch selbst.

Egal, ob Adoptiv- oder Pflegeeltern, ihr studiert alle Konzepte zum Elternsein und es fällt euch schwerer als „normalen Eltern“, sich mal auszuruhen, um die eigenen Kräfte zu schonen und wieder aufzufüllen. Ihr leidet oft noch mehr unter Angst oder darunter, dass jederzeit Katastrophen passieren könnten oder ihr etwas falsch macht. Aber ihr seid auch nur Menschen!

Sicher, eure Verbindung ist anders zustande gekommen als über das archaische Band von Zeugung und Geburt. Ich wünsche euch, dass ihr das akzeptieren lernt: „Ja, bei uns darf es ein bisschen anders sein.“ Ihr müsst nicht mit leiblichen Eltern konkurrieren, ihr könnt eure ganz eigene Version des elterlichen Gewächshauses bauen. Dort fehlt es an nichts, es ist warm, gemütlich und hat vielleicht nur ein anderes Lüftungssystem. Mal gibt es mehr Sorgen, mal fällt es sogar leichter, etwas emotionalen Abstand zu bekommen. Mal könnt ihr weniger auf eine innere Gelassenheit zurückgreifen, mal fällt es euch leichter, wieder loszulassen oder weniger Idealbilder zu schmieden.

Am Ende sind es die selben vier Lebensfreunde, die uns allen beim Menschsein hilfreich sind: liebevolle Güte und Mitgefühl, jeweils für uns selbst und für unsere Kinder, Lebensfreude und Mitfreude, und eine gehörige Portion Gelassenheit und Gleichmut im Strom des Lebens. Wir alle sind nur Begleiter des wachsenden Lebens unserer Kinder. Sie sind auf ihrer eigenen Bahn und wir leben mit den Grenzen unserer Möglichkeiten.

Sorgt besonders gut für euch selbst als Mann, als Frau und für euch als Paar! Das ist das Beste was ihr euren Adoptiv- oder Pflegekinder vorleben und auf den Weg mitgeben könnt.

Ein liebevoller Bitt-Brief an alle Eltern in Trennung

»Liebe Eltern in Trennung!
Als Berater, Gutachter und Familientherapeut weiß ich, dass es schwierig ist, wenn sich Eltern trennen. Irgendetwas ist zerbrochen zwischen euch und ihr könnt nicht länger als Paar miteinander so leben, dass ihr euch wechselseitig gut tut. Vielleicht gab es viel Streit, Enttäuschungen, Kränkungen und tiefe Verletzung für euch als Mann und als Frau. Wenn ihr euch jetzt trennt, ist das besser, als den Kindern etwas vorzuspielen, das nicht mehr existiert. Ihr habt jetzt eine Aufgabe zum Wohle eurer Kinder, die all eure Kraft fordert. Ihr müsst das Erwachsenen-Ich als Mann oder Frau und das Eltern-Ich als Vater oder Mutter voneinander trennen.

Kinder erleben nämlich auch eine Enttäuschung, Verletzung und vor allem Verlust. Ihre gewohnte, heile Welt wird durcheinander gewirbelt bis sie auf den Boden fällt und zerbricht. Und doch brauchen sie euch als Vater und als Mutter genauso wie vorher, in dieser Zeit der Verunsicherung eigentlich noch mehr. Sie sind gegenüber jedem von euch loyal. Tragt also nicht eure Kämpfe auf dem Rücken der Kinder aus, schlagt nicht über die Kinder zurück, wenn ihr im Grunde als Mann und Frau verletzt seid. Benutzt nicht euer Eltern-Ich zur Vergeltung oder gar Rache. Findet einen anderen Raum, in dem ihr euch als Mann und als Frau auseinandersetzen könnt.

Ich hoffe für Euch, dass ihr die Größe findet, friedlich nur Eltern zu sein und für eure Kinder zu sorgen. Dieses Mitgefühl und diese Freundlichkeit haben eure Kinder verdient und euch selbst geht es auch besser, wenn ihr die Elternebene nicht vergiftet.

Mitfühlender Brief an alle Kinder, bei denen ein Liebender verstorben ist

» Lieber …,

Ach, was ist das für eine merkwürdige Sache mit dem Sterben und dem Tod. Ich kann dir sagen, ich konnte es mit 16 Jahren nicht wirklich begreifen, als mein Vater gestorben ist, obwohl er vorher eine schwere Krankheit hatte. Ich habe damals auf Automatik geschaltet, habe die Beerdigung ohne Tränen hinter mich gebracht und weiter funktioniert. Aber wirklich begriffen, wie es passiert, dass jemand immer da war und auf einmal ist er unwiederbringlich weg, das habe ich eigentlich nie. Wobei mir das etwas peinlich ist, das zuzugeben. Auch heute begreife ich es noch nicht wirklich, aber ich habe wohl im Lauf meines Lebens aufgegeben, das zu wollen.

Ich glaube inzwischen, dass es eine besondere Fähigkeit unseres menschlichen Gehirns ist, sich selbst bewusst beim Leben zuschauen zu können, die Fragen nach Anfang und Ende stellen zu können. Ich glaube auch, dass wir in der Tiefe unseres Herzens und Geistes keine Antworten darauf finden werden. Die Menschen haben Religionen und Philosophien geschaffen, die Wissenschaft bemüht und doch bleibt die Frage: Wie fühlt es sich an, wenn das Leben wieder vergeht? Vielleicht müssen wir einfach akzeptieren, dass es so ist und es Dinge gibt, zu denen unser Verstand und unser Begreifen nicht reichen.

Aber lass dich bitte nicht abhalten, dir all diese Fragen immer wieder zu stellen. Und lass dir nicht einreden, dass du als Kind nicht richtig trauerst, nur weil du zwischenzeitlich auch wieder Fußball spielen und lachen kannst. Erwachsene verstehen das oft nicht und meinen manchmal, dass du dich nicht genug um den Verlust kümmerst. Bei ihnen legt sich die Trauer oft wie ein grauer Schleier über alles andere. Sie können dann für einige Zeit die schönen Momente nicht mehr ganz so farbenfroh sehen, wie du das noch kannst. Aber auch du hast genau wie sie Momente, in denen alles unbegreiflich ist, der andere dir fehlt und sich die Lücke, die er gerissen hat, so unbeschreiblich riesig anfühlt. Nur kannst du leichter auch all die anderen Momente spüren, die es weiterhin gibt.

Die Schmerzen des Verlusts zeigen wie gut und eng die Verbindung war. Das kann dich gerade vielleicht nicht trösten, aber irgendwann kann dieser Gedanke dir helfen, zu sehen, was alle in der Familie vor diesem Verlust, vor dem Tod alles geschenkt bekommen haben.

Bau' dir deine eigene Art das Andenken zu pflegen. Kinder sind da viel erfinderischer als Erwachsene, die häufig ein Grab mit Grabstein und Beet davor brauchen.

Falls du dich irgendwie schuldig fühlst, weil du versäumt hast, etwas zu sagen, weil du Streit hattest, sauer warst oder den anderen vielleicht sogar weg gewünscht hast. Dann ist wirklich gut, du erzählst das jemandem. Manchmal ist es leichter mit jemanden zu reden, der nicht direkt zur Familie gehört, weil die meisten auch traurig sind oder du dich vor ihnen für deine Gedanken schämst. Stell dir vor, was derjenige, der gegangen ist, sich wünschen würde für dich. Würde er wollen, dass du mit Schuldgefühlen herumrennst? Nein, der würde verstehen, dass du traurig bist. Aber er würde dir bestimmt wünschen, dass du all deine Kraft entfalten kannst, um dein Leben zu leben und dir sagen, dass du nichts nachzuholen oder wieder gutzumachen hast.

Leben ist bitter-süß, freud- und leidvoll, voll von Verbindung und voll von Verlust; so ist es eben.

Nachwort

Achtsamkeit, Weisheit und Mitgefühl als Kompass für die Welt

Suche die Stille auf und nimm dir die Zeit und den Raum, um in deine eigenen Träume und Ziele hineinzuwachsen.

Zen Weisheit

Unsere gemeinsame Reise in diesem Buch drehte sich um uns als Eltern, unser Gehirn, unseren Geist, unser Herz. Es handelt von Achtsamkeit, Selbstmitgefühl und Selbstfreundlichkeit für Eltern und Kinder. Hier kreuzen sich die Linien meines Lebens als Kinder- und Jugendpsychiater, Psychotherapeut, Meditation-Praktizierender und Achtsamkeitslehrer. Alles beginnt im Kinderzimmer.

Aber es ist mein Ziel, mein Traum, dass sich diese Qualitäten in allen unseren Lebenskreisen verbreiten. Vom Ausgangspunkt Kinderzimmer betrachtet sind die Kindergärten und Schulen der nächste Kreis. Ich wünsche mir, dass diese Stätten getragen sind vom Geist des grünen Systems. Dass Erziehung und Bildung keine Optimierungsprozesse darstellen, sondern dass wir Kinder dort abholen, wo sie in ihrer Entwicklung stehen und ihnen eine fürsorgliche Umgebung zum Wachsen anbieten. Dazu gehört auch, dass wir die Einrichtungen und die Menschen, die sie tragen, gut mit Ressourcen versorgen, sie wirklich wertschätzen und ihnen das auch zeigen. Das fängt bei einer anständigen Bezahlung für Menschen an, die sich um andere Menschen kümmern. Ob es um die Betreuung von Kindern geht, ihre Bildung, aber auch die pflegende Versorgung von kranken und alten Menschen, es ist eine Schande, dass es uns gesellschaftlich nicht wert ist, diese wertvolle und anstrengende Arbeit anständig zu vergüten – und das mit dem Wissen von Salären und Boni in Wirtschaft, Technik oder Finanzwelt. Sich von Herzen um Menschen kümmern, scheint eine Art Nebensache.

Ich höre schon die Frage: Und wo soll das Geld für diese Wünsche herkommen? Europaweit betrachtet, liegt Deutschland abgeschlagen auf den hinteren Rängen, was Ausgaben für Bildung angeht, angefangen bei den Krippen über die Kindergärten bis zu den Schulen. Gemessen am Brutto-Inlands-Produkt (BIP) liegen unsere Bildungsausgaben unter dem Mittelwert.* Mehr ist uns die Entwicklung und Bildung unserer Kinder offensichtlich nicht wert. Wir geben das Geld lieber für etwas anderes aus.

Aber es geht nicht nur um Geld, es geht vor allem um die Qualitäten und die gelebten Werte. Die Veränderungen in der Welt der Familien und der Arbeit haben dazu geführt, dass Schule vom Ort der Wissensvermittlung zu einem Ort der Erziehung und des Alltagslebens der Kinder geworden ist. Wir erwarten zusätzlich umfangreiche Aufgaben der Inklusion, also der Eingliederung und Förderung von Kindern mit Handicaps, von Schule. Aber wir statten sie offiziell hundsmiserabel mit Ressourcen aus. Im Schulsystem ist kein Platz für Teambesprechung, Fallbesprechung und Supervision vorgesehen. Ich spüre den Leidensdruck immer, wenn ich, durch private Projekte oder Initiativen finanziert, zur Supervision in Schulen komme. Ich frage mich und die Lehrer dann, wie Menschen unter diesen Bedingungen überhaupt eine sinnvolle psychosoziale Arbeit

---

* Quelle: http://ec.europa.eu/eurostat/statistics-explained/index.php/Educational_expenditure_statistics/de

mit Kindern und Jugendlichen durchführen können. Die Engagierten machen das alles auf eigene Kosten und unter Verbrennen ihrer persönlichen Energie. Ich wünsche mir Klassen mit 16 Schülern, immer betreut von einem Doppelteam. Das können zwei Lehrer sein oder Lehrer ergänzt durch Sozialpädagogen oder andere entsprechende Berufsgruppen. Ein Doppelteam bringt viele Vorteile: Es ermöglicht Austausch, Arbeitsteilung und erzeugt weniger Hilflosigkeit bei denen, die sonst allein vor einer Klasse mit 30 Schülern stehen. Es ermöglicht Einzelzuwendung bei Förderbedarf oder schwierigem Verhalten und damit Krisenlösung durch Zuwendung statt durch Ausgrenzung. Unterrichtsformen, die sich wirklich an die Neugier und den Wissensdurst der Kinder richten, sind mit zwei Personen ebenfalls einfacher durchzuführen. Das sollten wir uns einfach leisten! Das sollten uns unsere Kinder wert sein!

Ich wette, dass wir mit besser ausgestatteten Betreuungseinrichtungen das Entwickeln und Wachsen der Kinder vor Ort intensiver begleiten können und weniger störungs- und defizitorientierte Behandlungen vom Gesundheitssystem getragen werden müssen. Ich wette, dass wir weniger kinder- und jugendpsychiatrische Behandlungen und insbesondere auch weniger medikamentöse Behandlungen von Kindern mit ADHS brauchen, wenn diese mit mehr Einzelzuwendung betreut werden können. Leider betrifft das ja einen anderen volkwirtschaftlichen Topf und zählt damit nicht als Argument. Verrückt. Hinzu kommt noch unser deutsches, föderal organisiertes „Bildungssystem“, da braucht es wohl eine Zauberfee, um solche Veränderungen umsetzen zu können.

Und damit nicht genug des Wünschens und Träumens. Wir stehen in meinen Augen an der Schwelle, eine neue zivilisationsgeschichtliche Stufe erklimmen zu können, weg vom alten evolutionären Reflex, als wir noch in vielen einzelnen Hominiden-Horden unterwegs waren: „Fremdes ist gefährlich! Da müssen wir uns abgrenzen oder es gehört gar bekämpft.“ Nach Zeitaltern mit regelmäßigen Kriegen zwischen den Völkern (die es leider an gewissen Stellen der Welt immer noch gibt) haben wir jetzt die Chance, zu neuer Weisheit zu finden, zu einer Menschheitsfamilie zusammenzuwachsen. Warum sollten wir nicht verbunden sein können mit unseren eigenen Wurzeln und den „anderen“ genauso ihren Stolz lassen, ohne sie als schlechter oder besser einzuordnen?

Unsere Spezies hat die Welt inzwischen globalisiert. Was wir heute essen und benutzen kommt aus aller Herren Länder und wird oft um die halbe Welt geschippert bis es in unsere Hände kommt. Unser Wissen und die Kenntnis über die Welt sind überall und jederzeit verfügbar. Jeder Mensch aus jedem Eck der Welt kann mitbekommen, was die Menschen in Island, Feuerland und Südafrika denken und tun. Jeder kann sich in die Bibliotheken der Welt einloggen. Und auch die Folgen unserer Zeit auf diesem Planeten sind global zu spüren: Energieverbrauch, Klimaerwärmung, Naturzerstörung. Wir können uns nur als Menschheitsfamilie weiterentwickeln, noch besser als Großfamilie der Planetenbewohner. Es braucht hier eine intellektuelle Bemühung aus den alten Mustern auszusteigen und den Kreis des Mitgefühls über den Schein unseres Lagerfeuers hinaus auszudehnen.

Wir brauchen ein Wirtschaftssystem und eine Nahrungsmittelproduktion, die sich ebenfalls an diesen Werten orientiert. Die Entwicklung von Wohlstand sollte nicht daran gekoppelt sein, dass andere ausgebeutet werden, um diesen zu erzielen. Das heißt überhaupt nicht, dass alles für alle gleich sein muss – wir Menschen, Länder und Völker sind ja nun mal nicht gleich. Aber eine Fairness im Umgang mit Lebewesen, Ressourcen, Arbeit und Produkten sollte es geben und die Goldene Regel darf auch in der Wirtschaft zählen: Behandle andere so, wie du auch behandelt werden willst und wie es hilfreich für das Leben ist.

Diese weltpolitischen Erwägungen haben ganz direkt mit unserem alltäglichen Dasein als Eltern zu tun. Wir haben den Planeten nur zur treuhänderischen Bewohnung übernommen und werden von unseren eigenen Kindern und Enkeln daran gemessen, in welchem Zustand wir ihn den nachfolgenden Generationen weiterreichen.

Wahrscheinlich wäre es leichter, Achtsamkeit und Mitgefühl als Grundmaxime des Handelns und Lebens anzuwenden, wenn jeder von uns über seine Art zu leben und dessen Auswirkung auf die Erde den eigenen Enkeln gegenüber Rechenschaft ablegen müsste. Ich glaube aus tiefstem

Herzen, genau so wird es kommen. Angesichts der zukünftigen Lebenserwartung werden viele von uns als alte Menschen, Großeltern oder Urgroßeltern, gefragt werden: Wie habt ihr gelebt? Warum habt ihr so gehandelt? Was war die Maxime eures Denkens, Fühlens und Handelns, den geliehenen Planeten in genau diesem Zustand an uns zu übergeben?

Ich möchte da stehen und sagen können: Hey, es gab einigen Schlamassel, so wie es einige tolle Entwicklungen gab. Ich habe mit aller Kraft und nach bestem Wissen versucht, so zu leben, dass ich möglichst wenig Schaden anrichte und schon gar nicht absichtlich. Ich habe mich eingesetzt für ein Zusammenleben aller fühlenden Wesen, in Respekt, Achtsamkeit und Mitgefühl mit der Natur. Ich habe mich mit aller Kraft um die Entwicklung von Weisheit bemüht, auch wenn mein Handeln nicht immer so weise war und immer wieder von alten Mustern bestimmt (Ich, zum Beispiel, bin damals für mein Leben gerne schnell Auto gefahren, auch wenn es Abgase in die Luft gepustet und jede Menge Benzin gekostet hat.).

Es ist eine spannende Zeit. So viel Wissen ist so einfach zugänglich wie noch nie und so viel alte Weisheit hat aus verstaubten Büchern und der Stille von Klöstern in den offenen Alltag gefunden. Ich glaube fest, dass die Kinder von heute die besten Chancen haben, als Großeltern einmal ihren Enkeln erzählen zu können, wie damals alles Spitz auf Knopf stand mit dem Wohle des Planeten und es eine Wende gab. Eine Hinwendung zu Achtsamkeit und Mitgefühl als Mittel gegen die damaligen Verrücktheiten unserer Art, zu leben und um das Erbe des Lebens auf der Erde zu bewahren und alle Lebewesen wieder wertzuschätzen.

Ich wünsche mir Achtsamkeit und Mitgefühl als einen Kompass für eine weitere Evolutionsstufe des menschlichen Lebens.

Der Kompass als Bild ist ernst gemeint. Jeder Mensch kann und muss damit seine eigenen Wege finden. Es ist keine Doktrin des „guten Verhaltens“ nach der sich alle richten müssen. Es soll Orientierung sein und eine Möglichkeit bieten, Hilfreiches anzureichern. Jeder Mensch hat seine eigene Grundausstattung an Intellekt, Kreativität und Temperament und doch teilen wir eine Menschlichkeit. Zu einem nachhaltigen Wohlbefinden für alle gehört eine intellektuelle Anstrengung, um einige unserer inneren Ausrichtungen und Reaktionsmuster aus der Zeit der Säbelzahntiger zu erfassen und zu transformieren in eine neue, der menschlichen Lebensart wirklich zuträgliche Art und Weise. Kombiniert mit den Herzensqualitäten der Liebevollen Güte, Selbstmitgefühl, Mitfreude und Gleichmut können wir mit Achtsamkeit und Mitgefühl eine weise Art der Menschlichkeit erreichen und in Verbundenheit leben. Ich wünsche mir, dass diese Evolutionsstufe der „weisen Menschlichkeit" in jedem Kinderzimmer, in jedem Kindergarten und in jeder Schule ihren Anfang nimmt und sich in die Welt verbreitet.

Imagine …

Viele Mitglieder einer großen verbundenen Menschheitsfamilie,
die sich selbst und untereinander,
allen anderen fühlenden Wesen
sowie der übrigen Natur
mit Achtsamkeit und Mitgefühl,
mit liebender Güte und Weisheit begegnen,
in dem großen, einzigartigen, kreativen
freud- und leidvollen Tanz des Lebens …

JÖRG MANGOLD

Danksagung

Was die Raupe „Ende der Welt" nennt,
nennt der Rest der Welt „Schmetterling."

LAOZI, chinesischer Philosoph

Natürlich ist dieses Buch nicht allein und ausschließlich auf meinem geistigen Hochbeet gewachsen. Angesichts der vielen weisen und tiefgehend gebildeten Lehrer und Autoren und ihrer Werke sehe ich mich ganz bescheiden als eine Art Botschafter für Eltern.
Vieles, was ich hier einbringen konnte, habe ich gehört von und erlebt mit wunderbaren Lehrern, denen ich hiermit danken möchte:

Petra Meibert, Cornelius von Collande und vor allem Linda Lehrhaupt haben meine ersten Jahre der Achtsamkeit geprägt. Frits Koster brachte die Freundlichkeit und die Ausrichtung auf Mitgefühl in meine Meditationspraxis und so wunderbare Worte wie „enthasten", „versanften" und „Mildheit". Er begleitet mich jetzt als Lehrer. Vielen Dank für dein Wesen und deine Weisheit.

Ich durfte so viele Seminare, Workshops, Retreats und Ausbildungen besuchen: zum Thema Selbstmitgefühl und MSC bei Christopher Germer und Kristin Neff, Christine Brähler und Hilde Steinhauser, zu

MBCL bei Frits und Erik van den Brink, zur CFT bei Chris Irons, Russell Colts und Paul Gilbert, in PNT bei Rick Hanson, zu Achtsamkeit in Familien bei Jon und Myla Kabat-Zinn und Lienhard Valentin sowie zu Mindful Parenting und Achtsamkeit mit Kindern und Jugendlichen bei Susan Bögels. Für die MBSR-Ausbildung danke ich Karin Krudup und den anderen Dozenten. Achtsamkeit und Psychotherapie vermittelten Ron Siegel, Paul Fulton, Luise Reddemann, Ulrike Anderssen-Reuster, Christoph Egger-Büssing.

Nicht zu vergessen Fritz Mattejat als meinen ersten Therapielehrer und Supervisor. Von dir habe ich mir vor 25 Jahren den absoluten Respekt vor den Klienten und deren Sicht der Dinge abschauen dürfen. Dein Humor, deine Leichtigkeit gepaart mit all dem Wissen hat mich und später unser ganzes Praxisteam immer wundervoll begleitet. Diesem wunderbaren Team möchte ich für die engagierte Zusammenarbeit und für die langen Jahre als Weggefährten danken. Ihr begleitet Kinder, Jugendliche und Familien seit über 16 Jahren mit viel Herzblut und Sachverstand.

Ein Mentor der frühen Stunde war Wolfgang Werner, der mir zeigte, wie Psychiatrie menschennah, herzlich und auf Augenhöhe gelebt werden kann. Ich danke Reiner Gehrig, dass er mich damals mit viel Einfühlungsvermögen davon abgehalten hat, das Studium zu schmeißen, um Töpfer zu werden. Du hast mich motiviert durchzuhalten und damit diesen ganzen Weg ermöglicht.

Ich danke den gelehrten Autoren so vieler Bücher, die ich versucht habe sorgfältig aufzulisten, und von denen ich einige als völlig willkürliche Auswahl meines persönlichen Geschmacks besonders empfohlen habe.

Lehren ist Lernen und Therapie bedeutet immer auch Selbstentwicklung – auf beiden Seiten. Ich danke allen Patienten, groß und klein, allen Klienten, allen bisherigen Seminarteilnehmern, dass sie mir ermöglichen, mit dieser wundervollen „Tätigkeit" meinen Lebensunterhalt zu verdienen und dass sie mich teilhaben ließen und ganz persönliche Einblicke in die Gärten ihrer Leben mit allen verschlungenen Wegen gewährt haben. Ihr habt mich viel gelehrt!

Zudem danke ich vier energischen LehrmeisterInnen, meinen wunderbaren Töchtern Lea und Leonie und meinen tollen „großen Kindern“ Johannes und Julia, die mein Leben so unglaublich bereichert haben. Ich freue mich besonders, dass ich viele dieser Schritte zusammen mit meiner großen Herzensliebe, meiner Frau Andrea, gehen durfte und mit ihr jetzt auch gemeinsam Achtsamkeit und Mitgefühl unterrichte. Vielen Dank, dass du mich und meine geistigen Abwesenheiten während des Schreibens ertragen hast! Meine Familie ist der wesentliche Bestandteil meines Gartens des Lebens und ich bin zutiefst dankbar, dass es euch gibt. Ein großer Dank auch an meinen Vater, der nun schon seit 37 Jahren verstorben ist, und an meine 88-jährige Mutter. Eure unbändige Liebe hat mich getragen, eure Samenkörner und Gaben wachsen in mir weiter. Manches von dem, über was ich hier schreibe, hätte ich mir selbst als Kind, als Jugendlicher ein wenig mehr gewünscht. Aber es war eine andere Zeit und ihr stammt wiederum aus einer ganz anderen Zeit und habt euch wirklich nach Kräften bemüht.

Ich danke meinen beiden wunderbaren Lektoren Kim Jené und Bernd Schlupeck, die es unermüdlich geschafft haben, meine Sprache und Schachtelsätze zu glätten und dabei die Gedankengänge noch klarer herüberzubringen. Vielen Dank an den Arbor Verlag und sein Team sowie Anke Brodersen von den Mediengenossen, ohne die es kein Buch gäbe. Dazu den Probelesern Kim, Anette, Christina, Martin und Jürgen für ihre Hinweise.

Zu guter Letzt danke ich den Menschen, die ich in Nepal und in Liberia bei unseren Projekten zu Bildung und Gesundheit von ARAGUA e.V. treffen durfte. Mein Horizont ist dadurch breiter geworden, ich habe unterschiedlichste Lebensbedingungen auf dieser Welt kennen gelernt und immer wieder geteilte Menschlichkeit.

Mögen wir alle sicher und geborgen sein!
Mögen wir alle in Frieden und glücklich sein!
Mögen wir alle gesund sein!
Mögen wir alle mit Leichtigkeit leben!
Mögen wir alle die Verbundenheit spüren!

JÖRG MANGOLD
Ansbach, 29. August 2017

Mit weisen Sprüchen Bildung in einigen der ärmsten Ländern der Welt ermöglichen

Wenn Ihnen einige der Zitate und weisen Sätze in diesem Buch gefallen haben, dann gibt es eine gute Gelegenheit durch das Versenden oder Verschenken von Postkarten mit diesen Sprüchen einen kleinen Beitrag zu Bildungsprojekten in Nepal und Liberia zu leisten.

Im Jahr 2008 habe ich mit lieben Menschen aus meinem Praxisteam und ein paar anderen den gemeinnützigen Verein „ARAGUA e.V. – Allgemeines Recht auf Gesundheit und Ausbildung" gegründet. Der Name ist Programm. Unser Engagement begann mit Unterstützung eines Schulprojekts in Mustang in Nepal an der Grenze zu Tibet. Wir sind seither gewachsen und fördern mehrere Bildungsprojekte in Nepal und seit 2012 auch eines in Liberia, Westafrika. Näheres unter www.aragua.de.

ARAGUA legt mit der Edition „share-the-planet" Foto-Postkarten auf – mit wenigen Ausnahmen alles Motive aus meiner Kamera, viele aus Projektbesuchen in den besagten Ländern – und Sätzen der Weisheit. Sie finden dort auch weise Sätze aus diesem Buch wieder, die zum Beispiel Kapitel einleiten oder beschließen.

Die Karten sind bestellbar über den Web-Shop unter www.aragua.de. Für die Serie „Elternbuch" gibt es einen besonderen Rabatt. Der Erlös geht voll und ganz an die Projekte. Alle im Verein sind ehrenamtlich, wenngleich hochprofessionell tätig und wir sind stolz nur etwa ein Prozent der Ausgaben für Flyer und Software aufwenden zu müssen. Jede Spende und jeder Erlös fließen also wirklich gänzlich an die Projekte.

Anhang 1

Ein Überblick über die verschiedenen angesprochenen achtsamkeitsbasierten Verfahren

Im Folgenden gebe ich einen Kurzüberblick über die verschiedenen „M-Verfahren“, das heißt, die „Mindful-… Kurse“ beziehungsweise Mindfulness-Based Interventions (MB-I), und führe Informationsquellen auf, in denen Sie nach deutschsprachigen Kursen und Lehrenden suchen können.

MBSR – Mindfulness Based Stress Reduction: Stressreduktion durch Achtsamkeit

MBSR ist quasi die Mutter aller achtsamkeitsbasierten Interventionen. Dieses effektive Anti-Stress-Programm wurde in den 1980er Jahren von Jon Kabat-Zinn in einer Schmerzklinik an der Universitätsklinik in Worcester, Massachusetts (USA) entwickelt. Es ist ein Trainingsprogramm für unseren Geist und Körper und beinhaltet meditative Übungen in Ruhe und Bewegung. MBSR schult vor allem das Wahrnehmen im Hier und Jetzt, von Moment zu Moment und ohne Wertung, vor allem ohne Selbstbewertung. Information über wissenschaftlich fundierte Ansätze aus Psychologie und Stressforschung ergänzen das Programm. MBSR bietet praktische Übungen im Umgang mit Stress, schmerzhaften Emotionen, körperlichen Schmerzen oder schwierigen Kommunikationssituationen. Zahlreiche internationale Studien belegen die gesundheitsfördernde, stressreduzierende und die Lebensqualität steigernde Wirkung von MBSR: anhaltende Verminderung von körperlichen und psychischen Symptomen, effektivere Bewältigung von Stresssituationen, erhöhte Fähigkeit zur Entspannung, wachsendes Selbstvertrauen und Akzeptanz, mehr Lebensfreude und Vitalität. Die Methode wird weltweit im Gesundheitsbereich, in pädagogischen und sozialen Einrichtungen ebenso wie in Unternehmen erfolgreich angewendet.

In Deutschland ist MBSR als Präventionsleistung akkreditiert und viele Krankenkassen gewähren Zuschüsse zur Kursgebühr. Der 8-Wochenkurs ist die übliche Form, es gibt aber auch mehrtägige Intensivkurse. Weitere Informationen und ein Überblick über aktuelle Kurse und Lehrer nach Regionen geordnet sowie auch über Ausbildungsinstitute erhalten Sie auf der Webseite des MBSR/MBCT-Verbands: www.mbsr-verband.de, in der Schweiz unter www.mbsr-verband.ch, in Österreich unter www.mbsr-verband.at.

MBCT – Mindfulness-Based Cognitive Therapy: Achtsamkeitsbasierte Kognitive Therapie

Die MBCT ist ein Therapieverfahren, das vom kanadischen Professor Zindel Segal (Toronto) und den britischen Professoren John Teasdale (Cambridge) und Mark Williams (Oxford) entwickelt wurde, um Menschen mit ein- oder mehrfach durchlebter Depression eine Methode an die Hand zu geben, die das Risiko eines Rückfalls verringert.

MBCT kombiniert die Kernelemente aus dem MBSR-Programm mit Techniken der kognitiven Verhaltenstherapie in einem 8-wöchigen Trainingsprogramm. Neben den formalen Achtsamkeitsübungen (Body Scan,

Sitzmeditation, Achtsamkeit im Gehen sowie in der Bewegung) und der Schulung der Achtsamkeit im Alltag, beinhaltet das Programm grundlegende Informationen zum Thema Depression und greift auf Übungen der kognitiven Verhaltenstherapie zurück. In Großbritannien wird das Verfahren im Gesundheitssystem als genauso effektiv zur Rückfallprophylaxe nach mehreren Episoden einer Depression eingeschätzt wie die medikamentöse Prophylaxe.

Kurse und Lehrer sind über die Seite der MBSR/MBCT-Verbände zu finden.

MSC – Mindful Self-Compassion: Achtsames Selbst-Mitgefühl

MSC ist ein evidenzbasiertes Programm, das von Kristin Neff und Christopher Germer speziell dafür entwickelt wurde, Selbstfreundlichkeit und Selbstmitgefühl zu kultivieren. Die Teilnehmer erlernen wesentliche Prinzipien und Praktiken, um schwierigen Momenten im Leben mit Güte, Fürsorge und Verständnis begegnen zu können.

Ziel ist es, die drei Kernkomponenten des Selbstmitgefühls weiter zu entwickeln:

- die Freundlichkeit mit uns selbst: Damit wir uns das geben können, was wir wirklich brauchen.
- ein Gefühl von Mitmenschlichkeit: Damit wir erleben, dass wir mit unseren Schwierigkeiten nicht allein sind.
- ein ausgeglichenes achtsames Bewusstsein: Damit wir mit mehr Leichtigkeit die Wellen des Lebens surfen können.

Selbstfreundlichkeit ist eine geistige Haltung, die widerstandsfähiger gegenüber Schaden macht; auch dem Schaden, den wir uns unwillentlich selbst zufügen, indem wir uns selbst verurteilen, uns zurückziehen und in selbstbezogenes Grübeln verfallen. Selbstmitgefühl gibt die emotionale Stärke und Widerstandsfähigkeit, um eigene Unzulänglichkeiten einzugestehen, mit Güte zu motivieren und um mit ganzem Herzen mit anderen in Beziehung zu treten sowie auf authentische Weise wir selbst zu sein. In vielen Studien haben Forscher herausgefunden, dass größeres Selbstmitgefühl mit deutlich mehr emotionalem Wohlbefinden, weniger Angst, weniger Depressionen und Stressreaktionen und einem Aufrechterhalten von gesunden Lebensweisen sowie zufriedenstellenden Beziehungen einhergeht.

Neben kurzen Vorträgen, auch zu psychologischen und neurobiologischen Hintergründen, sollen vor allem Meditationen, Selbsterfahrungs- und Achtsamkeitsübungen und ein Austausch in der Gruppe die direkte Erfahrung von Selbstmitgefühl ermöglichen. Hinzukommen Praktiken, die Selbstfreundlichkeit im Alltag entstehen lassen; zur Vertiefung gibt es Übungen für zu Hause.

MSC ist ein Kurs zur Entwicklung von Selbstfreundlichkeit, keine Therapie. Gleichwohl kann die Fertigkeit entwickelt werden, mit uns selbst auf freundlichere und mitfühlendere Art und Weise umzugehen. Es ist keine Vorerfahrung mit Achtsamkeit oder Meditation notwendig, die Kurse sind für jedermann offen.

Das klassische Format des MSC-Kurses ist ein 8-Wochenkurs mit einer Sitzung von zweieinhalb Stunden pro Woche und einem zusätzlichen längeren Übungstag in Stille. Der Intensivkurs MSC umfasst alle Inhalte des 8-Wochenkurses, wird aber als Kompaktseminar zusammenhängend in fünf Tagen abgehalten.

Einen Überblick über Kurse und Lehrer erhalten Sie länderspezifisch aufgelistet auf der Webseite des Center for MSC, unter www.centerformsc.org. Kurse sind teilweise auch über die Seite des MBSR/MBCT-Verbands zu finden: www.mbsr-verband.de.

MBCL – Mindful Based Compassionate Living: Mitfühlend leben

MBCL ist eine von Erik van den Brink und Frits Koster entwickelte achtsamkeitszentrierte Methode in Form eines 8-wöchigen Kurses, der die Entwicklung und die Erfahrung von Mitgefühl und damit die psychische und physische Gesundheit fördert. MBCL unterstützt die Teilnehmenden darin, eine freundliche und mitfühlende Haltung sich selbst und anderen gegenüber zu entwickeln. Wie im MBSR-Kurs werden Übungen praktiziert, die speziell dazu beitragen, Selbst-Mitgefühl und Mitgefühl mit anderen zu fördern. MBCL-Übungen helfen dem Einzelnen, Geborgenheit, Sicherheit, Akzeptanz und Verbundenheit mit sich selbst und anderen zu erfahren. Im Kurs werden theoretische Grundlagen vermittelt sowie Möglichkeiten erarbeitet, die Qualität von Mitgefühl im Alltag zu verankern. Ein weiteres Schwerpunktthema ist der mitfühlende Umgang mit schwierigen Gefühlen und herausfordernden Lebenssituationen. So hilft MBCL auch beim Umgang mit Depressionen, Ängsten, körperlichen Krankheiten, chronischen Schmerzen oder traumatischen Erfahrungen.

Die Teilnahme an einem MBCL-Kurs eignet sich vor allem für Interessenten, die schon eine Achtsamkeitspraxis etabliert haben, zum Beispiel als Aufbau- beziehungsweise Vertiefungskurs nach dem Besuch eines MBSR-Kurses. Es kann auch als Ergänzung und Vertiefung mit teilweisen Wiederholungen nach einem MSC-Kurs genutzt werden. Zwischen MSC und MBCL gibt es Ähnlichkeiten und einige Überschneidungen. Der Schwerpunkt liegt beim MBCL etwas mehr auf dem Mitgefühl und beim MSC mehr beim Selbstmitgefühl. MBCL besteht ebenfalls aus acht Einheiten von jeweils zweieinhalb Stunden und einem halben Tag der Stille.

Mehr Information zu MBCL erhalten Sie bei Frits Koster, unter: www.compassionateliving.info. Kurse finden Sie auch auf der Seite des MBSR/MBCT-Verbands: www.mbsr-verband.de.

PNT – Achtsames Kultivieren des Positiven: „Positives Neuroplastizitäts-Training" nach Rick Hanson

Neurowissenschaftliche Erkenntnisse bestätigen: Was wir erfahren, denken und fühlen, hat Einfluss auf die Vernetzung und Struktur in unserem Gehirn. Wir können das Gehirn positiv beeinflussen und damit formen. Einfach nur gute Erfahrungen machen reicht aber nicht aus. Sie fließen oft durch unser Gehirn wie durch ein Sieb. Der Neuropsychologe Rick Hanson hat Übungen und Meditationen entwickelt, mit denen wir dafür sorgen können, dass wir gute Erfahrungen wirklich in uns aufnehmen und kultivieren können und damit sogar alte negative Erfahrungen ersetzen. Dies geschieht auf Basis neurowissenschaftlicher Erkenntnisse darüber, wie die Funktion unseres Gehirns aus seiner langen evolutionären Vorgeschichte geprägt ist, und wie wir heute positive Veränderungen für unser Leben in der modernen Welt bewirken können.

PNT beginnt mit dem „HEAL-Prinzip". Dies beinhaltet das bewusste Erleben, Anreichern und Absorbieren von positiven Erfahrungen sowie das Verschmelzen mit möglichen bestehenden negativen Erfahrungen, was oft eine heilende Wirkung hat. In der zweiten Hälfte des Kurses wird, angelehnt an die drei Regulationssysteme der Emotionen und Motivationen, gezielt das Kultivieren von Stärken und Ressourcen vertieft, um mehr innere Sicherheit, Zufriedenheit und mehr Verbundenheit entstehen zu lassen. Die Stärkung eines anpassungsfähigen Modus unserer Antriebssysteme hilft später gegen Angst, Getriebenheit und ist eine echte Vorbeugung gegen „Burn-Out" und Grübel-Kreisläufe. Innere Stärken werden bewusst für die eigene Entfaltung weiterentwickelt.

Das volle PNT-Kursprogramm besteht aus sechs Abenden oder einem entsprechenden Blockkursformat über zwei bis drei Tage. Es sind keine Vorkenntnisse notwendig, der Kurs und die Workshops können auch ohne Erfahrung mit Meditation oder Achtsamkeitspraxis besucht werden.

Mindful Parenting: Achtsamkeit und Selbstfürsorge für Eltern

Mindful Parenting wird oft als Überbegriff für Achtsamkeit in der Elternschaft benutzt. Es ist aber auch der Name eines Kursprogrammes für Eltern: Mindful Parenting ist eine besondere Anwendungsform des Achtsamkeitstrainings (nahe an MBSR/MBCT) und wurde von Susan Bögels und Kathleen Restifo für Menschen entwickelt, die unter elterlichen Stressbelastungen leiden. Mindful Parenting ist von beiden in den Niederlanden sowohl im klinischen Kontext als auch in der offenen präventiven Arbeit mit Eltern eingesetzt und regelmäßig in wissenschaftlichen Studien evaluiert worden. Es hat erwiesenermaßen tiefgreifende und nachhaltige positive Wirkungen auf elterliches Stresserleben, das eigene Wohlbefinden und das der Kinder sowie auf die elterliche Kooperation in der Erziehung (Co-Parenting). Es ist auch geeignet für Eltern, deren Kinder Verhaltensauffälligkeiten zeigen oder psychische Probleme haben, oder für den Fall, dass Eltern sich in ihrem Elternsein und ihren Erziehungskompetenzen beeinträchtigt fühlen, etwa durch ungewöhnliche Lebensereignisse oder Erkrankungen. In Studien zu Mindful Parenting konnte auch hier eine positive Wirkung für Eltern und Kinder festgestellt werden.

Das Mindful Parenting-Programm wurde für Gruppen von jeweils 10 bis 16 Müttern und Vätern entwickelt und besteht aus acht Sitzungen über zweieinhalb Stunden sowie einem zusätzlichen Übungstag über vier Stunden. Besonders bereichernd ist die Teilnahme als Elternpaar. Neben kurzen Vorträgen, auch zu psychologischen und neurobiologischen Hintergründen, sollen vor allem Meditationen, Selbsterfahrungs- und Achtsamkeitsübungen und der Austausch in der Gruppe die direkte Erfahrung ermöglichen. Zudem werden Praktiken eingeübt, die Achtsamkeit und Selbstfürsorge im Alltag entstehen lassen. Zur Vertiefung gibt es Übungen für zu Hause. Wichtig ist der Austausch in der Kurs-Gruppe über die Erfahrungen als Eltern und die Erfahrungen mit den Übungen und Meditationen.

Im Moment gibt es noch keine deutschsprachige Webseite, die Kurse übersichtlich aufführt. Besuchen Sie für Hinweise gerne *www.we-mind.life.*

MYmind: ein Achtsamkeitstraining um das AD(H)S

MYmind ist eine Erweiterung des Ansatzes von Mindful Parenting von Susan Bögels und speziell für den klinischen Einsatz bei Kindern und Jugendlichen mit AD(H)S oder Autismus-Spektrum-Störungen erprobt und in Studien evaluiert. Wie Forscher belegen konnten, nehmen Symptome bei Kindern mit ADHS oder Autismus-Spektrum sowie Symptome und Stressreaktionen bei den Eltern ab, die elterlichen Zusammenarbeit und das Familienklima verändern sich positiv. Die Veränderungen halten auch über das Training hinaus an, unter der Voraussetzung, dass die Beteiligten weiterhin aktiv die gelernten Ressourcen nutzen.

Generell geht es beim Achtsamkeitstraining nicht darum, dass Kinder ewig stillsitzen sollen. Achtsamkeit wird altersgemäß vermittelt, so dass es Spaß macht. Die Übungen und kurzen Meditationen schulen die Eigenwahrnehmung, Körperwahrnehmung und die Selbststeuerung, und trainieren eine geringere Ablenkbarkeit. In der Gruppe wird auch vermittelt, wie es geht, sich positiv mit der „Ausrüstung“ AD(H)S in der Welt zu bewegen.

Auch die Eltern erlernen und üben Achtsamkeit in Meditationen und Körperwahrnehmungsübungen. Dazu kommt der Erfahrungsaustausch über ADHS/Autismus, Wissensvermittlung über Stress und Stressreaktionen sowie zu Selbstfreundlichkeit und Selbststeuerung. Eine intensive Wirkung für die ganze Familie und den Alltag lässt sich durch Übungen für zu Hause erreichen. Zusätzlich gibt es gemeinsame Aufgaben; Kinder und Eltern bekommen jeweils ein Materialheft dazu ausgehändigt.

Das Achtsamkeitstraining nach MYmind findet in einer Gruppe von sechs Kindern/Jugendlichen statt, die von zwei erfahrenen Therapeuten und ausgebildeten MYmind-Trainern geleitet wird. Des Weiteren nimmt verbindlich mindestens ein Elternteil (Noch besser ist es, wenn beide Eltern teilnehmen.) an der Trainingsgruppe für die Eltern teil.

Im Moment gibt es noch keine deutschsprachige Webseite, die Kurse übersichtlich aufführt. Besuchen Sie für weitere Hinweise gerne *www.we-mind.life.*

MCPAR – Mindful Compassionate Parenting: Elternschaft mit Achtsamkeit und Selbstmitgefühl

MCPAR ist eine neue Anwendungsform achtsamkeitsbasierter und selbstmitgefühlsorientierter Übungen und Meditationen speziell für Eltern. Aus den Wurzeln des MBSR/MSC/MBCL, des Mindful Parenting und PNT habe ich einen Kurs im klassischen Format des 8-Wochenkurses entwickelt, der Eltern in ihrem Familienalltag unterstützen soll. Ziel ist Selbstfreundlichkeit und Selbstmitgefühl, Selbstvertrauen und Selbststeuerung zu kultivieren sowie Abhilfe gegen Optimierungsfallen zu schaffen und die eigenen positiven Ressourcen zu stärken und anzureichern.

Dabei nutze ich bekannte Übungen und Meditationen sowie neu entworfene Praktiken. Der theoretische Hintergrund wird im vorliegenden Buch dargestellt und insbesondere im Kursablaufplan und im ergänzenden Videokurs EMAUS ersichtlich. Hinweise auf 8-Wochenkurse, das Sonderformat „Drei Samstage“ und Intensivseminare sowie Familien-Retreats finden Sie unter *www.we-mind.life.* Dort sind ebenfalls Multiplikatorenschulungen für Interessierte an der Arbeit mit Eltern auf der Basis von Achtsamkeit und Selbstmitgefühl aufgeführt.

Mit Kindern wachsen: Der Elternkompass

Dieser etablierte und über lange Jahre verfeinerte Kurs wurde von Lienhard Valentin unter Mithilfe von Katharina Martin konzipiert. Wie der Name: „Elternkompass“ schon andeutet, geht es vor allem darum, eine neue Ausrichtung im Leben mit Kindern zu finden. Genauer gesagt, um die Vermittlung von Qualitäten und Kompetenzen, die Eltern dabei unterstützen ihren eigenen Weg zu finden sowie eine innere Haltung zu kultivieren, die es Kindern erlaubt im Einklang mit sich selbst aufzuwachsen. Dabei handelt es sich um Qualitäten wie Präsenz, Einfühlungsvermögen, Empathie, Mitgefühl, Mitfreude, Intuition, achtsame Kommunikation, aber auch Möglichkeiten der Selbstfürsorge, wie achtsames Selbstmitgefühl, Stressbewältigung, Emotionsregulation und Gelassenheit sowie ein Grundverständnis von kindlichen Entwicklungsprozessen und Bedingungen für eine harmonische Beziehung und sichere Bindung. Die Kursstruktur sieht insgesamt sieben Abende und einen Achtsamkeitstag vor. Der siebte Abend folgt etwa zwei bis drei Monate nach dem eigentlichen Kurs (sechs Abende) und dient dazu, offene Fragen zu klären und die Eltern dabei zu unterstützen, ihre Kinder auch über den Kurs hinaus achtsam und einfühlsam ins Leben zu begleiten – mit ihnen zu wachsen.

Mehr zu Kursen, Lehrern und einer Basisausbildung zur Leitung von Mit-Kindern-wachsen-Elternkompass-Kursen erfahren Sie unter:

www.arbor-seminare.de.

Überblick zu Lehrern und Kursanbietern im Bereich der achtsamkeitsbasierten Interventionen

Einzelne Ausbildungsinstitute, wie zum Beispiel das Institut für Achtsamkeit (IAS) oder Arbor-Seminare bieten Listen mit regionaler Suchfunktion. Alle Lehrer für achtsamkeitsbasierte Interventionen können sich dort mit ihren Angeboten eintragen: www.institut-fuer-achtsamkeit.de und www.arbor-seminare.de (Andere Institute listen nur die selbst ausgebildeten LehrerInnen auf. Sie finden sich auf der MBSR-Verbandseite). Es gibt inzwischen eine große Zahl weiterer Spezialanwendungen der Mindfulness-Based Interventionen (MB-I), die ich nicht alle auflisten kann. Speziell für Eltern und werdende Eltern könnte das **MBCP – Mindfulness-Based Childbirth and Parenting:** Geburtsvorbereitung mit Achtsamkeit (MBCP) nach Nancy Bardacke interessant sein. Im psychotherapeutischen Kontext ist auf **CFT – Compassion Focused Therapy:** Die Mitgefühlsbasierte Psychotherapie nach Paul Gilbert hinzuweisen. **DBT – Dialektisch Behaviorale Therapie** und **ACT – Acceptance and Commitment Therapy** nutzen beide ebenfalls achtsamkeitsbasierte Ansätze.

Achtsamkeitstrainings mit Kindern: Kurse und Ausbildungen

AmiKi: Basisausbildung „Achtsamkeit mit Kindern" (AmiKi) unter www.arbor-seminare.de

Achtsamkeit und Mitgefühl mit Kindern: Der Klang der Stille unter www.institut-fuer-achtsamkeit.de

Making Friends with Yourself: Selbstmitgefühlstraining für Teens unter www.mindfulselfcompassionforteens.com

Sitzen wie ein Frosch: Achtsamkeit für Kinder unter www.elinesnel.com

Anhang 2

Die wissenschaftliche Sicht auf Achtsamkeit und Selbstmitgefühl in der Elternschaft

Für alle, die gerne Zahlen und Hinweise auf Studien haben.

Die Datenlage zur positiven Auswirkung von Achtsamkeit ist zwischenzeitlich immens. Dr. Nils Altner stellt auf seiner Website regelmäßig einen schönen und verständlichen Überblick zur Verfügung: www.achtsamkeit.com/forschung.htm.

Ebenso ist die Zahl der Studien zu positiven Auswirkungen von Selbstmitgefühl in den vergangenen zehn Jahren sprunghaft angestiegen. Einen umfassenden Überblick bietet Kristin Neff auf ihrer Webseite www.self-compassion.org an; bereits geordnet nach Themengebieten und mit vielen PDF der Originalartikel.

Zur Anwendung von Achtsamkeit in der Elternschaft gibt es schon weniger, obwohl das Thema von Jon und Myla Kabat-Zinn schon vor 20 Jahren in ihrem Buch „Everyday Blessings: The Inner Work of Mindful Parenting" aufgegriffen wurde. In einer von den beiden aktuell überarbeiteten Ausgabe von 2015 liegt das Buch inzwischen auf Deutsch vor: „Mit Kindern wachsen – Die Praxis der Achtsamkeit in der Familie."

Zum Thema Selbstmitgefühl für Eltern gibt es noch weniger.

Studien, vor allem in den USA, zeigen immer wieder die positiven Effekte einer an Achtsamkeit orientierten Elternschaft. Einige davon belegen, dass selbst ein einmaliges Achtsamkeitstraining bei Erwachsenen zu Veränderungen in der Familie und im Elternsein führt.* Öfter wird jedoch darauf hingewiesen, dass es einen Unterschied gibt zwischen allgemeiner Praxis der Achtsamkeit und „Mindful Parenting", der Achtsamkeit in der Elternschaft.

Auszugweise will ich hier für die Wissenschaftsinteressierten einige spannende Studien vorstellen, die neben den belegten Auswirkungen der Achtsamkeit und des Selbstmitgefühls auf uns als Eltern auch die positiven Auswirkungen auf die Kinder untersucht haben. Dabei soll insbesondere der Zusammenhang zwischen „Mindful Parenting" und Selbstmitgefühl im Mittelpunkt stehen.

In den Niederlanden konnte Susan Bögels in Studien wiederholt zeigen, dass ein 8-wöchiges Training in „Mindful Parenting" signifikant zur Verringerung der Stresssymptome bei den Eltern führt, zu einer Verringerung an auffälligem Verhalten bei den Kindern und zu einer Zunahme der Elternkompetenz sowie verbesserter Kooperation zwischen den Elternteilen.** Diese Effekte überdauern das Training und nehmen noch zu (vorausgesetzt Achtsamkeit wird weiterhin praktiziert). Bögels belegt damit, dass mit vermehrter allgemeiner Achtsamkeit die Psychopathologie der Eltern abnimmt.

Zu einem ähnlichen Ergebnis kamen Forscher, die Susan Bögels „Mindful Parenting"-Kurs in Familien mit psychiatrisch auffälligen Kindern und Familien mit Kindern ohne entsprechende Diagnose durchgeführt haben: **Abnahme** von elterlichem Stress, elterlicher Überreaktivität

---

* Webseite von Kristen Race: https://mindfullifetoday.com/

** Bögels, S., Hellemans, J., van Deursen, S. et al., *Mindful Parenting in Mental Health Care: Effects on Parental and Child Psychopathology, Parental Stress, Coparenting and Marital Functioning.* In: Mindfulness 2014 (5), S. 536–551. Meppelink, R. et. al., *Mindful Parenting Training in Child Psychiatric Settings: Heightened Parental Mindfulness Reduces Parents' and Children's Psychopathology.* In: Mindfulness 2016 (3), 680–689.

und Psychopathologie der Kinder (wobei die Kinder mit Diagnosen die höheren Eingangswerte hatten); **Zunahme** von Mindful Parenting, „Well being“ bei Eltern und Kindern.*

Eine weitere aktuelle Studie, die zeigt, dass es einen Unterschied macht, ob Eltern einfach erfahren in Achtsamkeitspraktiken sind oder ob sie ein „Mindful Parenting“ betreiben, wurde an der University von Vermont durchgeführt.** Über 600 Eltern mit jeweils einem ihrer Kinder im Alter zwischen 3 und 17 Jahren wurden auf ihre allgemeine Achtsamkeit (zum Beispiel achtsam in Alltagssituationen und Interaktionen) und auf ihre achtsame Erziehungshaltung (dem Kind zugewandt, nicht beurteilend, weniger automatisch-reaktiv) untersucht. Zudem wurde das Reaktionsmuster der Kinder („coping styles“) in schwierigen Situationen erfragt (ängstlich, depressiv, ausagierend). Die „Mindful Parenting“-Eltern agierten dabei deutlich mehr aus einer positiven Elternhaltung (wie bedingungslose Liebe schenken und Grenzen setzen) heraus und weniger negativ (wie Überreagieren und heftige Strafen). Dies korrelierte mit eher wünschenswertem Verhalten der Kinder und weniger Angst, Depression oder Ausagieren.

Interessanterweise zeigte sich in der Elterngruppe, die hinsichtlich allgemeiner Achtsamkeit als sehr gut eingestuft wurde, keine Erhöhung der positiven Verhaltensweisen der Kinder. Dies könnte darauf hindeuten, dass die eigene Achtsamkeitspraxis und achtsame Elternschaft doch etwas Unterschiedliches sein könnte.

Die Autoren um Justin Parent vermuten, dass eine persönliche Achtsamkeitspraxis eigene allgemeine Stressreaktionen positiv beeinflusst, aber vielleicht in der aufgeladenen Eltern-Kind-Interaktion nicht so anwendbar ist. Verhaltensmuster, die sich in der Familie eingespielt haben, könnten emotional viel tiefer eingegraben und schwerer zu ändern sein. Es werden drei entscheidende Faktoren für die achtsame Elternschaft von den Autoren vorgeschlagen:

---

* Studie in Vorbereitung, mündliche Auskunft von Susan Bögels, 2016.

** Parent, J. et al., *The Association of Parent Mindfulness with Parenting and Youth Psychopathology Across Three Developmental Stages.* In: Journal Abnorm Child Psychol 2016 (1), S. 191–202.

1. die Wahrnehmung der eigenen Gefühle, wenn in einen Konflikt mit dem Kind verwickelt,
2. das Erlernen des Innehaltens vor dem Ausagieren der automatischen Reaktionen im Ärger und
3. aufmerksam der Meinung und Perspektive des Kindes zuhören können, auch wenn man eine andere Meinung dazu hat.

In einer Studie von Caitlin Turpyn und Tara Chaplin von der George Mason University wurden Eltern bei einem Gespräch mit ihrem 12 bis 14 Jahre alten Kind über ein konfliktbehaftetes Thema direkt beobachtet. Dabei wurde analysiert, wie sie ihre positiven und negativen Emotionen zeigen und wie sie positive Emotionen mit ihrem Kind teilen. Zusätzlich wurden Daten der Jugendlichen unter anderem zu Drogengebrauch gesammelt.

Ergebnis: Eltern mit höheren „Mindful Parenting"-Werten zeigten weniger negative Emotionen und teilten mehr positive Emotionen mit ihren Kindern. Des Weiteren konnte eine Korrelation von „positive Emotionen teilen" zu weniger Drogengebrauch bei den Kindern aufgezeigt werden. Aus Sicht der Autoren gibt es Hinweise, dass „Mindful Parenting" hilfreich gegen Risikoverhalten bei Heranwachsenden sein kann und dass es dabei weniger auf „positive" Stimmung, sondern auf echte Resonanz ankommt.*

Hauptwirkfaktor für das Wohlbefinden von Kindern ist die Selbstakzeptanz der Eltern. Das haben unter anderem Forscher an der Radboud-Universität in Nijmegen herausgefunden.** Sie untersuchten 901 holländische Jugendliche und deren Eltern mit Augenmerk auf Depression und Angststörungen bei den Jugendlichen sowie Erziehungshaltung „Mindful Parenting" bei den Eltern. *Mit „Mindful Parenting" ist hier aus*

---

* Turpyn, C. und Chaplin T., *Mindful Parenting and Parents' Emotion Expression: Effects on Adolescent Risk Behaviors.* In: Mindfulness, 2016 (1), S. 246–254.

** Geurtzen, N. et al., *Association Between Mindful Parenting and Adolescents' Internalizing Problems: Non-judgmental Acceptance of Parenting as Core Element.* In: Journal Child Fam Stud, 2015, (4), S. 1117–1128.

Sicht der Autoren gemeint: dem Kind mit ganzer Präsenz und Aufmerksamkeit zuhören, das Gewahrsein der eigenen Gefühle und der Gefühle des Kindes ohne zu beurteilen, in stressgeladenen Situationen nicht überreaktiv handeln.

Der einzige wesentliche Faktor des „Mindful Parenting", der mit dem Wohlbefinden der Jugendlichen assoziiert ist, scheint aber die Akzeptanz der eigenen elterlichen Kompetenz zu sein. Das heißt, Jugendliche, deren Eltern sich weniger selbst verurteilen, leiden weniger unter Angststörungen und Depressionen.

Weitere Untersuchungen von „Mindful Parenting" und mütterlich ängstlich-vermeidender Haltung laut Bindungstheorie betonen die vermittelnde Rolle des Selbstmitgefühls.* So haben Untersuchungen portugiesischer Forscher der Universität Coimbra ergeben, dass:

- höhere Werte für einen vermeidenden Bindungsstil direkt assoziiert sind mit niedrigen Werten für „Mindful Parenting", während höhere Werte für einen ängstlichen Bindungsstil indirekt assoziiert sind mit niedrigeren Werten für „Mindful Parenting" (durch niedrige Werte an Selbstmitgefühl).
- es Müttern, die mehr Selbstmitgefühl aufzeigen, leichter fiel eine Haltung der Achtsamkeit in der Mutter-Kind-Beziehung einzunehmen.
- Eltern, die Konflikte mit achtsamer Haltung lösen, von Übungen zur Stärkung des Selbstmitgefühls profitieren und das Selbstmitgefühl generell wichtig ist für Eltern mit unsicherem Bindungsstil.

Die Autoren zitieren zudem ein theoretisches Modell von Duncan, der fünf Dimensionen des „Mindful Parenting" abgrenzt, die aber untereinander verknüpft sind:

1. Mit ganzer Aufmerksamkeit dem Kind zuhören
2. Eine Haltung des Nicht-Bewertens gegenüber sich selbst und dem Kind einnehmen

---

* Moreira H. et al., *Exploring the link between maternal attachment-related anxiety and avoidance and mindful parenting: The mediating role of self-compassion.* In: Psychol Psychother Theory Res Pract, 2016 (89), S. 369–384.

3. Eine emotionale Bewusstheit sich und dem Kind gegenüber entwickeln
4. Selbstregulation in der Elternschaft
5. Mitgefühl für sich selbst als Eltern und für das Kind

Auch bei Eltern mit Depressionen zeigte sich eine positive Wirkung des Selbstmitgefühls.*

---

* Psychogiou, L. et al., *Self-Compassion and Parenting in Mothers and Fathers with Depression.* In: Mindfulness, 2016 (4), S. 896–908.

Anhang 3

Kleine, nicht repräsentative Umfrage unter jungen und nicht mehr ganz jungen Eltern im privaten Umfeld

Nennen Sie 10 Punkte, die bereichernd oder beglückend sind am Elternsein!

Nennen Sie 10 Punkte, die schwierig sind oder Ihnen Sorgen bereiten am Elternsein!

Bereichernd und beglückend (fünf Oberthemen, die am meisten genannt wurden):

- ❑ das Wachsen und Entwickeln der Kinder sehen
- ❑ eine Familie sein und Verbundenheit spüren
- ❑ das Lachen eines Kindes
- ❑ die Welt mit den Augen des Kindes sehen und spielen zu können
- ❑ bedingungslose Liebe spüren

Darüber hinaus wurden weitere, schöne Facetten am Elternsein genannt, wie:

- ❑ unendlich viele kleine Augenblicke im Alltag
- ❑ kleine Hände, die sich zum Festhalten in die eigene Hand schmiegen
- ❑ Blicke
- ❑ ein schlafendes Kind
- ❑ ein selbstgepflückter Blumenstrauß
- ❑ wach geküsst werden
- ❑ umarmt werden
- ❑ selbsterfundene Aufführungen
- ❑ Formulierungen, zum Beispiel „Du bist die/der tollste Mama/ Papa“, hören
- ❑ wenn sie zu Besuch kommen und sich freuen, dass sie da sein können
- ❑ ein Anruf, um einen Rat einzuholen
- ❑ zu spüren, wenn sie glücklich sind,
- ❑ sich selbst gespiegelt bekommen
- ❑ Zeit und Vergänglichkeit intensiver wahrnehmen
- ❑ den Kindern Dinge zeigen und Wissen weitergeben können
- ❑ gemeinsames Aushalten von „Verletzungen“
- ❑ präsenter sein und viel mehr in der Gegenwart leben
- ❑ Verantwortung übernehmen
- ❑ Selbstlosigkeit

Beängstigend, bereitet Sorgen (Die Antworten waren individueller, die Bandbreite daher größer. Gehäuft kamen folgende Oberthemen vor.):

- ❏ Angst zu haben, dass den Kindern etwas zustößt (schlimme Krankheit, Tod Gewalt); nicht helfen können, wenn das Kind leidet oder in Not ist; Kontrolle abgeben
- ❏ die ungewisse Lage der Welt, der Gesellschaft, der Natur
- ❏ Zeit finden für Partnerschaft/sich selbst/Freunde, Berufstätigkeit und Familie gleichermaßen gerecht werden; Gehetztsein
- ❏ Schule und das Schulsystem
- ❏ Umgang mit digitalen Medien

Auch hier war das Genannte nur ein Ausschnitt. Weitere Beispiele im Folgenden:

- ❏ die Kinder irgendwann ziehen lassen
- ❏ die Kinder vor vielem nicht beschützen können
- ❏ die Abwesenheit von „Kinderbanden" und Entwicklungsräumen
- ❏ mit eigenen Aggressionen, Impulsen umgehen
- ❏ Grenzen setzen
- ❏ Nein sagen
- ❏ immer verantwortlich sein – ein 24-Stunden-Job
- ❏ die Kids „machen" Dreck, Wäscheberge und Unordnung
- ❏ den Kindern Raum zur Entfaltung zu lassen und gleichzeitig Halt und Struktur zu geben; zu fördern ohne zu überfordern
- ❏ wenn ich zornig bin auf mein Kind und das Gefühl habe, das ist jetzt ungerecht
- ❏ das schlechte Gewissen; das Gefühl als Eltern zu viel falsch zu machen.

Anhang 4

Verzeichnis der Übungen

Bibliografie

Im Folgenden finden Sie die Bücher aufgelistet, die ich als Basis meiner Recherchen genutzt habe. Zu Beginn aber

Meine ganz persönlichen Favoriten

Neff K. Selbstmitgefühl. Wie wir uns mit unseren Schwächen versöhnen und uns selbst der beste Freund werden. München: Kailash; 2012

Germer C. Der achtsame Weg zum Selbstmitgefühl. Freiburg: Arbor; 2015

Van den Brink E, Koster F. Mitfühlend leben. Mit Selbst-Mitgefühl und Achtsamkeit die seelische Gesundheit stärken, Mindfulness-Based Compassionate Living – MBCL. München: Kösel-Verlag; 2013

Hanson R. Denken wie ein Buddha. Gelassenheit und innere Stärke durch Achtsamkeit – Wie wir unser Gehirn positiv verändern. München: Irisiana; 2013

Baraz J, Soshana A. Freude. München: Nymphenburger; 2011

Gilbert P. Wie wir Mitgefühl nutzen können, um Glück und Selbstakzeptanz zu entwickeln und es uns wohl sein zu lassen. Freiburg: Arbor; 2011

Seligmann M. Wie wir aufblühen. Die fünf Säulen des persönlichen Wohlbefindens. München: Goldmann; 2015

Kabat-Zinn J. Gesund durch Meditation. Das große Buch der Selbstheilung, München: Knaur; 2013

Valentin L, Kunze P. Die Kunst, gelassen zu erziehen. Achtsamkeit im Leben mit Kindern. Freiburg: Arbor; 2015

Bögels S, Restifo K. Mindful Parenting – Achtsamkeit und Selbstfürsorge für Eltern. Freiburg: Arbor; 2014

Precht RD. Anna, die Schule und der liebe Gott: Der Verrat des Bildungssystems an unseren Kindern. München: Goldmann; 2014

Literatur

Altner N. Achtsam mit Kindern leben: Wie wir uns die Freude am lernen erhalten. Ein Entdeckungsbuch. München: Kösel-Verlag; 2009

Altner N. Achtsamkeit im Kindergarten: Wie das Miteinander gelingt. Weinheim: Beltz; 2012

Anderssen-Reuster U. Achtsamkeit in Psychotherapie und Psychosomatik: Haltung und Methode. Stuttgart: Schattauer; 2011

André C et. al. Wer sich verändert, verändert die Welt. München: Kösel-Verlag; 2014

Ariès P. Geschichte der Kindheit. München: dtv; 1998

Baraz J, Soshana A. Freude. München: Nymphenburger; 2011

Baraz J, Lilyanna M. Awakening Joy for Kids: A hands-on guide for grown-ups to nourish themselves and raise mindful, happy children. Berkeley: Parallax Press; 2016

Bögels S, Restifo K. Mindful Parenting – Achtsamkeit und Selbstfürsorge für Eltern. Freiburg: Arbor; 2014

Brähler C. Selbstmitgefühl entwickeln: Liebevoller werden mit sich selbst (Achtsam leben). München: Scorpio; 2015

Chödrön P. Den Sprung wagen: Wie wir uns von destruktiven Gewohnheiten und Ängsten befreien. München: Goldmann; 2012

DeMause L. Hört ihr die Kinder weinen: Eine psychogenetische Geschichte der Kindheit. Berlin: Suhrkamp; 1980

Dweck C. Selbstbild: Wie unser Denken Erfolge oder Niederlagen bewirkt. München: Piper; 2017

Esch T, Esch SM. Stressbewältigung: Mind-Body-Medizin, Achtsamkeit, Selbstfürsorge. Berlin: MWV; 2015

Fredrickson B. Die Macht der Liebe: Ein neuer Blick auf das größte Gefühl. Frankfurt: Campus; 2014

Furedi F. Die Elternparanoia: Warum Kinder mutige Eltern brauchen, Frankfurt: Eichborn; 2002

Germer C, Siegel R, Fulton P. Achtsamkeit in der Psychotherapie. Freiburg: Arbor; 2009

Germer C, Siegel R. Weisheit und Mitgefühl in der Psychotherapie: Achtsame Wege zur Vertiefung der therapeutischen Praxis. Freiburg: Arbor; 2014

Germer C. Der achtsame Weg zum Selbstmitgefühl. Freiburg: Arbor; 2015

Germer C, Neff K. Mindful Self-Compassion Teacher Guide 2016 (Nur in der MSC-Lehrerausbildung erhältlich.)

Gilbert P. Wie wir Mitgefühl nutzen können, um Glück und Selbstakzeptanz zu entwickeln und es uns wohl sein zu lassen, Freiburg: Arbor; 2011

Gilbert P. Compassion Focused Therapy. Paderborn: Junfermann; 2013

Gilbert P. Choden. Achtsames Mitgefühl. Ein kraftvoller Weg, das Leben zu verwandeln. Freiburg: Arbor; 2014

Grille R. Kinder zeigen, was sie brauchen: Wie Eltern ihre Kinder einfühlsam ins Leben begleiten können. Freiburg: Arbor; 2016

Hanson R. Das Gehirn eines Buddha: Die angewandte Neurowissenschaft von Glück. Liebe und Weisheit. Freiburg: Arbor; 2010

Hanson R. Denken wie ein Buddha. Gelassenheit und innere Stärke durch Achtsamkeit, München: Irisiana; 2013

Harari YN. Eine kurze Geschichte der Menschheit. München: Pantheon; 2015

Hölzel B, Brähler C. Achtsamkeit mitten im Leben: Anwendungsgebiete und wissenschaftliche Perspektiven. München: München: O.W. Barth; 2015

Hughes D, Baylin J. Das einfühlsame Elterngehirn: Wege zu einer harmonischen Eltern-Kind-Beziehung. Freiburg: Arbor; 2013

Hüther G, Spannbauer C. Connectedness: Warum wir ein neues Weltbild brauchen. Mannheim: Huber; 2012

Jacob G. Andere Wege gehen: Lebensmuster verstehen und verändern – ein schematherapeutisches Selbsthilfebuch. Weinheim: Beltz; 2011

Jensen H. et al. Hellwach und ganz bei sich: Achtsamkeit und Empathie in der Schule. Weinheim: Beltz; 2017

Juul J. 5 Grundsteine für die Familie: Wie Erziehung funktioniert. München: Kösel-Verlag; 2015

Juul J. Liebende bleiben: Familie braucht Eltern, die mehr an sich denken. Weinheim: Beltz; 2017

Kabat-Zinn J. Gesund durch Meditation: Das große Buch der Selbstheilung. München: Knaur; 2013

Kabat-Zinn J. Achtsamkeit für Anfänger. Freiburg: Arbor; 2013

Kabat-Zinn M, Kabat-Zinn J. Mit Kindern wachsen: Die Praxis der Achtsamkeit in der Familie. Freiburg: Arbor; 2015

Kabat-Zinn J. Im Alltag Ruhe finden: Meditationen für ein gelassenes Leben. München: Knaur; 2015

Kahnemann D. Schnelles Denken, langsames Denken. München: Penguin; 2016

Kaiser Greenland S. Mindful Games: Sharing Mindfulness and Meditation with children, teens and families, Boulder: Shambhala; 2016

Kaiser Greenland S. Wache Kinder: Wie wir unseren Kindern helfen, mit Stress umzugehen und Glück, Freude und Mitgefühl zu erleben. Freiburg: Arbor; 2011

Knuf A. Ruhe da oben!: Der Weg zu einem gelassenen Geist. Freiburg: Arbor; 2010

Knuf A. Sei nicht so hart zu dir selbst: Selbstmitgefühl in guten und in miesen Zeiten. München: Kösel-Verlag; 2016

Kohn A, Kolarik C. Liebe und Eigenständigkeit: Die Kunst bedingungsloser Elternschaft, jenseits von Belohnung und Bestrafung. Freiburg: Arbor; 2010

Kohn A. Der Mythos des verwöhnten Kindes: Erziehungslügen unter die Lupe genommen. Weinheim: Beltz; 2015

Kolts R. Schließe Freundschaft mit deiner Wut: Wie Achtsamkeit und Mitgefühl dabei helfen können, besser mit Ärger und Wut umzugehen. Freiburg: Arbor; 2014

Kornfield J. Das weise Herz: Die universellen Prinzipien buddhistischer Psychologie. München: Arkana; 2008

Koster F. Liberating Insight: Introduction to Buddhist Psychology and Insight Meditation. Chiang Mai: Silkworm Books; 2004

Kramer G. Einsichts-Dialog: Weisheit und Mitgefühl durch Meditation im Dialog. Freiburg: Arbor; 2009

Lehrhaupt L, Meibert P. Stress bewältigen mit Achtsamkeit: Zu innerer Ruhe kommen durch MBSR – Mindfulness-Based Stress Reduction. München: Kösel-Verlag; 2010

Lehrhaupt L. Die Wellen des Lebens reiten: Mit Achtsamkeit zu innerer Balance. München: Kösel-Verlag; 2012

Lütz M. Irre! – Wir behandeln die Falschen: Unser Problem sind die Normalen, München: Goldmann; 2011

Mattejat F. Nicht von schlechten Eltern: Kinder psychisch Kranker, Köln: Balance; 2013

Meibert P. Der Weg aus dem Grübelkarussell: Achtsamkeitstraining bei Depression, Ängsten und negativen Selbstgesprächen. Das MBCT-Buch, München: Kösel-Verlag; 2014

Neff K. Selbstmitgefühl: Wie wir uns mit unseren Schwächen versöhnen und uns selbst der beste Freund werden. München: Kailash; 2012

Ott U. Meditation für Skeptiker: Ein Neurowissenschaftler erklärt den Weg zum Selbst. München: Droemer; 2015

Potreck-Rose F, Jacob G. Selbstzuwendung, Selbstakzeptanz, Selbstvertrauen: Psychotherapeutische Interventionen zum Aufbau von Selbstwertgefühl. Stuttgart: Klett-Cotta; 2016

Powell B et. al. Der Kreis der Sicherheit: Die klinische Nutzung der Bindungstheorie. Lichtenau: G.P. Probst; 2015

Precht RD. Anna, die Schule und der liebe Gott: Der Verrat des Bildungssystems an unseren Kindern. München: Goldmann; 2014

Race K. Mindful Parenting. New York: St. Martin's Press; 2013

Rechtschaffen D. Die achtsame Schule: Achtsamkeit als Weg zu mehr Wohlbefinden für Lehrer und Schüler. Freiburg: Arbor; 2016

Reddemann L. Eine Reise von 1.000 Meilen beginnt mit dem ersten Schritt: Seelische Kräfte entwickeln und fördern. Freiburg: Herder; 2007

Renz-Polster H. Kinder verstehen. Born to be wild: Wie die Evolution unsere Kinder prägt. München: Kösel-Verlag; 2015

Renz-Polster H. Menschenkinder: Artgerechte Erziehung – was unser Nachwuchs wirklich braucht. München: Kösel-Verlag; 2016

Retzer A. Miese Stimmung: Eine Streitschrift gegen positives Denken. Frankfurt: Fischer; 2013

Riederle P. Wer wir sind und was wir wollen: Ein Digital Native erklärt seine Generation. München: Knaur; 2013

Rosenberg M. Gewaltfreie Kommunikation: Eine Sprache des Lebens. Paderborn: Junfermann; 2016

Roth G, Strüber N. Wie das Gehirn die Seele macht. Stuttgart: Klett-Cotta; 2014

Schneider G. Zehn Atemzüge zum Glück. Bielefeld: Theseus; 2016

Schulte-Markwort M. Burnout Kids: Wie das Prinzip Leistung unsere Kinder überfordert. München: Knaur; 2016

Schulte-Markwort M. Super Kids: Warum der Erziehungsehrgeiz unsere Familien unglücklich macht. München: Knaur; 2016

Schulte-Markwort M. Kindersorgen: Was unsere Kinder belastet und wie wir ihnen helfen können. München: Droemer; 2017

Seligmann M. Wie wir aufblühen: Die fünf Säulen des persönlichen Wohlbefindens. Goldmann: München; 2015

Siegel D, Hartzell M. Gemeinsam leben, gemeinsam wachsen: Wie wir uns selbst besser verstehen und unsere Kinder einfühlsam ins Leben begleiten können. Freiburg: Arbor; 2009

Siegel D. Mindsight: Die neue Wissenschaft der persönlichen Transformation. München: Goldmann; 2012

Siegel D, Bryson TP. Achtsame Kommunikation mit Kindern: 12 revolutionäre Strategien aus der Hirnforschung für die gesunde Entwicklung Ihres Kindes. Freiburg: Arbor; 2013

Siegel D, Bryson TP. Disziplin ohne Drama: Achtsame Kommunikation mit Kindern. Freiburg: Arbor; 2015

Siegel D. Handbuch der interpersonellen Neurobiologie: Ein umfassender Leitfaden zum Verständnis der Funktion von Gehirn und Geist. Freiburg: Arbor; 2015

Siegel D. Aufruhr im Kopf: Was während der Pubertät im Gehirn unserer Kinder passiert. München: mvg; 2015

Siegel D. mind: Eine Reise ins Herz des Menschseins. Freiburg: Arbor; 2017

Solomon S. et al. Der Wurm in unserem Herzen: Wie das Wissen um die Sterblichkeit unser Leben beeinflusst. München: DVA; 2016

Tirch D. Selbstmitgefühl als Weg durch Angst und Panik: Ein praktischer Ratgeber auf Basis der Compassion Focused Therapy. Freiburg: Arbor; 2014

Valentin L, Kunze P. Die Kunst gelassen zu erziehen: Achtsamkeit im Leben mit Kindern. Freiburg: Arbor; 2015

Van den Brink E, Koster F. Mitfühlend leben. Mit Selbst-Mitgefühl und Achtsamkeit die seelische Gesundheit stärken. Mindfulness-Based Compassionate Living – MBCL. München, Kösel-Verlag; 2013

Van den Brink E, Koster F. Lehrer-Handout MBCL-Lehrertraining 2014

Van den Brink E, Koster F. Mindfulness-Based Compassionate Living: A new training programme to deepen mindfulness with heartfulness. New York: Routledge; 2015

Ware B. 5 Dinge, die Sterbende am meisten bereuen: Einsichten, die Ihr Leben verändern werden. München: Goldmann; 2015

Willard C. Growing up mindful: Essential practices to help children, teens and families find balance, calm, and resilience. Louisville: Sounds True; 2016

Winterhoff M. Warum unsere Kinder Tyrannen werden: Oder: Die Abschaffung der Kindheit. München: Goldmann; 2009

Winterhoff M. SOS Kinderseele: Was die emotionale und soziale Entwicklung unserer Kinder gefährdet – und was wir dagegen tun können. München: btb; 2015

Young JE. et al. Schematherapie: Ein praxisorientiertes Handbuch, Paderborn: Junfermann; 2005

Jörg Mangold

Geboren 1963. Verheiratet seit 1993, vier Kinder, lebt in Ansbach. Studium der Medizin und Facharztausbildung zum Kinder- und Jugendpsychiater im Saarland. Psychotherapieausbildung an der Universität Marburg bei Prof. Dr. Dr. Remschmidt und Prof. Mattejat. Oberarzttätigkeit am BKH Ansbach und seit 2001 niedergelassen in eigener Praxis. Aktuell tätig als Leiter des MangoldPRAXISTEAM mit fachärztlichen Kolleginnen, Assistenzärztin, sozialpsychiatrischem Team mit PsychologInnen, Sozialpädagoginnen und anderen Pädagogen, SozialarbeiterInnen. Lehrtherapeut, Dozent und Supervisor in der Ausbildung von Kinder- und Jugendpsychotherapeuten, sowohl tiefenpsychologisch als auch verhaltenstherapeutisch. Eigene Meditationspraxis seit 2007. Lehrerausbildung in den achtsamkeitsbasierten Verfahren MSC (zertifiziert am Center for Mindfulness, University of California, San Diego), MBSR, MBCL, PNT, Mindful Parenting , MYmind und CFT (Compassion Focused Therapy) Advanced Skills. Tätigkeit im Bereich Achtsamkeit und Mitgefühl als Vortragender und Kurs- und Seminarleiter sowie Einzelbegleitung. Begeisterter Wanderer, Töpfer, Gärtner. Seit 2008 engagiert in humanitärer Entwicklungszusammenarbeit durch Gründung und Vorsitz des gemeinnützigen Vereins ARAGUA e.V. („Allgemeines Recht auf Gesundheit und Ausbildung").

Informationen zu Vorträgen, Kursen und Seminaren unter
www.mindfulcompassionateparenting.org/de
www.achtsamkeitundselbstmitgefuehl.de
www.joergmangold.de

Wichtiger Hinweis

Die Ratschläge zur Selbstbehandlung in diesem Buch sind vom Autor sowie dem Verlag sorgfältig erwogen und geprüft worden. Dennoch kann eine Garantie nicht übernommen werden. Bei ernsthafteren oder länger anhaltenden Beschwerden sollten Sie auf jeden Fall eine Ärztin, Psychotherapeutin oder Psychologin Ihres Vertrauens zu Rate ziehen. Eine Haftung des Autoren oder des Verlages für Personen-, Sach- und Vermögensschäden ist ausgeschlossen.

Weitere Literatur aus dem Arbor Verlag

LIENHARD VALENTIN & PETRA KUNZE

Die Kunst, gelassen zu erziehen

Achtsamkeit im Leben mit Kindern

„Bis ich Mutter wurde, konnte ich in der schönen Illusion leben, ein netter Mensch zu sein!"

Kennen Sie das? Dieses Zitat stammt von einer Mutter in einem Elternseminar. Kinder sind wundervolle, zauberhafte Wesen. Aber: Sie können uns manchmal auch zur Weißglut treiben. In diesem Buch erfahren Sie:

- wie Sie mit Ihren Kindern auch im täglichen Familienchaos und in schwierigen Situationen achtsamer, gelassener und liebevoller umgehen können;
- wie Sie sich klarer werden können über Ihre Haltung zu sich und zu Ihren Kindern;
- wie Sie Wichtiges von Unwichtigem unterscheiden, manches ändern und anderes loslassen;
- wie Sie eine neue, harmonischere und glücklichere Familien-Atmosphäre schaffen können.

„Dieses Buch weist uns einen wirkungsvollen, wahrhaft praktischen Weg, um unsere Kinder achtsam ins Leben zu begleiten."

JON UND MYLA KABAT-ZINN

ISBN 978-3-86781-142-2

PATTY WIPFLER & TOSHA SCHORE

Hand in Hand

Fünf einfache Strategien durch die Höhen und Tiefen des Elternseins

Wenn zwischen uns und unseren Kindern die Liebe fließt, führen wir ein sinnerfülltes Leben. Und Sie haben bereits die richtigen Zutaten an der Hand: Liebe, Zuwendung und Hingabe für Ihr Kind. Der „Hand in Hand"-Ansatz zeigt Ihnen, wie Sie diese Zutaten auf neue Weise einsetzen können. Er basiert auf vierzig Jahren Arbeit mit Kindern und Familien aus aller Welt und ist durch den neuesten Stand der Wissenschaft bestätigt: Eltern und Kinder sind dann in Bestform, wenn sie sich einander nah und emotional verbunden erleben.

Mit Hilfe der fünf einfachen und doch revolutionären „Hand in Hand-Parenting"-Strategien lernen Sie, Ihre Kinder darin zu unterstützen, ihr liebevolles Wesen in den forderndsten Momenten zu stärken und gleichzeitig zu Ihrem Wohlbefinden als Eltern beizutragen. Erfahrungsberichte und Ideen von Eltern aus fünf Kontinenten und aus verschiedenen Kulturen laden zur Anwendung ein: Ideen, die sich für jede Altersstufe eignen.

Zu den Inhalten des Buches gehören neue Strategien für die schwierigsten Situationen als Eltern und die Wichtigkeit des Aufbaus von unterstützenden Netzwerken. Es gewährt Einblicke, wie es den jungen Menschen heute geht, die mit „Hand in Hand-Parenting" aufgewachsen sind, und wie für engagierte Eltern eine Zukunft in Verbundenheit aussehen könnte – ein warmherziges und originelles Buch.

ISBN 978-3-86781-188-0

ALFIE KOHN

Liebe und Eigenständigkeit

Die Kunst bedingungsloser Elternschaft, jenseits von Belohnung und Bestrafung

Was denken Eltern über ihre Kinder? Was empfinden sie für ihre Kinder? Wie handeln sie?

Liebe und Eigenständigkeit ermuntert uns, genau hinzuschauen.

Das lohnt sich, denn es gibt einen Weg, unsere Kinder respektvoll und in Liebe zu begleiten. Ein Weg, der uns in einen tiefen und klaren Kontakt mit unseren Kindern bringt und uns sogar über die Zeit der Pubertät hinaus mit ihnen zu verbinden mag.

Doch noch fragen wir uns häufig, wie wir es hinkriegen, dass unsere Kinder das tun, was wir von ihnen wollen. Genau hier stecken wir in den Sackgassen gewohnter Erziehungsversuche fest.

Alfie Kohn steht uns zur Seite, indem er mit den Mythen und Wunschvorstellungen eingefahrener Erziehungslehren aufräumt und uns an jenen Punkt zurückführt, an dem das Fragen wirklich Sinn macht: „Was brauchen Kinder und wie können wir diese Bedürfnisse erfüllen?"

Übliche Erziehungsmethoden wie Bestrafung oder Belohnung versagen an dieser Stelle. Sie setzen auf Kontrolle und vermitteln unseren Kindern so, dass sie nur dann geliebt werden, wenn sie uns gefallen oder wenn sie uns beeindrucken. Alfie Kohn verweist auf umfassende, aber wenig bekannte Forschungsergebnisse, die belegen, welchen Schaden es anrichten kann, wenn sich unsere Kinder ihre Anerkennung erst „verdienen" müssen. *Liebe und Eigenständigkeit* weist uns demgegenüber, ganz praxisbezogen, neue Wege.

ISBN 978-3-86781-015-9